瓦格纳事件

DER FALL
WAGNER

尼采美学文选

FRIEDRICH
NIETZSCHE

[德] 弗里德里希·尼采 著

周国平 译

上海译文出版社

———

　　尼采立足于人生谈审美和艺术，著述颇丰，除了《悲剧的诞生》这样的专著外，大量论述散见于他的各本著作里。周国平翻译的《尼采美学文选》汇集了这方面的专著和论述，由于篇幅较大，分做两本书出版。《悲剧的诞生：尼采美学文选》收入 1872 至 1880 年的著述，大致相当于其思想发展的早中期。《瓦格纳事件：尼采美学文选》收入 1881 至 1889 年的著述，大致相当于其思想发展的后期。前书还收入了译者早年所写《哲人尼采剪影》《尼采美学概要》二文，简明扼要地介绍了尼采的生平和美学思想。后书则收入了译者晚近所写《尼采美学导论》一文，是一篇近七万字的长文，对尼采美学思想做了系统的阐释，全文第一次完整发表。专此说明。

2017 年 3 月

目 录

————

1... 　尼采美学导论

3... 　第一节　关于《悲剧的诞生》

20... 　第二节　日神和酒神：世界的二元艺术冲动

53... 　第三节　悲剧的本质

79... 　第四节　艺术形而上学

117... 　第五节　作为艺术的权力意志

145... 朝霞(节录)

171... 快乐的科学(节录)

209... 查拉图斯特拉如是说(节录)

237... 自我批判的尝试

253... 瓦格纳事件

307... 偶像的黄昏(节录)

343... 看哪，这人(节录)

363... 作为艺术的权力意志

尼采美学导论

第一节
关于《悲剧的诞生》

一 写作和出版的情况

《悲剧的诞生》是尼采的第一部正式出版的著作,发表于1872 年 1 月,当时尼采 27 岁。在正式出版之前,他围绕希腊悲剧的课题工作了 3 年,有以下预备性的成果:

1)《希腊音乐剧》。1870 年 1 月 18 日在巴塞尔大学的讲演,所讨论的问题包括:诗与音乐的关系;歌队在希腊音乐剧中的意义;希腊音乐剧之起源于酒神现象。

2)《苏格拉底与悲剧》。1870 年 2 月 1 日在巴塞尔大学的讲演,谈论的主题是:悲剧灭亡于苏格拉底主义和欧里庇得斯的"理解美学"。这两篇讲演从 1869 年秋天开始准备,遗稿中出现相关笔记。

3)论文《酒神世界观》。写于 1870 年 7、8 月,文中首次提出酒神和日神的对立是解释希腊悲剧的钥匙。

4)论文《悲剧思想的诞生》。写于 1870 年 7、8 月,是《酒神世界观》部分内容的异文。

5)著作《悲剧的起源和目的》。1871 年 3 月完成,该书把上述论著中的两个主要思路——酒神和日神的对立;悲剧灭亡于苏格拉底主义——统一在一部论著中了。

6)著作《苏格拉底与希腊悲剧》。实即《悲剧的起源和目的》,1871 年 6 月以此标题作为私人印刷品出版。《悲剧的诞生》出版以后,1872 年 6 月该书也正式出版。①

在《悲剧的起源和目的》完稿后,尼采曾把它寄给出版商 Engelmann,但两个月没有回音,他就换一个书名作为私人印刷品自费出版了,其后很快收到了 Engelmann 的退稿。1871 年夏

---

① 参看:Friedrich Nietzsche:Chronik in Bildern und Texten. Carl Hanser Verlag, Muenchen-Wien 2000. S. 212、223、240、245。(《尼采传记图文版》,Carl Hanser 出版社,慕尼黑-维也纳 2000 年,第 212、223、240、245 页。)以下引该书均简写为 Chronik2000;《校勘研究版尼采全集》注释,Friedrich Nietzsche, Saemtliche Werke. Kritische Studienausgabe. Herausgegeben von Giorgio Colli und Mazzino Montinari. Deutscher Taschenbuch Verlage. Muenchen 1999. Bd. 14, S. 41。(《校勘研究版尼采全集》,G. 科利、M. 蒙蒂纳里编,德国袖珍图书出版社,慕尼黑 1999 年,第 14 卷,第 41 页。)以下引该全集均缩写为 KSA。

秋,他致力于此书的定稿。10月,交给瓦格纳的出版商 E. W. Fritsch,1 个月后被接受。直到这一年的年末,他仍在赶写部分章节。1872 年 1 月初,作为给自己也给世界的一份新年礼物,全书以《悲剧从音乐精神中的诞生》为题正式问世。该书初印 800 册,后来,这个版本于 1878 年和 1894 年重印了两次。1886 年,出过一个新版本,尼采为之写了一个题为《自我批判的尝试》的新版前言,并把书名改为《悲剧的诞生,或希腊精神与悲观主义》。①

在尼采的全部著作中,这本书算是卖得最好的,给他带来的经济收益也算是最大的。实际情形是这样的:在 1878 年 8 月第 2 次印刷时,初印的 800 册尚有库存 175 册,即六年半共销出 600 余册。初印时他得到稿酬 300 马克,相当于他的全年教授薪金的 10%。② 这个成绩算得上最好,可知他日后情形之惨淡了。

二 一本不合时宜的书

尼采一直引以自豪的一件事是,他是在普法战争的战场上

---

① 参看 Chronik2000，S. 256－257。
② 参看 Chronik2000，S. 257。

构思《悲剧的诞生》一书的主要内容的。1870年,这场战争爆发后,他在战地担任了两个多月的护理兵。正当全德国陷入"爱国主义的激动"之时,他怀着对这场战争的淡漠心情,神游于古希腊的审美国度。在该书的前言中,他特别强调了自己所思考的美学问题的严肃性,远比国家利益之交战更值得严肃地对待:"正是……在刚刚爆发的战争的惊恐庄严气氛中,我全神贯注于这些思想。有人如果由这种全神贯注而想到爱国主义的激动与审美的奢侈、勇敢的严肃与快活的游戏的对立,这样的人当然会发生误解。但愿他们在认真阅读这部著作时惊讶地发现,我们是在讨论多么严肃的德国问题……在他们看来,这样严肃地看待一个美学问题,也许是根本不成体统的……"①

在精神崩溃前夕所写的自传中,他再次谈到该书主题与当时德国政治气氛之间的不协调:"用局外人眼光看,《悲剧的诞生》显得很不合时宜,难以想象,它是在沃尔特战役的炮声中开头的。我在麦茨城下,在寒冷的九月之夜,在护理病人的服务中,沉思了这些问题;人们不妨相信,这部作品有50年的历史了。它对政治是冷淡的——今天人们会说是'非德国的'……"②

在对政治——指狭隘的国家利益或党派利益——冷淡这一

---

① 《悲剧的诞生》前言。KSA, Bd. 1, S. 23 - 24。
② 《看哪,这人》:《〈悲剧的诞生〉》1。KSA, Bd. 6, S. 309 - 310。

点上,《悲剧的诞生》预示了尼采一贯的哲学立场。尼采后来坚持认为,哲学是非政治的。但这本书的"不合时宜"不止于此,还表现在它对学术传统的背叛上。这一点同样是有预示性的,尼采后来也坚持认为,哲学是非学术的。这个 24 岁就当上巴塞尔大学古典语文学教授的青年学者,本来在他的专业领域里声誉卓著,被公认是前程无量的。可是,他就职两年半的作为却是抛出这么一本书,完全不是对古典文献进行学术性的考订和诠释,而是越出专业轨道对希腊精神发表了一通惊世骇俗的宏大新论。书出版后,学术界被激怒了,在一段时间里对之保持死一样的沉默。

在这一片沉默中,尼采最不能忍受的是他的恩师李契尔(Friedrich Ritschl)的沉默。尼采与李契尔的师生之谊非同寻常。他是在波恩大学开始读古典语文学专业的,老师就是李契尔。后来,李契尔移教莱比锡大学,他立刻跟着转学。李契尔把他视为最得意的弟子,称赞他是"整个莱比锡青年古典语文学界的偶像",并且推荐他到巴塞尔大学当了教授。现在,在迄今为止他自己最看重的大作问世后,这位恩师竟然也不置一词。尼采坐不住了,他的反应十分激烈,发出了一封语气傲慢的信:

"最尊敬的 Geheimrath 先生,想必您不会怪罪我的惊讶,从您那里我也未能听到对我的最新著作的片言只语……这本书毕竟是宣言性质的,最不想得到的就是沉默……我认为,倘若您在您的生涯中能够遇到什么充满希望的东西，那就应该是这本书，无论对于我们的古典学术，还是对于德国精神，它都是充满希望的，当然也会有一些人因它而完蛋……对我来说，首要的事情是争得最年轻一代的古典语文学者，如果我做不到，我认为那是卑鄙的信号。"

接信后，李契尔在日记里写道："尼采的绝妙的信（＝自大狂）。"两周后让太太草一封外交辞令的复信。他感到的是困惑和气愤，在给 Wilhelm Vischer-Bilfinger 的信中写道："我们的尼采啊！——这真是一个可悲的事件，诚如您——不管您对这个杰出人才怀有多么善良的愿望——在您的信中也这样认为的。很奇怪，在这个人身上简直同时有两颗心。一方面是训练有素的最严格的学术研究方法……另一方面是这种瓦格纳-叔本华式的艺术神秘主义宗教的狂热，满怀幻想和激情，精神亢奋地投入令人费解的突变之中！"他还抱怨说，他并不向尼采隐瞒自己对他的看法，但结果仍是互不理解。"在我眼里，他高得令人眩晕，在他眼里，我是蠕虫般在地上爬行。最使我气愤的是他对哺育他的亲生母亲的不敬，这个母亲就是古典语文学。"[1]

《悲剧的诞生》出版 3 个月后，沉默终于打破了。一个过去在尼采面前毕恭毕敬的年轻人维拉莫维茨（Ulrich von

---

[1] 转引自 Chronik2000，S. 260。

Wilamowitz-moellendorff)出版小册子《未来哲学！驳尼采的〈悲剧的诞生〉》，以激烈的语气抨击尼采的非学术立场。他写道："这本书的基石是调子和倾向。尼采先生不是作为学者出场的……怎样的亵渎啊，尼采先生给母亲开小门！……我请尼采先生闭上嘴，撑着酒神的拐杖，从印度去希腊，请他离开讲台，在讲台上他本该是从事学术的；请他召集虎豹而不是德国古典语文学的青年学子到他足下，后者本该在刻苦忘我的工作中学习在任何情况下寻求真理，自愿献身于她的自由判断，使古典学术得以为她贡献有益于缪斯的真正不朽的东西，唯有在这样的充实和纯粹之中，古典学术才能为她的胸怀提供内容，为她的精神提供形式。"他还攻击尼采是在宣扬一种非宗教的宗教，非哲学的哲学，并断言尼采的自我神化和对苏格拉底的亵渎决不能得逞。①

维拉莫维茨的小册子基本上是大字报水平，完全没有对尼采书中的内容作真正的讨论。尼采对这种东西当然是看不上眼的，斥之为顽童的把戏，说这个毛头小伙子根本没有读懂他的书。56年后，尼采早已作古，这个毛头小伙子也到了垂暮之年，果然检讨自己当年太幼稚，不该印行那本小册子。然而，在当时，这种以捍卫学术的名义发出的攻击却有着足够的杀伤力。

---

① 转引自 Chronik2000，S. 266。

一个直接的结果是,尼采虽然暂时没有离开讲台,但学生们却离开了他的教室,在随后的那个学年中,他只剩下了两个学生,并且都来自外系,没有一个是古典语文学专业的。尼采并非没有支持者,最热烈的支持来自瓦格纳,《悲剧的诞生》刚发表,他就立即写信给尼采说:"我从未读过比你的书更精彩的书!真是美妙!现在我是匆匆写信给您,因为这本书使我激动万分,我必须等待自己冷静下来才能正式读它。"维拉莫维茨的小册子出版后,他发表致尼采的公开信对之进行驳斥。加入支持行列的还有尼采的同学好友罗德(Erwin Rohde)。但是,少数几个朋友的支持无济于事,学术界基本上一边倒,对尼采的论著持不屑和拒斥的态度。①

事实上,不但当时,而且直到现在,《悲剧的诞生》仍然不在古典语文学界的视野之中。正如《校勘研究版尼采全集》编者所指出的:"《悲剧的诞生》发表已经 100 年了,但是,从批评史的观点看,这部著作在很大程度上仍然是不可思议的。正统的古典研究把尼采的构想看作不科学的东西,对之保持沉默,不予理睬。"②当然,我们对此无须苛责,因为尼采的这部作品本来就不是一部古典语文学的学术著作,它实质上是一部特殊的哲学著

① 参看 Chronik2000,S. 256 - 257、266、269 - 271。
② 《校勘研究版尼采全集》编者后记。KSA. Bd. 1. S. 901。

作,单用古典语文学的眼光是无法理解它的。

三 思想背景和内在经验

《校勘研究版尼采全集》编者认为,在一定意义上,《悲剧的诞生》是尼采最神秘也最难懂的一部著作,它所要唤醒的是一种秘传经验,一种内在的看,一个在文字传统之前早已存在的世界。"一种被确证的、亲身经历的神秘主义"挤进了全书的结构中,冲破了历史论文的界限。[①]

《悲剧的诞生》一书的最独特之处是对古希腊酒神现象的极端重视。这种现象基本上靠民间口头秘传,缺乏文字资料,一向为正宗的古典学术所不屑。尼采却立足于这种不登大雅之堂的现象,把它当作理解高雅的希腊悲剧、希腊艺术、希腊精神的钥匙,甚至从中提升出了一种哲学来。他能够凭借什么来理解这种史料无征的神秘现象呢?只能是凭借猜测。然而,他不是凭空猜测,而是根据自己的某种体验,也就是上述所谓"一种被确证的、亲身经历的神秘主义"。对于这一点,尼采自己有清楚的意识。还在写作此书时,一个朋友对他的酒神理论感到疑惑,要求证据,他在一封信中说:"证据怎样才算是可靠的呢?有人在

---

① 参看《校勘研究版尼采全集》编者后记。KSA, Bd. 1, S. 902、903。

努力接近谜样事物的源头，而现在，可敬的读者却要求全部问题用一个证据来办妥，好像阿波罗亲口说的那样。"①在晚期著述中，他更明确地表示，在《悲剧的诞生》中，他是凭借他"最内在的经验"理解了"奇异的酒神现象"，并"把酒神精神转变为一种哲学激情"。②

那么，为了把握该书的内涵，我们不得不问，尼采所说的那种使他得以理解酒神现象的"最内在的经验"是什么。要回答这个问题，我们别无途径，也许只能通过分析他写作该书时的思想背景和精神状况，来求得一个大致的答案。据我分析，其中最重要的因素有二，一是他对叔本华哲学的接受，二是他与瓦格纳的亲密友谊。这两种因素又是经由他自幼及长所形成的内在精神气质发生作用的，从而造成了他当时的"最内在的经验"。关于这一点，尼采当时的朋友 Heinrich Romundt 于 1869 年 5 月 4 日写给他的一封信也提供了一点消息。那时尼采刚开始酝酿他的希腊悲剧研究，必定经常和朋友谈论自己的想法，这封信中列举了他们之间谈及的话题，主要是：希腊悲观主义在叔本华哲学中的再现；索福克勒斯在瓦格纳的未来戏剧中的复活；音乐之作为全部艺术哲学的钥匙。③ 我们知道，当时的尼采，既是叔本华

---

① 转引自 Chronik2000，S. 247。
②《看哪，这人》:《〈悲剧的诞生〉》2、3。KSA Bd. 6，S. 312 - 313。
③ 参看《校勘研究版尼采全集》注释。KSA Bd. 14，S. 41。

哲学的信徒,又是瓦格纳的密友和追随者。这三个话题向我们透露,是叔本华哲学使他关注希腊悲观主义,是瓦格纳戏剧使他关注希腊悲剧艺术,而对音乐作用的重视也是来自对叔本华理论的接受和对瓦格纳音乐的体验。由此可见,在《悲剧的诞生》主导思想的形成中,叔本华和瓦格纳的影响不容忽视。

尼采在大学生时代读到《作为意志和表象的世界》,立刻成为叔本华的热烈信徒。由于早年丧父的经历和从小多愁善感的性格,他很早就沉浸于生命无常的忧思,这种悲观的倾向因叔本华哲学而得到了印证和加强。不过,与其说他在叔本华哲学中发现了希腊悲观主义的再现,不如说他用叔本华哲学的眼光发现了希腊悲观主义。用悲观主义和对悲观主义的反抗解释希腊人的天性和希腊文化的本质,这基本上是他的发明,而这一发明无疑是和他对人生的悲观体验与思考分不开的。在一定意义上可以说,他是把自己的悲观心理移置到希腊人身上去了。也正因为从悲观主义的内在经验出发,他才会特别注意酒神秘仪现象,从秘仪中人的纵欲自弃状态中看出了希腊人对于生存痛苦的深刻感悟。但是,在《悲剧的诞生》中,我们看到的不仅是叔本华悲观主义的影响,更是对叔本华悲观主义的反抗和超越。尼采关注的重心是放在希腊人如何依靠艺术战胜生存痛苦上面,由此而形成了"艺术形而上学"思想。尼采当时就已在一封信中清楚地指出:"你从中处处会发现研究叔本华的成果,包括在文体方面,但是,作为其背景的一种特别的艺术形而上学却是我的独创。"①叔本华停留于悲观主义,尼采却由悲观主义出发走向对悲观主义的反抗,这一分歧导致了尼采后来与叔本华哲学决裂。所以,全面地看,在尼采的内在经验中交织着悲观主义和对悲观主义的紧张斗争,使他在希腊人身上既发现了悲观主义,也发现了战胜悲观主义的力量。

《悲剧的诞生》一书从酝酿到正式出版的 3 年,正是尼采与瓦格纳从结识到他们的友谊达于最热烈状态的时期。事实上,尼采写作此书的动机之一是受了瓦格纳音乐事业的鼓舞,而把希腊悲剧文化复兴的希望寄托在了瓦格纳身上。这本书的前言就是献给瓦格纳的,他在前言中动人地表示,他写作时的心情就"像是面对面地对您倾谈,而且只能把适于当面倾谈的东西记了下来"。在正文中,他也充满信心地宣告:"一种力量已经从德国精神的酒神根基中兴起……这就是德国音乐,我们主要是指它的从巴赫到贝多芬、从贝多芬到瓦格纳的伟大光辉历程。"②在和瓦格纳决裂后,尼采仍然承认:"这本书就是为他而写的。"③然而,此时他检讨说,这正是《悲剧的诞生》的一个"极严重的缺点","我以混入当代事物而根本损害了我所面临的伟大的希腊问题!……我根

---

① 转引自 Chronik2000,S. 247。
② 《悲剧的诞生》前言、19。KSA,Bd. 1,S. 23、127。
③ 《自我批判的尝试》2。KSA,Bd. 1,S. 13。

据德国近期音乐便开口奢谈'德国精神'，仿佛它正在显身，正在重新发现自己……在这期间我已懂得完全不抱希望和毫不怜惜地看待'德国精神'，也同样如此看待德国音乐，把它看作彻头彻尾的浪漫主义，一切可能的艺术形式中最非希腊的形式……"①他还遗憾地说：《悲剧的诞生》"是靠了它的错误发生影响甚至使人着迷的——这错误便是它对瓦格纳主义的利用，似乎瓦格纳主义是一种向上的征象"。并且抱怨《悲剧从音乐精神中的诞生》这个书名发生了误导作用，使得"人们只注意瓦格纳的艺术、意图和使命的新公式——却忽略了隐藏在这部作品之基础中的真正价值"。②按照这种说法，仿佛是他试图利用瓦格纳主义来宣传自己的理论，结果反而被瓦格纳主义利用，给它做了宣传。

事情当然不是这样简单。在《悲剧的诞生》中，尼采专门描述了他听瓦格纳歌剧《特里斯坦和伊索尔德》第三幕的音乐时的感受："一个人在这场合宛如把耳朵紧贴世界意志的心房，感觉到狂烈的生存欲望像轰鸣的急流或像水花飞溅的小溪由此流向世界的一切血管，他不会突然惊厥吗？他以个人的可怜脆弱的躯壳，岂能忍受发自'世界黑夜的广大空间'的无数欢呼和哀号的回响，而不在这形而上学的牧羊舞中不断逃避他的原始家乡呢？"③

———————————

① 《自我批判的尝试》6。KSA，Bd. 1，S. 20.

② 《看哪，这人》：《〈悲剧的诞生〉》1。KSA，Bd. 6，S. 309。

③ 《悲剧的诞生》21。KSA，Bd. 1，S. 135－136。

这完全是他的亲身感受。尼采自小并且终身酷爱音乐,他之接受叔本华的音乐直接表现世界意志的观点决不是一种抽象的认识,而是有他对音乐的内在经验作为基础的。我们可以设想,瓦格纳当时所进行的宏大的音乐剧试验对于他的想象力是一个有力的激发,使他自以为揣摩到了早已失传的希腊酒神颂的真谛,启发他从音乐创造形象的能力着手来解决悲剧起源的难题。

不管尼采当时怎样处在叔本华和瓦格纳的影响之下,我们终究可以同意他后来的自我评价,他说《悲剧的诞生》是"一部充满青年人的勇气和青年人的忧伤的青年之作,即使在似乎折服于一个权威并表现出真诚敬意的地方,也仍然毫不盲从,傲然独立"。① 这句话是针对瓦格纳说的,也适用于他对叔本华的态度。的确,在《悲剧的诞生》中,他决非盲从任何权威的信徒,而已是一个独立的哲学家,他的哲学之路将把他引向任何权威都未尝到达的高度。

四 一个哲学家的诞生

尼采虽然年纪轻轻就当上了古典语文学教授,但他从一开始就并不喜欢这个职位,认为他得到这个职位纯属偶然。1871

---

① 《自我批判的尝试》2。KSA,Bd. 1,S. 13。

年初，巴塞尔大学哲学教授的位置出现空缺，他马上申请补缺，可惜未能成功。在写作《悲剧的诞生》的过程中，尼采曾经如此描述自己的心境："我生活在一个远离古典语文学的世界里，距离之远怎么想也不会过分……我渐渐沉浸在我的哲学家世界里了，而且很有信心；是的，如果我还应该成为一个诗人，我也已经为此做好准备。"并且说，他看到了一个"自己的世界"已经完全显现。① 可见他对自己所从事的工作的性质是有清楚的认识的，他是自觉地作为一个哲学家来写作这部著作的。

作为一个哲学家，尼采当时所关注的主要问题是什么？主要是两个问题，一是生命意义问题，二是现代文化批判。在《悲剧的诞生》中，这两个问题贯穿全书，前者表现为由酒神现象而理解希腊艺术进而提出为世界和人生作审美辩护的艺术形而上学这一条线索，后者表现为对苏格拉底理性主义的批判这一条线索。尼采后来在回顾《悲剧的诞生》时总结说："书中有两点决定性的创新，第一是对希腊人的酒神现象的理解——为它提供了第一部心理学，把它看作全部希腊艺术的根源；第二是对苏格拉底主义的理解，苏格拉底第一次被认作希腊衰亡的工具，颓废的典型。"②这一段话点明了《悲剧的诞生》的两个主题。当

---

① 转引自 Chronik2000，S. 240。
② 《看哪，这人》：《〈悲剧的诞生〉》1。KSA，Bd. 6，S. 310。

然，在这两个问题之间有着内在的联系。根本的问题只有一个，就是如何为本无意义的世界和人生创造出一种最有说服力的意义来。尼采的结论是，由酒神现象和希腊艺术所启示的那种悲剧世界观为我们树立了这一创造的楷模，而希腊悲剧灭亡于苏格拉底主义则表明理性主义世界观是与这一创造背道而驰的。因此，《悲剧的诞生》表面上是一部美学著作，实质上是一部哲学著作。在这部著作中，尼采是在借艺术谈人生，借悲剧艺术谈人生悲剧，酒神和日神是作为人生的两位救世主登上尼采的美学舞台的。

在《悲剧的诞生》出版后的 3 年内，尼采投入了紧张而多产的创作活动，这个时期的著述进一步凸显了他所关注的主要问题。围绕着第一个问题，有《希腊悲剧时代的哲学》（1873）和《作为教育家的叔本华》（1874）两部著作。在前者中，他从前苏格拉底哲学尤其是赫拉克利特哲学中去寻找一种能够为世界和人生辩护的世界观的源头，这一努力与他从希腊艺术中寻找这一源头的努力是相辅相成的。在后者中，他总结了叔本华所给予他以及一般来说给予整个哲学的积极影响，表达了哲学必须关注人生全局的坚定信念。围绕着第二个问题，有系列讲演《论我们的教育机构的未来》（1872）和论著《信仰者和作家大卫·施特劳斯》（1873）、《历史对于生命的利弊》（1874），它们的主题都是对片面崇尚理性而扼杀生命本能的现代文化的激烈批判。

综观尼采后来的全部思想发展,我们可以看到,他早期所关注的两个主要问题始终占据着中心位置,演化出了他的所有最重要的哲学观点。一方面,从热情肯定生命意志的酒神哲学中发展出了权力意志理论和超人学说。尼采在论希腊悲剧时说,希腊悲剧的唯一主角是酒神狄奥尼索斯,埃斯库罗斯笔下的普罗米修斯、索福克勒斯笔下的俄狄浦斯都只是酒神的化身。我们同样可以说,尼采哲学的唯一主角是酒神精神,权力意志、超人、查拉图斯特拉都只是酒神精神的化身。在他的哲学舞台上,一开始就出场的酒神后来再也没有退场,只是变换面具而已。另一方面,对苏格拉底主义的批判扩展和深化成了对两千年来以柏拉图的世界二分模式为范型的欧洲整个传统形而上学的全面批判,对基督教道德的批判,以及对一切价值的重估。尼采自己说:"《悲剧的诞生》是我的第一个一切价值的重估:我借此又回到了我的愿望和我的能力由之生长的土地上。"①我们确实应该把他的这第一部哲学著作看作他一生的主要哲学思想的诞生地,从中来发现能够帮助我们正确解读他的后期哲学的密码。

---

① 《偶像的黄昏》:《我感谢古人什么》5。KSA, Bd. 6, S. 160。

第二节
日神和酒神：世界的二元艺术冲动

一　日神的概念

在《悲剧的诞生》中，日神（Apollo）和酒神（Dionysus）——或者日神因素（das Apollonische）和酒神因素（das Dionysische）——是一对核心概念。阿波罗和狄奥尼索斯是希腊神话中两个神灵的名字。希腊神话中有名字的重要神灵将近 300 个，尼采从中单单挑出这两个名字，"借用"来做他分析希腊艺术乃至全部艺术问题的核心概念。他认为，用这两个概念能够最准确地把握希腊艺术的精神，正是通过这两位"艺术之神"，希腊人向我们

瓦格纳事件

传达了"他们的艺术直观的意味深长的秘训"。①

阿波罗是希腊神话中的太阳神,主管光明、青春、医药、畜牧、音乐、诗歌等。在奥林匹斯神话的谱系中,阿波罗据有重要地位。他是主神宙斯所宠爱的儿子,宙斯把他的诞生地提洛斯确立为希腊的中心。与此相应,日神信仰在希腊据有正宗地位,阿波罗被视为希腊的开国之神,其神殿筑于希腊宗教的中心德尔菲(Delphi),在那里阿波罗借神巫之口宣说神谕。尼采把阿波罗看得更重要,甚至比宙斯重要,在他看来,真正的奥林匹斯之父不是宙斯而是阿波罗。"体现在日神身上的同一个冲动,归根到底分娩出了整个奥林匹斯世界,在这个意义上,我们可以把日神看作奥林匹斯之父。"②也就是说,日神是整个奥林匹斯精神的代表,为我们解开希腊神话之谜提供了一把可靠钥匙。

尼采把日神用作一个象征性概念,主要是着眼于日神作为光明之神的含义。"日神……按照其语源,他是'发光者'(der Scheinende),是光明之神,也支配着内在的幻觉世界的美丽外观(Schein)。""日神本身理应被看作个体化原理的壮丽的神圣形象,他的表情和目光向我们表明了'外观'的全部喜悦、智慧及其美丽。"③请注意"外观"这个关键词。在德语中,Schein 一词

---

① 《悲剧的诞生》1. KSA, Bd. 1, S. 25。
② 《悲剧的诞生》3. KSA, Bd. 1, S. 34。
③ 《悲剧的诞生》1. KSA, Bd. 1, S. 27、28。

兼有光明和外观的含义，而这两种含义又与美发生了一种联系。作为光明之神，阿波罗以其光照使世界呈现美的外观，他的这个举动蕴涵着一种重大智慧，所以使他自己感到喜悦。世界本身无所谓美，美的外观既然是外观，就不属于世界本身，而是属于"内在的幻觉世界"。尼采给日神的涵义下了一个明确的界定："我们用日神的名字统称美的外观的无数幻觉，它们在每一瞬间使人生一般来说值得一过，推动人去经历这每一瞬间。"①制造出美的外观来美化世界，使人爱恋人生，这正是日神的智慧。

无论日神冲动还是酒神冲动，都具有非理性的性质。经常有人把日神解释为理性，把酒神解释为非理性，这显然是误解。事实上，就在《悲剧的诞生》中，尼采本人业已与这种误解划清了界限。他批评欧里庇得斯的戏剧用冷静的思考取代日神的直观，用炽烈的情感取代酒神的兴奋，指出二者皆不属于"两种仅有的艺术冲动即日神冲动和酒神冲动的范围"，并断言希腊悲剧恰恰死于"理解然后美"的理性主义原则。② 我们应记住，尼采始终视理性为扼杀本能的力量，他谴责苏格拉底的理性哲学扼杀了希腊人的艺术本能，被扼杀的既包括酒神冲动，也包括日神冲动。后来他对二元冲动的非理性性质有更加清楚的说明："日

---

① 《悲剧的诞生》25。KSA, Bd. 1, S. 155。
② 《悲剧的诞生》12。KSA, Bd. 1, S. 84 - 85。

神状态,酒神状态。艺术本身就像一种自然的强力一样借这两种状态表现在人身上,支配着他,不管他是否愿意;或作为驱向幻觉之迫力,或作为驱向放纵之迫力。"①"日神的醉首先使眼睛激动,于是眼睛获得了幻觉能力……在酒神状态中,却是整个情绪系统激动亢奋……"②我们据此可以简明地把日神定义为外观的幻觉,把酒神定义为情绪的放纵,二者都如同自然的强力一样支配着人,却不为人的理性所支配。日神和酒神都植根于人的至深本能,前者是个体的人借外观的幻觉自我肯定的冲动,后者是个体的人自我否定而复归世界本体的冲动。

二 酒神的概念

狄奥尼索斯也是奥林匹斯众神之一员,然而,与阿波罗完全不同,他之入祠奥林匹斯神山是在荷马之后很久的事情了。③尼采把狄奥尼索斯用作一种艺术力量的象征,应该说是他的首创。在奥林匹斯神话中,掌管音乐和诗歌的阿波罗本来就是一

---

① 《权力意志》798。该书引文皆出自 Friedrich Nietzsche. Der Wille zur Macht. Tuebingen 1952。
② 《偶像的黄昏》:《一个不合时宜者的漫游》第 10 节。KSA, Bd. 6, S. 117。
③ 荷马史诗中也提到狄奥尼索斯,可能是后人的窜改。参看吉尔伯特·默雷《古希腊文学史》,上海译文出版社,1988 年 5 月第 1 版,第 69 页。

个艺术神,而狄奥尼索斯作为艺术神的身份并不清晰。尼采不是依据正统的奥林匹斯神话,而是依据荷马之后关于酒神秘仪和民间酒神节庆的传说来立论的,从中引出了酒神冲动,并视为比日神冲动更为深刻的另一种艺术力量,形成了他的二元艺术冲动学说。

酒神崇拜的源头可以追溯到原始时代的农民巫术,对植物之神、谷物之神的崇奉,对生殖和丰收的崇拜。在酒神崇拜的故乡色雷斯,狄奥尼索斯是麦酒之神。到了希腊,他成为葡萄树和葡萄酒之神。在希腊不同教派的传说中,狄奥尼索斯有不同的别名和经历。按照俄耳甫斯(Orpheus)秘仪教派的版本,狄奥尼索斯起初为宙斯与其女儿、冥后珀耳塞福涅所生,名叫查格留斯(Zagreus),幼年时最受父亲宠爱,常坐在父亲宝座旁边。嫉妒的赫拉鼓动提坦杀他,宙斯为了救他,先把他变成山羊,后把他变成公牛。但是,提坦众神仍然捕获了他,把他肢解并煮烂。雅典娜救出了他的心脏,宙斯把它交给地母塞墨勒(Semele),她吞食后怀孕,将他重新生出,取名为狄奥尼索斯。[①] 尼采提到了这一传说,认为肢解象征着"本来意义上的酒神的受苦",即"个体化的痛苦",暗示了个体化状态是"一切痛苦的根源和始因",而

---

① 参看威尔·杜兰《世界文明史》第 2 卷《希腊的生活》,东方出版社,1999 年 1 月第 1 版,第 241 页。

秘仪信徒们所盼望的酒神的新生则意味着"个体化的终结"。①

　　俄耳甫斯秘仪是在公元前 6 世纪或更早的时候从色雷斯传入希腊的,应该是酒神崇拜传入希腊的最重要渠道。根据传说,俄耳甫斯被描述为色雷斯的一个音乐和诗歌天才,他生活的时代在荷马之前,很可能实有其人,是一个酒神改革派祭司。他的琴音和歌声之美使得当时的人们拜他为神,野兽因之驯服,木石因之移动。据说色雷斯的女人们因为恨他不与自己交欢,在一次酒神狂欢节上把他撕为碎片。他留下了许多圣歌,后来成为酒神秘仪的基础。在公元前 6 世纪的希腊,俄耳甫斯秘仪成为空前浩大的神秘宗教潮流,在平民中广泛传播,其内容大致是通过象征性的表演来纪念酒神的受苦、死亡和复活,最后的结果则必定是群情亢奋,狂饮纵欲,但人们无法知其详情,因为这些秘密会社有着极严格的纪律,泄密者一律处死。

　　除了秘仪之外,酒神崇拜还表现为民间自发的酒神节庆。在希腊,每到春季葡萄花开之时,妇女们便排着狂野的行列到山上去迎接再生的狄奥尼索斯,一边倾听其受苦、死亡和复活的故事,一边纵饮狂舞。仪式的高潮是捕获一头山羊或一头公牛,有时是一个男人,撕为碎片,饮其血,食其肉,借此与神合为一体。在古代世界,类似的节日相当普遍,例如罗马有巴克斯(即酒

---

① 《悲剧的诞生》10。KSA, Bd. 1, S. 72。

神)节,早期也是只有妇女能参加,举着阴茎塑像进行狂欢游行。发展到后来,都是男女皆可参加这一节日,而性的放纵是必有的节目。除酒神节外,希腊还有爱神(阿佛洛狄特)节等,罗马也有爱神(维纳斯)节、花神(佛洛拉)节、谷神节、牧神节等,皆以放纵性欲为主要内容。同时,酒神秘仪也从希腊传入了罗马,声势浩大,伤风败俗,以至于到了公元前186年,元老院不得不予以取缔。①

尼采对酒神秘仪评价极高,在他看来,虽然秘仪是从小亚细亚传入的,但它的基础深植于希腊人的天性之中。他称希腊人为"一个悲剧秘仪的民族",断定"深沉的希腊人在其秘仪中有一种牢不可破的形而上学思想基础,他们的全部怀疑情绪会对着奥林匹斯突然爆发"。② 公元前9至前8世纪是希腊史诗繁荣的时代,在此之后,公元前8至前7世纪出现了抒情诗和民歌繁荣的局面。尼采认为,历史已经证明,"民歌多产的时期都是受到酒神洪流最强烈的刺激",因此我们应当"把酒神洪流看作民歌的深层基础和先决条件"。他据此推测,当时必定曾经盛行

---

① 参看威尔·杜兰《世界文明史》第 2 卷《希腊的生活》,第 239—243 页;吉尔伯特·默雷《古希腊文学史》,第 63—70 页;魏勒《性崇拜》,中国文联出版公司,1988 年 11 月第 1 版,第 320—329 页。
② 《悲剧的诞生》21、9。KSA, Bd. 1, S. 132、68。

秘仪活动，"在荷马和品达之间必定响起过奥林匹斯秘仪的笛声"。① 这种希腊本土的秘仪已经失传，我们不妨把后来传入的秘仪看作对它的激活。如果说早期本土的秘仪曾经唤醒了希腊人的酒神冲动，导致了抒情诗的兴起，那么，后来传入的秘仪又再度唤醒了希腊人的酒神冲动，导致了公元前 5 世纪悲剧的繁荣。此时"酒神的真理"借用神话的象征语言，"部分地在悲剧的公开祭礼上，部分地在戏剧性秘仪节日的秘密庆典上加以宣说"。② 后来，在抒情诗和悲剧都衰亡之后，尼采并不认为酒神的真理也随之死去了，他相信它在秘仪中找到了避难所。他说：酒神世界观"必定逃出了艺术领域，仿佛潜入黑社会，蜕化为秘仪崇拜"，它"在秘仪中保存了下来，尽管形质俱变，却依然吸引着严肃的天性。它会不会总有一天重又作为艺术从它神秘的深渊中升起来呢"？ 就像在神话故事中，"当初酒神从伊多尼国王利库尔戈斯那里逃脱，也是藏身于大海深处，即藏身在一种逐渐席卷全世界的秘仪崇拜的神秘洪水之中的"。③

关于酒神秘仪的意义，尼采后来有一个更清楚的说明。"只有在酒神秘仪中，在酒神状态的心理中，希腊人本能的根本事实——他们的'生命意志'——才获得了表达。"在秘仪中，信徒们

---

① 《悲剧的诞生》6。KSA, Bd. 1, S. 48、49。
② 《悲剧的诞生》10。KSA, Bd. 1, S. 73。
③ 《悲剧的诞生》17、12。KSA, Bd. 1, S. 114、110 - 111、87 - 88。

对生殖的崇拜，性的放纵，与神合一的象征仪式，如此等等，"希腊人用这种秘仪担保什么？永恒的生命，生命的永恒回归；被允诺和贡献在过去之中的未来；超越于死亡和变化之上的胜利的生命之肯定；真正的生命即通过生殖、通过性的神秘而延续的总体生命……这一切都蕴含在狄奥尼索斯这个词里：我不知道还有比这希腊的酒神象征更高的象征意义。在其中可以宗教式地感觉到最深邃的生命本能，求生命之未来的本能，求生命之永恒的本能，——走向生命之中，生殖，作为神圣的路……"①这个说明当然混入了尼采后来的观点，例如永恒回归，但基本精神是一贯的，即他从酒神秘仪中看到，希腊人不只是一个迷恋于美的外观的日神民族，更是一个深知个体化之痛苦、渴求永恒生命的酒神民族。

在《悲剧的诞生》中，尼采也谈到了酒神节庆在古代世界的普遍存在，所提及的包括古希腊酒神节及其在小亚细亚的前史，罗马的类似节日，巴比伦的萨凯亚节，直至作为其余绪的德国中世纪的圣约翰节和圣维托斯节。他指出，这类古代节日的共同特征是性的放纵，人的天性中最凶猛的野兽脱开缰绳，打破家庭和日常生活的一切界限。② 对于这一特性，他并非完全赞赏，但他充分肯定了由此表达的酒神世界观。他批评道："有一些人，

---

① 《偶像的黄昏》：《我感谢古人什么》4。KSA，Bd. 6，S. 159。
② 参看《悲剧的诞生》1、2。

由于缺乏体验或感官迟钝,自满自得于自己的健康,嘲讽地或怜悯地避开这些现象,犹如避开一种'民间病'。这些可怜虫当然料想不到,当酒神歌队的炽热生活在他们身边沸腾之时,他们的'健康'会怎样地惨如尸色,恍如幽灵。"然后,他用诗意的语言描绘了酒神节庆时人与人、人与自然融为一体的神奇境界:

"在酒神的魔力之下,不但人与人重新团结了,而且疏远、敌对、被奴役的大自然也重新庆祝她同她的浪子人类和解的节日。大地自动地奉献它的贡品,危崖荒漠中的猛兽也驯良地前来。酒神的车辇满载着百卉花环,虎豹驾驭着这彩车行进。一个人若把贝多芬的《欢乐颂》化作一幅图画,并且让想象力继续凝想数百万人颤慄着倒在灰尘里的情景,他就差不多能体会到酒神状态了。此刻,贫困、专断或'无耻的时尚'在人与人之间树立的僵硬敌对的藩篱土崩瓦解了。此刻,在世界大同的福音中,每个人感到自己同邻人团结、和解、款洽,甚至融为一体了……人轻歌曼舞,俨然是一更高共同体的成员,他陶然忘步忘言,飘飘然乘风飞飏……就像此刻野兽开口说话、大地流出牛奶和蜂蜜一样,超自然的奇迹也在人身上出现:此刻他觉得自己就是神,他如此欣喜若狂、居高临下地变幻,正如他梦见的众神的变幻一样。"在此境界中,个人借"一种神秘的统一感"而得到了解脱。[1]

---

[1] 《悲剧的诞生》1。KSA,Bd. 1,S. 29 - 30。

在上述描绘中，我们很容易辨认出关于俄耳甫斯的音乐令野兽驯服的传说。也正是因为这一段描绘，维拉莫维茨要请尼采去与虎豹为伍而不是给学生授课。不过，在尼采看来，这位维拉莫维茨先生也一定属于"缺乏体验或感官迟钝"的"可怜虫"之列。

酒神节庆的场面与日神节庆形成鲜明对照。在日神节，"手持月桂枝的少女们向日神大庙庄严移动，一边唱着进行曲，她们依然故我，保持着她们的公民姓名"；相反，"酒神颂歌队却是变态者的歌队，他们的公民经历和社会地位均被忘却，他们变成了自己的神灵的超越时间、超越一切社会领域的仆人"。①在尼采看来，人在酒神节不复是个人并因此而进入一种极乐的境界，这一现象是最值得注意的。它表明除了执著于个体化和制造美的外观之幻觉外，人还有一种更强烈的冲动，便是要摆脱个体化的束缚，打破外观的幻觉，回归自然之母的怀抱。在此意义上，"酒神的本质"就在于"个体化原理崩溃之时从人的最内在基础即天性中升起的充满幸福的狂喜"②。

---

① 《悲剧的诞生》8。KSA，Bd. 1，S. 61。
② 《悲剧的诞生》1。KSA，Bd. 1，S. 28。

三 二元冲动和对世界的解释

日神和酒神作为两种基本的艺术冲动,表现在不同的层次上,尼采大致是从三个层次来分析的。首先,在世界的层次上,酒神与世界的本质相关,日神则与现象相关。其次,在日常生活的层次上,梦是日神状态,醉是酒神状态。最后,在艺术创作的层次上,造型艺术是日神艺术,音乐是酒神艺术,悲剧和抒情诗求诸日神的形式,但在本质上也是酒神艺术。

在最深的层次上,日神和酒神是对世界的解释。当尼采用这一对范畴解释艺术特别是希腊艺术时,他的艺术解释是受着他的世界解释的支配的。尼采的世界解释直接来自叔本华的哲学。然而,当他按照酒神和日神的精神阐发叔本华关于意志和表象的世界解释时,他实际上对叔本华的哲学做了重大改造。我们在这里看到的是两种不同思想来源的相互作用,一方面是叔本华哲学,另一方面是希腊神话,二者在尼采自己的特殊体验中如同发生化学反应一样产生了一种新的东西。

叔本华哲学的基本思路仍是欧洲传统形而上学的世界二分模式,即把世界分为现象和本质(自在之物)两个方面。他的特别之处是,在现象一面,接受和改造了康德的先天形式理论,在本质一面,建立了他自己的意志学说。他认为,世界的本质是意志,那是一种没有目的、没有止境的盲目的生命冲动。世界一旦进入认识,便对主体呈现为现象,他称之为表象,或者借用古印度哲学的术语称之为"摩耶"。作为表象的世界是受时间、空间、因果律等认识所固有的先天形式支配的,他觉得康德所论述的先天形式太烦琐也太牵强,而把它们简化和归结为充足理由律这唯一的形式,并且借用经院哲学的术语称之为"个体化原理"。世界意志原是一体,我们每一个人的个体生命只是这意志的现象,但是,我们囿于个体化原理而往往看不到这一点。我们应该摆脱个体化原理的束缚,认清意志原是一体,进而认清意志的盲目和无意义,自觉地否定生命意志。这就是叔本华的世界解释的梗概。

在《悲剧的诞生》中,尼采多次谈到和引证叔本华。他最欣赏的是叔本华关于音乐是意志的直接写照的见解。在论述音乐和悲剧时,他明确地表述了世界的本质是意志的观点。当他在世界的层次上阐释二元冲动时,虽然没有直接引述叔本华的世界解释,但实际上也是以之为基本的理论框架的。在他的阐释中,酒神冲动在本质上是世界意志本身的冲动,也就是个体摆脱个体化原理回归世界意志的冲动,日神冲动则是意志显现为现象的冲动,也就是个体在个体化原理支配下执著于现象包括执著于个体生命的冲动。在二元冲动中,酒神冲动具有本源性,日神冲动由它派生,其关系正相当于作为意志的世界与作为表象的世界之间的关系。

尼采和叔本华的最大区别在于，叔本华虽然认为意志是世界的本质，但对之持完全否定的立场，尼采却把立场转到肯定世界意志上来了。由于这一转变，产生了他在美学上尤其是悲剧观上与叔本华的重大差异，也埋下了后来他在哲学上与叔本华分道扬镳的根源。他之所以会发生这一立场的转变，则又是得益于他对希腊神话和艺术的体会，他从中感受到的是对生命的神化和肯定，于是把这一体会融合进了他的世界解释之中。因此，在叔本华和尼采之间，同一个世界解释模式却包含着相反的世界评价。在叔本华，是从古印度悲观主义哲学出发，意志和表象都是要被否定的。在尼采，则是从神化生命的希腊精神出发，既用日神肯定了表象，又用酒神肯定了意志。

四　二元冲动的不同本质

在西方传统美学中，美是一个中心范畴，艺术的本质往往借这一范畴得以说明。尼采之提出二元冲动的理论，是有意识地针对这个传统的。他一再明确地表达了这种针对性："在希腊世界里，按照根源和目标来说，在日神的造型艺术和酒神的非造型的音乐艺术之间存在着极大的对立。两种如此不同的本能彼此共生并存，多半又彼此公开分离，相互不断地激发更有力的新生，以求在这新生中永远保持着对立面的斗争，'艺术'这一通用术语仅仅在表面上调和这种斗争罢了。""与所有把一个单独原则当作一切艺术品的必然的生命源泉、从中推导出艺术来的人相反，我的眼光始终注视着希腊的两位艺术之神日神和酒神，认识到他们是两个至深本质和至高目的皆不相同的艺术境界的生动形象的代表。"①总之，单凭美的原则不能解释艺术的本质，在美的原则之外必须提出另一个原则，艺术的本质是由这两个原则共同决定的。如果说日神相当于美的原则，那么，酒神是与美的原则相对立的一个原则，日神冲动和酒神冲动有着完全不同的本质。因此，提出酒神原则就不仅仅是对传统美学的一个补充，用日神和酒神的"对立面的斗争"来解释艺术的本质就不仅仅是对这一本质有了更加全面的理解，而是作出了新的不同的解释。

如果要问日神和酒神的不同本质究竟是什么，我们发现，尼采完全是立足于他的世界解释的。在他的论述中，日神的本质维系于个体化原理和现象，酒神冲动的本质则维系于"存在之母""万物核心""隐藏在个体化原理背后的全能的意志""在一切现象之彼岸的历万劫而长存的永恒生命"。②

---

① 《悲剧的诞生》1、16。KSA，Bd. 1，S. 25、103。
② 《悲剧的诞生》16。KSA，Bd. 1，S. 103、108。

日神与酒神的区别突出地表现在对于个体化原理的相反关系上。日神是"个体化原理的壮丽的神圣形象","美化个体化原理的守护神","在无意志静观中达到的对个体化世界的辩护"①,对个体化原理即世界的现象形式是完全肯定的。相反,在酒神状态中,"个体化原理被彻底打破,面对汹涌而至的普遍人性和普遍自然性的巨大力量,主体性完全消失。"②个人不再以认识的主体出现,不再恪守由认识的形式加于事物的界限,人与人之间、人与自然之间的分别不复存在。

与此相应,日神状态的鲜明特征是适度,酒神状态的鲜明特征是过度。日神本质中不可缺少这一个界限:"适度的节制,对于狂野激情的摆脱,造型之神的智慧和宁静。"而"适度即美的尺度","希腊人自觉遵守的界限即美丽外观的界限"。③ 为了个体化的神化,日神"只承认一个法则——个人,即对个人界限的遵守,希腊人所说的适度"。④ 可见适度有两个方面,一方面是对个人界限的遵守,是伦理的尺度,另一方面是对美丽外观的界限的遵守,是美的尺度。这两个方面都是为了肯定个体及其所生活的现象世界。但是,"一种诉诸美和适度的文化的至深目的

---

① 《悲剧的诞生》1、16、22。KSA, Bd. 1, S. 28、103、140。
② 《酒神世界观》1。KSA, Bd. 1, S. 555。
③ 《酒神世界观》1、2。KSA, Bd. 1, S. 554、564。
④ 《悲剧的诞生》4。KSA, Bd. 1, S. 40。

诚然只能是掩盖真理"，以求人为地建造和保护一个适合于我们生存的世界。在酒神状态中，这被掩盖的真理终于显现出来了，这个真理就是过度："大自然在快乐、痛苦和认识方面的整个过度全都暴露无遗。迄今为止作为界限和尺度起作用的一切，此时皆被证明只是人为的假象，而过度则被揭示为真理。"①过度意味着一切界限的打破，既打破了个体存在的界限，进入众生一体的境界，也打破了现象的美的尺度，向世界的本质回归。"在酒神神秘的欢呼下，个体化的魅力烟消云散，通向存在之母、万物核心的道路敞开了。"所以，酒神状态的实质是人和世界最内在基础的统一，尼采有时直截了当地把这个最内在基础称作"世界的酒神根基"。②

五　二元冲动之间的关系

既然酒神直接与世界的本质相联系，日神与现象相联系，那么，在两者之中，酒神当然就是本原的因素。"在这里，酒神因素比之于日神因素，显示为永恒的本原的艺术力量，归根到底，是它呼唤整个现象世界进入人生。"或者换一个诗意的表达就

① 《酒神世界观》2。KSA，Bd. 1，S. 564、565。
② 《悲剧的诞生》16、25。KSA，Bd. 1，S. 103、155。

是："从这位酒神的微笑产生了奥林匹斯众神,从他的眼泪产生了人。"①酒神的本原性首先就表现在日神对于它的派生性质,日神冲动归根到底是由酒神冲动发动的。

按照叔本华的看法,作为世界本质的意志是盲目的冲动和挣扎,是痛苦。尼采是同意这一看法的,他说他"不得不承认这一形而上的假定:真正的存在和太一,作为永恒的痛苦和冲突,既需要振奋人心的幻觉,也需要充满快乐的外观,以求不断得到解脱"。事实上,我们的整个人生,连同我们自己,都"完全受外观束缚,由外观组成",正因为此,我们就不能不有"一种对于外观以及对通过外观而得解脱的热烈渴望",这种渴望构成了日神冲动的实质。② 日神因素"通过颂扬现象的永恒来克服个体的苦难","用美战胜了生命固有的苦恼","为我们剥夺了酒神普遍性,使我们迷恋个体,把我们的同情心束缚在个体上面","使生气勃勃的个体化世界执着于生命"。③ 尼采认为,二元冲动皆强烈的希腊人是懂得这个道理的,他们知道:"他们的整个生存及其全部美和适度,都建立在某种隐蔽的痛苦和知识之根基上,酒神冲动向他们揭露了这种根基",因此,"日神不能离开酒神

---

① 《悲剧的诞生》25、10。KSA, Bd. 1, S. 154 – 155、72。
② 《悲剧的诞生》4。KSA, Bd. 1, S. 38。
③ 《悲剧的诞生》16、21、25。KSA, Bd. 1, S. 108、137、155。

而生存"。① 希腊人的例子表明,一个民族越是领悟世界痛苦的真相,就越是需要用日神的外观来掩盖这个真相,美化人生,以求在宇宙变化之流中夺得现象和个体生命存在的权利。由此可见,是世界的酒神本质决定了日神必须出场,它是被酒神召上人生和艺术的舞台的。

酒神因素的本原性还表现在它的巨大威力上,在一般情形下,是日神因素远不能相比的。从罗马到巴比伦,古代世界各个地区酒神节的癫狂放纵,毫无节制,向兽性退化,就证明了这一点。"无论何处,只要酒神得以通行,日神就遭到扬弃和毁灭。"②

然而,正因为如此,日神就有了其重要的作用。酒神冲动原是一种摆脱个体化原理回归世界本体的冲动,具有毁灭个人的倾向,如果听任它肆虐,就必然对人类生活造成巨大的破坏,并且再无艺术可言。因此,日神冲动也是必不可少的,其作用在于抑制和抗衡酒神冲动的破坏力量,"把人从秘仪纵欲的自我毁灭中拔出,哄诱他避开酒神过程的普遍性"③,把毁灭人生的力量纳入肯定人生的轨道。在尼采看来,这正是在希腊人那里发生的情况。

---

① 《悲剧的诞生》4。KSA,Bd. 1,S. 40。
② 《悲剧的诞生》4。KSA,Bd. 1,S. 41。
③ 《悲剧的诞生》21。KSA,Bd. 1,S. 137。

尼采之分析希腊酒神现象，有两个关键点，第一是从酒神秘仪和民间酒神节庆中发现了酒神冲动是比日神冲动更为深刻和强大的另一种艺术力量，第二便是从希腊人接纳并且制服酒神崇拜的历史过程中找到了希腊艺术繁荣的原因，他认为即在于二元冲动之间所达成的一种既互相制约又互相促进的恰当关系。当酒神崇拜的洪流从亚洲汹涌而至时，希腊人本性中的酒神冲动也是一触即发。据说当时雅典当局和德尔菲神庙的祭司们曾经试图加以阻止，然而无效，于是改变策略，对之招安，让酒神入祠奥林匹斯，并设立正式的酒神节日。在希腊每年的正式节日中，与酒神有关的至少有四五种。其中，以公元前534年雅典僭主庇西特拉图创办的酒神大节最为著名。这一节日在每年三四月间举行，人们倾城而出，狂欢游行，把酒神像从Eleutherae送到剧场，然后开始一年一度的盛大戏剧演出。正式酒神节的情景与那种以无节制的淫欲为特征的民间酒神节全然不同，是一个真正的艺术节日。尼采如此描述希腊人收服酒神的过程："比起这个新神汹涌而至的时刻来，希腊精神从未置身于更大的危险中，而德尔菲的阿波罗的智慧也从未显现于更美丽的光辉中。他一开始就勉力在这个强有力的对手四周布置了美轮美奂的纱幕，使之几乎觉察不到自己在半拘禁状态中正发生着变化。由于德尔菲的祭司们明察这一新崇拜对于社会再生的深刻影响，并遵照自己的政治和宗教意图加以促进，由于日神艺术家以谨慎的自制态度向酒神仆人的革命艺术学习，最后，由于将德尔菲祭礼的年度主角在阿波罗和狄奥尼索斯之间进行分配，两位神灵仿佛都作为胜利者从他们的竞争中解脱了，在竞争场上便达成了和解。"①在历史的关键时刻，希腊人用他们本土的艺术之神阿波罗的形象进行防卫，用日神的力量有效地制服了酒神，及时与之缔结和解。"这一和解是希腊崇神史上最重要的时刻"，它使希腊人的酒神节具有了"一种救世节和神化日的意义"。因此，"只有在希腊人那里，大自然才达到它的艺术欢呼，个体化原理的崩溃才成为一种艺术现象。"②在一定的意义上可以说，是日神因素赋予了酒神冲动以形式。尼采赞扬希腊人说："这是给过于强大的本能套上了美的枷锁的日神民族，它驯服了大自然最危险的元素和最凶猛的野兽。"③希腊精神的奥秘就在于用强大的日神力量驯服同样强大的酒神冲动，其结果是日神艺术和酒神艺术在希腊都获得了最辉煌的发展，成为人类历史上难以企及的高峰。

一方面，酒神冲动不断地呼唤日神冲动出场，另一方面，日神冲动又不断地通过对酒神冲动的约束把它纳入艺术的轨道。就这样，日神和酒神"相互不断地激发更有力的新生"，"在彼此

---

① 《酒神世界观》1。KSA，Bd. 1，S. 556。
② 《悲剧的诞生》2。KSA，Bd. 1，S. 32、33。
③ 《酒神世界观》1。KSA，Bd. 1，S. 558。

瓦格纳事件

衔接的不断新生中相互提高"，"无论日神艺术还是酒神艺术，都在日神和酒神的兄弟联盟中达到了自己的最高目的"。总之，"这两种艺术冲动，必定按照严格的相互比率，遵循永恒公正的法则，发挥它们的威力。"①

六 梦和醉：日常生活中的二元冲动

在《悲剧的诞生》中，尼采常常用梦和醉来解说日神和酒神二元冲动。他不仅是在设譬，在他看来，梦和醉正是我们每个人都可以经验到的最直接的日神状态和酒神状态。"在这两种生理现象之间可以看到一种相应的对立，正如在日神因素和酒神因素之间一样。"通过梦和醉，日神和酒神这两种艺术力量"无须人间艺术家的中介便从自然界本身迸发出来"，"以直接的方式获得满足"。作为日常生活中的二元冲动，梦和醉的位置处在世界与艺术之间，艺术家经由它们而得以领会世界本身的二元冲动。每个艺术家都是它们的"模仿者"，根据所"模仿"的是梦还是醉，他们"或者是日神的梦艺术家，或者是酒神的醉艺术家，或者——例如在希腊悲剧中——兼是这二者"。② 在后来的

---

① 《悲剧的诞生》1、4、24、25。KSA，Bd. 1，S. 25、41、150、155。
② 《悲剧的诞生》1、2。KSA，Bd. 1，S. 26、30。

著述中，尼采还重申："日神，酒神……这两种状态在日常生活中也有所表现，只是比较弱些：在梦中，在醉中。但是，即使在梦和醉之间，也存在着同样的对比，两者都在我们身上释放艺术的强力，各自所释放的却不相同：梦释放视觉、联想、诗意的强力，醉释放姿态、激情、歌咏、舞蹈的强力。"①

尼采异常重视梦的意义。在生活的两个半边中，人们往往重视醒而轻视梦，认为唯有醒时的生活才是真实的、有价值的生活。针对这种偏见，他强调："我仍然主张，不管表面看来多么荒谬，就我们身为其现象的那一本质的神秘基础来说，梦恰恰应当受到人们所拒绝给予的重视。"②

在尼采之前，叔本华也很重视梦的意义，认为人生与梦有着"紧密的亲属联系"，同一本书，连贯阅读叫现实生活，随便翻阅叫梦，二者并无实质区别，人生不过是一大梦。③ 他主要是从看破人生的角度谈梦的意义的。尼采对这个角度表示赞同，他说："哲学家甚至于有这种预感：在我们生活和存在于其中的这个现实之下，也还隐藏着另一全然不同的东西，因此这现实同样是一个外观。叔本华直截了当地提出，一个人间或把人们和万物

---

① 《权力意志》798。
② 《悲剧的诞生》4。KSA，Bd. 1，S. 38。
③ 叔本华《作为意志和表象的世界》，石冲白译，杨一之校，商务印书馆，1982 年 11 月第 1 版，第 44、45 页。

当作纯粹幻影和梦像这种禀赋是哲学才能的标志。"①也就是说，梦作为外观可以使我们领悟到我们生活于其中的这个现实——也就是我们的人生——同样也是外观。但是，尼采没有停留在看破人生的结论上，反而把注意力转回来，着重探究梦作为外观对于人生的保护作用及其对于艺术的启示。

尼采高度评价梦对于人生的必要性，这一评价的根据是通过外观使人生得到解脱的必要性。如果我们的经验存在本身是外观，那么，"我们就必须把梦看作外观的外观，从而看作对外观的原始欲望的一种更高满足"。② 作为外观的外观，梦具有日常现实所不具备的完美性，柔和的轮廓，并帮助我们从疲劳和紧张中恢复，这些特点集中体现了外观的美化作用，靠了这种作用，"人生才成为可能并值得一过"。所以，尼采说："我们最内在的本质，我们所有人共同的深层基础，带着深刻的喜悦和愉快的必要性，亲身经验着梦。"③可见他是从肯定人生的立场出发，所强调的不是梦和人生大梦的虚幻性，而是我们对梦和人生大梦的迷恋的正当性。

梦不但对于人生是不可缺少的，而且对于艺术也是不可缺少的。尼采认为，在梦与日神艺术之间有着最紧密的联系，梦的

---

① 《悲剧的诞生》1。KSA，Bd. 1，S. 26－27。
② 《悲剧的诞生》4。KSA，Bd. 1，S. 39。
③ 《悲剧的诞生》1。KSA，Bd. 1，S. 27－28。

美丽外观是一切造型艺术和一大部分诗歌的前提。通过对形象的直接领会而获得享受，创造最活跃时仍保持对外观的感觉，轮廓的柔和和适度的克制，这些都是梦和日神艺术的共同特征。梦是日神艺术的原型，日神艺术家所"模仿"的"自然"就是梦。"他聚精会神于梦，因为他要根据梦的景象来解释生活的真义，他为了生活而演习梦的过程。"①在此意义上，尼采把日神称作"释梦之神""释梦者"。② 我们甚至可以从一个民族的日神艺术的发展程度看出其做梦的能力，亦即那种自然的日神冲动的高度。所以，希腊史诗和雕刻的完美性"使我们有理由把做梦的希腊人看作许多荷马，又把荷马看作一个做梦的希腊人"。③

相比之下，尼采在《悲剧的诞生》中对日常生活中的醉谈得不多，他的主要笔墨放在分析酒神节庆的醉上面，关于前者仅提及由麻醉饮料和春天所造成的醉，其特征是"随着酒神激情的高涨，主观逐渐化入浑然忘我之境"。④ 后来，在《偶像的黄昏》中，除了这两项外，他还列举了性冲动的醉、酷虐的醉、破坏的醉、高涨的意志的醉等，并认为醉是一切审美行为和艺术的"不可或

---

① 《悲剧的诞生》1。KSA，Bd. 1，S. 26 - 28。
② 《悲剧的诞生》4、10。KSA，Bd. 1，S. 38、72。
③ 《悲剧的诞生》2。KSA，Bd. 1，S. 31。
④ 《悲剧的诞生》1。KSA，Bd. 1，S. 29。

缺的心理前提"。①

　　梦和醉是日常生活中两种基本的艺术状态,但是,处在这些状态中的人还并不就是艺术家。一个做着梦的人还不能算是一个日神艺术家,一个喝醉酒的人也还不能算是一个酒神艺术家。艺术家与非艺术家的区别在哪里呢? 尼采说:"如果说梦是单个的人与现实嬉戏,那么,造型艺术就是(广义的)雕塑家与梦嬉戏。""如果说醉是自然与人嬉戏,那么,酒神艺术家在创作时便是与醉嬉戏。"也就是说,艺术家区别于常人的地方在于,他不但处在某种冲动状态中,而且同时与此状态"嬉戏",不但被此状态所支配,而且能反过来支配此状态。尼采强调,冲动状态和对这冲动状态的醒悟不是交替的,而是同时的。"酒神仆人必定是一边醉着,一边埋伏在旁看这醉着的自己。并非在审视与陶醉的变换中,而是在这两者的并存中,方显出酒神艺术家的本色。"②艺术家仿佛是有分身术的人,他梦的同时醒着,醉的同时也醒着,在一旁看着这个梦中和醉中的自己。正是这同时醒着的能力,使得他的梦不是纯粹的幻影,他的醉不是纯粹的发泄,而他因此能成为一个"模仿者",用艺术来释梦和醉歌。

---

① 《偶像的黄昏》:《一个不合时宜者的漫游》8。KSA, Bd. 6, S. 116。
② 《酒神世界观》1。KSA, Bd. 1, S. 554 - 556。

七 日神艺术和酒神艺术

在艺术的层次上,日神和酒神作为大自然本身性质不同的两种冲动,从根本上划分了不同的艺术类别。在《悲剧的诞生》中,尼采从二元冲动出发,主要论述了造型艺术、音乐、诗歌和悲剧。他认为,造型艺术是纯粹的日神艺术,音乐是纯粹的酒神艺术。"这种巨大的对立,像一条鸿沟分隔作为日神艺术的造型艺术与作为酒神艺术的音乐",决定了二者具有"不同的性质和起源"。①在诗歌中,史诗属于日神艺术,抒情诗和民歌接近于酒神艺术。悲剧求诸日神的形式,在本质上则完全是酒神艺术。

日神是制造美的外观的冲动,这种冲动体现在艺术中,就是对形象的创造和欣赏。在谈及日神现象时,尼采频繁使用"形象"一词,例如"日神的形象""个体化原理的神圣形象""奥林匹斯众神的壮丽形象""梦的形象世界"等。在他看来,日神艺术在本质上是创造形象的能力,而表现在希腊雕塑和荷马史诗中的奥林匹斯众神形象堪称日神艺术的典范。

尼采如此说明日神艺术的审美特性:真正的日神艺术家即

---

① 《悲剧的诞生》16。KSA,Bd. 1,S. 103。

造型艺术家和史诗诗人"沉浸在对形象的纯粹静观之中","愉快地生活在形象之中,并且只生活在形象之中,乐此不疲,对形象最细微的特征爱不释手";其作品的效果是"唤起对美的形式的快感";在我们身上所产生的是一种"幸福沉浸于无意志静观的心境"。在主体方面,是"无意志静观",即摆脱与意志的关系。在对象方面,是"对形象的纯粹静观",是"对美的形式的快感",即摆脱事物本身的内容及其与其他事物的关系。这样的解释与康德和叔本华对一般审美状态的界定相当接近。区别在于,尼采强调外观在造成"无意志静观"这一审美状态中的作用。他说,对于日神艺术家来说,"发怒的阿喀琉斯的形象只是一个形象,他们怀着对外观的梦的喜悦享受其发怒的表情。这时候,他们是靠那面外观的镜子防止了与他们所塑造的形象融为一体。"在审美主体与对象之间隔着一面"外观的镜子",只是在这面镜子里,一切意志现象才化作了纯粹的形象。也就是说,是外观把我们与意志隔开了,使我们得以停留在现象上。更大的区别在于,在尼采看来,日神式的审美状态归根到底是由酒神式的意志发动的,其目的和效果皆是通过肯定现象而肯定意志自身。因此,他不像叔本华那样认为"无意志静观"的心境同时是对个体化世界的摆脱,反而说:"这种心境可谓在无意志静观中达到的对个体化世界的辩护,此种辩护乃是日神艺术的顶点和缩影。"①

与作为纯粹日神艺术的造型艺术相对立,处在另一极端的是作为纯粹酒神艺术的音乐。尼采完全接受叔本华关于音乐的形而上性质的观点,认为音乐与现象无涉,是世界意志的直接体现。他强调,真正的音乐"完全没有形象",是"原始痛苦本身及其原始回响",是"原始痛苦的无形象无概念的再现"。② 但是,音乐具有唤起形象的能力,悲剧即由此而诞生。关于尼采对音乐和悲剧的看法,将在第三章中详论。

诗歌也是尼采关注的艺术种类。不过,他认为,把诗歌列为一个独立的类别是勉强的,史诗和抒情诗其实具有完全不同的性质。在《悲剧的诞生》的一篇预备性论文中,他如此说:"史诗对于形象创造的要求证明,抒情诗与史诗是何等截然不同,因为抒情诗从来不把图像形式当做目的。两者的共同之处仅在某种材料性质的东西,在语词,更一般地说在概念。当我们谈论诗歌的时候,我们并无一种似乎能与造型艺术和音乐相并立的类别,只有两种本质上完全不同的艺术手段的粘合,其中一种是通向造型艺术的道路,另一种是通向音乐的道路……"在这篇论文中,他还从感情传达方式的角度对各种艺术形式之间的关系作

---

① 《悲剧的诞生》5、16、22。KSA, Bd. 1, S. 44 - 45、104、140。
② 《悲剧的诞生》5。KSA, Bd. 1, S. 44。

了一个分析。如果把感情看作意志状态与相随表象的综合体，那么，其传达方式有三种。一是声音，它把意志冲动符号化，相应的艺术形式是音乐。二是形体符号，即姿势表情，它把相随表象符号化，相应的艺术形式是绘画、雕塑以及戏剧演员的表演。三是语言，而"一种形体符号与声音的最密切最频繁的结合被称作语言"，因此，同为使用语言，根据所侧重的是形体符号的因素还是声音的因素，其相应的艺术形式诗歌便有了本质的分野。"根据不同情况，词或者主要作为相随表象的符号，或者主要作为原初意志冲动的符号而起作用，与此相应，被符号化了的或者是图像，或者是感情，诗歌因此而分作两路，即史诗和抒情诗。前者通向造型艺术，后者通向音乐；对现象的兴趣支配着史诗，意志显现于抒情诗之中。前者脱离音乐，后者始终与音乐结盟。"①

当然，抒情诗中也有形象。但是，史诗到形象为止，形象本身就是目的，而在抒情诗中，形象只是意志的化身，是表达意志的一种手段。在《悲剧的诞生》中，正是通过对抒情诗中形象之来源和性质的分析，尼采揭示了抒情诗之区别于日神史诗的酒神本质。

席勒在谈到自己的创作过程时承认："感觉在我身上一开始

---

① 《酒神世界观》2、4。KSA，Bd. 1，S. 564、572 - 577。

并无明白确定的对象；这是后来才形成的。第一种音乐情绪掠过了，随后我头脑里才有诗的意象。"也就是说，抒情诗创作的预备状态不是形象，而是音乐情绪，形象是随后才出现的。尼采认为，席勒的这一提示发人深省。他补充指出，在古代，抒情诗人与乐师往往一身兼任，相形之下，现代抒情诗好像是无头神像。很显然，在他的心目中，真正的抒情诗与音乐有着天然的联系。在此前提下，他根据"审美形而上学"对抒情诗进行了解释。

首先，抒情诗中的形象是从音乐中生长出来的，是用语言模仿和解释音乐的产物。抒情诗人"作为酒神艺术家，他首先完全同太一及其痛苦和冲突打成一片，制作太一的摹本即音乐……可是现在，在日神的召梦作用下，音乐在譬喻性的梦象中，对于他重新变得可以看见了"。① 语言对音乐的模仿突出地表现在民间的抒情诗即民歌中。在民歌中，旋律原是第一位的和普遍的东西，它为自己寻找对应的梦境，因此而能在多种歌词中承受多种客观化。"这样，在民歌创作中，我们看到语言全力以赴、聚精会神地模仿音乐……我们以此说明了诗与音乐、词与声音之间唯一可能的关系：词、形象、概念寻求一种同音乐相似的表达方式，终于折服于音乐的威力。"在古希腊，荷马和阿尔基洛科斯（Archilocos）、品达分别构成了诗歌的两个主要潮流，"其界

---

① 《悲剧的诞生》5。KSA，Bd. 1，S. 43 - 44。

限是看语言模仿现象世界和形象世界,还是模仿音乐世界"。总之,抒情诗是"寓音乐于形象的过程",是"音乐通过形象和概念的模仿而闪射的光芒"。①

其次,正因为此,与史诗中的形象相比,抒情诗中的形象就有着完全不同的性质。如果说音乐是世界意志的摹本,那么,它通过模仿音乐而成了世界意志的第二级摹本。作为这样的摹本,"它把原始冲突、原始痛苦以及外观的原始快乐都变成可感知的了"。表面看来,抒情诗人似乎是在歌唱自己的喜怒哀乐,他的形象就是他的"自我"。但是,只要他是真正的抒情诗人,"这自我就不是清醒的、经验现实的人的自我,而是根本上唯一真正存在的、永恒的、立足于万物之基础的自我,抒情诗天才通过这样的自我的摹本洞察万物的基础","抒情诗人的'自我'就这样从存在的深渊里呼叫"。② 所以,抒情诗人具有酒神和日神的二重性。一方面,他"用意志的形象解释音乐",他所创造的形象就是意志本身的形象,"他把整个自然连同他自身仅仅理解为永恒的意欲者、憧憬者和渴求者","他自己的意愿、渴念、呻吟、欢呼都成了他借以向自己解释音乐的一种譬喻"。另一方面,他又摆脱了个人意志的欲求,"他自己静息在日神观照的宁

---

① 《悲剧的诞生》6。KSA, Bd. 1, S. 49、50。
② 《悲剧的诞生》5。KSA, Bd. 1, S. 44-45。

静海面上",便也有了对形象的静观。① 区别在于,在史诗和造型艺术中,形象纯粹是外观,是对世界本体的阻挡和掩盖,在抒情诗中,形象则是意志的各种化身,是世界本体的显现。

然而,尼采认为,和音乐相比,抒情诗有其不可克服的局限性。"抒情诗丝毫不能说出音乐在最高一般性和普遍有效性中未曾说出的东西,音乐迫使抒情诗作图解。所以,语言绝不能把音乐的世界象征圆满表现出来……每种现象之于音乐毋宁只是譬喻;因此,语言作为现象的器官和符号,绝对不能把音乐的至深内容加以披露。"②抒情诗用语言模仿音乐,这就限定了它的表达感情的能力,不可能超出用语言和概念所能处理的东西,始终还保留着一个不可消除的剩余,而这个剩余正是使音乐成为音乐的东西,是音乐所以能够直接表现世界意志的奥秘之所在。

---

① 《悲剧的诞生》6。KSA,Bd. 1,S. 51。
② 《悲剧的诞生》6。KSA,Bd. 1,S. 51。

悲剧的本质

一　音乐是世界的象征语言

在《悲剧的诞生》中,尼采引用了《作为意志和表象的世界》第52节中论述音乐的一整段文字。其中,叔本华如此说:"音乐不同于其他一切艺术,它不是现象的摹本,或者更确切地说,不是意志的相应客体化,而是意志本身的直接写照,所以它体现的不是世界的任何物理性质而是其形而上性质,不是任何现象而是自在之物。"音乐"提供了先于一切形象的至深内核,或者说,事物的心灵"。①尼采

①《悲剧的诞生》16。KSA,Bd. 1,S. 106。参看《作为意志和表象的世界》中译本,石冲白译,杨一之校,商务印书馆,1982年11月第1版,第363—364页。

极其重视叔本华的这一见解，甚至认为："由于这个全部美学中最重要的见解，才开始有严格意义上的美学。"①

叔本华分析建筑、绘画、雕塑等其他一切艺术，主要是用"理念"这个范畴，认为它们的对象都是理念。按照他的解释，理念一方面是意志客体化的各个确定级别，另一方面是个别事物的永恒形式，其位置处于自在之物和事物中间。把握理念不能靠概念思维，必须靠直观，因此，在一定的意义上，他所说的理念即是形象，是具有典范性的形象。然而，唯有音乐的对象不是理念，而是意志本身，音乐不通过理念而直达自在之物。这样，叔本华实际上已经触及到了两类艺术的不同根源问题。尼采据此说：在伟大思想家中，唯有叔本华一人，对作为日神艺术的造型艺术与作为酒神艺术的音乐之间的巨大对立了如指掌，"以至于他无需希腊神话的指导，就看出音乐与其他一切艺术有着不同的性质和起源"。由此我们可以推断，尼采在形成其二元冲动思想的过程中，除了希腊神话之外，也从叔本华的美学理论中获得了重要的启示。尼采接着用赞赏的口吻提到了瓦格纳在叔本华的影响下发表的这一主张：音乐的评价应当遵循与一切造型艺术完全不同的审美原则，根本不能用美这个范畴来衡量音乐。然后批评道："有一种错误的美学，依据迷途变质的艺术，习惯

---

① 《悲剧的诞生》16。KSA，Bd. 1，S. 104。

于那个仅仅适用于形象世界的美的概念,要求音乐产生与造型艺术作品相同的效果,即唤起对美的形式的快感。"①很显然,尼采之所以如此重视叔本华关于音乐的见解,是因为叔本华的这一见解在美学史上第一次揭示了除了对美的形式的快感之外,艺术还有另一个完全不同的并且更为深刻的根源,这就打破了用单一的美的概念解释艺术的美学传统。在他看来,用单一的美的概念解释艺术就必定会曲解艺术的本质,唯有打破这个传统,用二元冲动解释艺术,才可能有严格意义上的美学。

对于叔本华的美学理论,尼采一开始就是有所保留和批判的,尤其不赞同叔本华关于悲剧和抒情诗的观点,唯独对叔本华的"深刻的音乐形而上学"②,他可以说是全盘接受了。他也把音乐称作"世界的象征语言""太一的摹本""世界的心声",认为:"音乐由于象征性地关联到太一心中的原始冲突和原始痛苦,故而一种超越一切现象和先于一切现象的境界得以象征化了。"③根据他的描绘,在初民的酒神节庆中,个体解体以及与族类创造力乃至大自然创造力合为一体的状态急于得到表达,自然的本质要象征地表现自己,各种象征能力都被激发起来了。首先被调动的是形体符号的象征能力,包括丰富的表情、姿势和

---

① 《悲剧的诞生》16。KSA,Bd. 1,S. 103 - 104。
② 《悲剧的诞生》5。KSA,Bd. 1,S. 46。
③ 《酒神世界观》4,《悲剧的诞生》5、21、6。KSA,Bd. 1,S. 575、44、138、51。

舞蹈动作。然而,形体语言仅表达了族类的创造力,仍在现象界之内,唯有声音才表达了存在本身的创造力,即意志。"自然之子何时获得声音的象征语言?形体语言何时不再够用?声音何时变为音乐?首先是在意志极端快乐和不快的状态中,在意志欢欣鼓舞或忧愁欲死之时,简言之,在情不自禁之时,在脱口喊叫之时。与看见相比,喊叫是何等有力和直接!……要使声音达于纯粹声音,唯有情不自禁能够做到。"这时候,"寓于节奏、动力与和声的音乐的象征力量突然汹涌澎湃了"。① 当意志处于极端状态时,人不再能够单靠形体语言来表达自己,情不自禁地要脱口喊叫,这种情形表明了声音具有超越形象的表达力量,也表明了音乐与意志之间的直接联系。

所以,音乐在本质上是先于形象、超越形象、没有形象的。真正的音乐,如希腊的酒神颂,是全然不沾染形象的,它整个就是情绪,是与世界本体脉脉相通的情绪,是从世界心灵中直泻出来的原始旋律。尼采十分厌恶音乐的外行们替贝多芬的交响曲寻找图解的做法,他指出:"纵使这位音乐家用形象说明一种结构,譬如把某一交响曲称作'田园交响乐',把某一乐章称作'河边小景',把另一乐章称作'田夫同乐',也只是生于音乐的譬喻式观念而已,而绝非指音乐所模仿的对象。"他更加厌恶的是那

---

① 《酒神世界观》4,《悲剧的诞生》2。KSA,Bd. 1,S. 575、33 - 34。

种音响图画式的音乐,例如古希腊后期的新颂歌,斥之为"以亵渎的方式把音乐变成了现象的摹拟肖像"。① 总之,音乐决不能模仿现象,凡模仿现象的音乐都不是真正的音乐。犹如抒情诗和悲剧若不从音乐产生就不是真正的抒情诗和悲剧一样,音乐若不从酒神冲动产生也就不是真正的音乐。

二 音乐具有创造形象的能力

说音乐本身是非形象的,不等于说音乐与形象毫无联系。在《作为意志和表象的世界》第 52 节中,叔本华还谈到,我们的想象力很容易被音乐激起,企图用一个类似的例子来体现音乐所表现的那个精神世界,这就是歌和歌剧的来源。② 然后,在尼采所引用的那一段文字中,他又论述了音乐对于形象和概念的关系,大意是:人们可以配上音乐使诗成为歌,使直观的表演成为剧,或者使两者成为歌剧。人生的这种个别画面,配上音乐的普遍语言,其间的关系仅相当于信手拈来的一个例子同一个普遍概念的关系。音乐在某种程度上有如普遍概念,乃是现实的抽象。但是,这两种普遍性在某种意义上又是彼此对立的:音

---

① 《悲剧的诞生》6、17。KSA,Bd. 1,S. 50、112。
② 参看《作为意志和表象的世界》中译本,第 362 页。

乐表现世界的内在本质即意志,提供先于事物的普遍性;概念只包含从直观中抽象出来的形式,是后于事物的普遍性。因此,作曲家必须直接领悟那构成世界本质的意志冲动,并用音乐的普遍语言表达出来,歌的旋律、歌剧的音乐才会富于表现力。相反,如果他凭借概念去理解事物,他的音乐就只能不合格地模仿意志的现象。①

在引用叔本华的话之后,尼采如此写道:

"这样,根据叔本华的学说,我们把音乐直接理解为意志的语言,感到我们的想象力被激发起来,去塑造那向我们倾诉着的、看不见的、却又生动激荡的精神世界,用一个相似的实例把它体现出来。另一方面,在一种真正相符的音乐的作用下,形象和概念有了更深长的意味……从这些自明的、但未经深究便不可达到的事实中,我推测音乐具有产生神话即最意味深长的例证的能力,尤其是产生悲剧神话的能力。神话在譬喻中谈论酒神认识……现在我们设想一下,音乐在其登峰造极之时必定竭力达到最高度的形象化,那么,我们必须认为,它很可能为它固有的酒神智慧找到象征表现。可是,除了悲剧,一般来说,除了悲剧性这个概念,我们还能到别的什么地方去找这种表

----

① 《悲剧的诞生》16。KSA, Bd. 1, S. 106 - 107。参看《作为意志和表象的世界》中译本,第364—365页。

现呢?"①

　　这一段文字表明,叔本华关于音乐与形象的关系的见解也给了尼采以重要的启发,在此启发下,形成了他的悲剧起源于音乐的独创性思想。这个思想的确是他的独创,叔本华只是一般地谈到歌和歌剧的产生与音乐的关系,远未涉及希腊悲剧的起源问题。但是,叔本华已经清楚地指出了音乐具有唤起形象的能力,并指出了由音乐所唤起的形象与凭借概念对现象的模仿之间的根本区别。由此出发,尼采进而推测,悲剧神话是音乐的最深邃的酒神本质寻求象征表现的产物。音乐精神对于形象化的追求,始于最早的希腊抒情诗,到阿提卡悲剧便达到了高潮,音乐创造形象的能力获得了最辉煌的表现。

　　尼采认为,悲剧神话和新颂歌的对比为我们提供了恰当的例子,表明音乐与形象的关系怎样是正确的,怎样是不正确的。在新颂歌中,音乐模仿一场战役、一次海洋风暴之类的现象,"只是迫使我们去寻找人生和自然的一个事件与音乐的某种节奏形态或特定音响之间的表面相似之处,试图借此来唤起我们的快感",把自身变成了"现象的粗劣摹本"。相反,在悲剧神话中,"神话想要作为一个个别例证,使那指向无限的普遍性和真理可以被直观地感受到。真正的酒神音乐犹如世界意志的这样

---

① 《悲剧的诞生》16。KSA, Bd. 1, S. 107 - 108。

一面普遍镜子置于我们之前,每个直观事件折射在镜中,我们感到它立即扩展成了永恒真理的映象。""所以,音响图画在任何方面都同真正音乐的创造神话的能力相对立,它使现象比现象的本来面目更贫乏;而酒神音乐却丰富了个别现象,使之扩展为世界映象。"①简言之,在一种错误的关系中,音乐只是孤立地模仿现象,音乐本身和被模仿的现象都与世界意志没有关系;在一种正确的关系中,音乐是世界意志的表达,它所创造的形象是世界意志的生动例证,因而加强了这种表达。

三 悲剧起源于酒神音乐

从希腊悲剧产生的历史过程来看,在以荷马史诗为代表的希腊神话与以埃斯库罗斯、索福克勒斯为代表的希腊悲剧之间,发生的一个重大事件是酒神音乐的兴起。日神性质的史诗神话之变化为酒神性质的悲剧神话,起关键作用的就是酒神音乐。根据尼采的阐述,在悲剧诞生之前,希腊人已经开始把神话历史学化,致使希腊神话濒临死亡。靠了酒神音乐的强大力量,荷马传说重新投胎为悲剧神话,神话在悲剧中再度繁荣。"酒神的真理占据了整个神话领域,以之作为它的认识的象征",使得神话

---

① 《悲剧的诞生》17。KSA,Bd. 1,S. 113。

放射出了最灿烂的光辉，具有了一种形而上的深度。①

那种使得神话在悲剧中获得新生的酒神音乐，就是酒神颂（Dithurambos）。

Dithurambos 的词义为神的欢庆，一开始是在祭祀酒神的活动中演唱的歌，内容为狄奥尼索斯的出生、经历和受苦。据说公元前 7 世纪的抒情诗人阿尔基洛科斯已使用此词。但是，按照希罗多德的说法，则是公元前 7 世纪末 6 世纪初的阿里昂（Arion）首创、传授、命名酒神颂。"阿里昂这个人在当时是个举世无双的竖琴手，而据我们所知道的，是他第一个创作了Dithurambos，给这种歌起了这样的名字，后来还在科林斯传授这种歌。"②我们也许可以认为，Dithurambos 原是民间的创作，而阿里昂是对之进行改革并使之定型的一个人。公元前 6 世纪下叶，酒神颂被引入雅典，成为酒神庆祭活动的一个比赛项目，于公元前 6 世纪末发展为悲剧。

事实上，关于悲剧的起源，亚里士多德在《诗学》第 4 章中已有两点重要的提示：第一，"悲剧起源于 Dithurambos 歌队领队的即兴口诵"；第二，悲剧的前身是萨提儿剧。③ 萨提儿是神话中的酒神随从，人形，有羊耳羊尾。酒神颂歌队由一群扮演萨提

---

① 《悲剧的诞生》10。KSA, Bd. 1, S. 73 - 74。
② 希罗多德《历史》，商务印书馆，1959 年 6 月第 1 版，第 10—11 页。
③ 亚里士多德《诗学》，陈中梅译，商务印书馆，1996 年 7 月第 1 版，第 48、49 页。

儿的队员组成,各人戴着羊耳羊尾或马耳马尾。悲剧产生以后,萨提儿剧仍被保留。每年的酒神大节连演 3 天,每天上演一位悲剧诗人的三出悲剧和一出萨提儿剧,一位喜剧诗人的一出喜剧。在希腊文里,悲剧(Tragoidia)的词义即山羊歌,歌队也由扮作山羊的萨提儿组成。亚里士多德在同一处还谈到,喜剧源自 phallika 中歌队领队的即兴口占。Phallika 是一种生殖崇拜活动,在雅典也是酒神庆祭活动的一部分。如此看来,无论萨提儿剧、悲剧或喜剧,它们的产生和发展都与酒神庆祭活动有着密切的关系。

然而,尽管有亚里士多德的两点提示,悲剧起源的问题仍然模糊不清。因为这几乎是人们研究此一问题的全部依据,而对之的解释却莫衷一是。如果说悲剧产生于酒神颂歌队,那么,关键就是怎样解释歌队的作用。在这一点上众说纷纭,尼采提到并予以驳斥的就有歌队代表平民对抗舞台上的王公势力之政治解释,以歌队为"理想的观众"的 A. W. 施莱格尔的解释。尼采欣赏席勒的解释,认为席勒的这一见解极有价值:歌队是围在悲剧四周的活城墙,悲剧用它把自己同现实世界完全隔绝,替自己保存一个理想的天地。他据此认为:"希腊人替歌队制造了一座虚构的自然状态的空中楼阁,又在其中安置了虚构的自然生灵。悲剧是在这一基础上成长起来的"。①这就是说,歌队

---

① 《悲剧的诞生》7。KSA, Bd. 1, S. 54 - 55。

的基本作用是用音乐把人们与日常的现实世界隔离开来，置于一个虚构的审美世界之中。但歌队的作用并非到此结束，它的更重要的作用，那使悲剧得以产生的作用，就是发挥出音乐创造形象的能力来。尼采的贡献就在于对这个更重要的作用的阐述。

具体地说，悲剧诞生的过程可以分为3个阶段。一开始，连歌队也并不存在，它只是酒神群众的幻觉。酒神节庆时，酒神信徒结队游荡，纵情狂欢，沉浸在某种心情之中，其力量使他们在自己眼前发生了魔变，以至于他们在想象中看到自己是自然精灵，是充满原始欲望的酒神随从萨提儿。然后，作为对这一自然现象的艺术模仿，萨提儿歌队产生了，歌队成员扮演萨提儿，担任与酒神群众分开的专门的魔变者。歌队是"处于酒神式兴奋中的全体群众的象征"，观众在这些且歌且舞的萨提儿身上认出了自己，归根到底并不存在观众与歌队的对立。这时候，舞台世界也还不存在，它只是歌队的幻觉。歌队在兴奋中看到酒神的幻象，用舞蹈、声音、言词的全部象征手法来谈论这幻象。"酒神，这本来的舞台主角和幻象中心，按照上述观点和按照传统，在悲剧的最古老时期并非真的在场，而只是被想象为在场。也就是说，悲剧本来只是'合唱'，而不是'戏剧'。"最后，"才试图把这位神灵作为真人显现出来，使这一幻象及其灿烂的光环可以有目共睹。于是便开始有狭义的'戏剧'。"①这样,悲剧诞生的过程便是酒神音乐不断向日神的形象世界进发的过程。

流传到今天的希腊悲剧,其内容皆来自希腊的英雄和众神的神话,即和史诗相同的领域,而与酒神及其崇拜似乎没有多大关系。鉴于亚里士多德强调悲剧的酒神起源,据说这种不吻合在古希腊时期就已经引起人们的诧异了。尼采对此提出了一种解释。既然酒神颂的内容皆是叙述酒神的经历,那么,我们完全可以推想,由酒神颂发展来的希腊悲剧在其最古老的形态中都仅仅以酒神的受苦为题材,亲自经历个体化痛苦的酒神一直是悲剧的唯一的舞台形象。后来,题材逐渐扩展,神话中的其他英雄和神灵也登上了舞台。但是,尼采认为,在欧里庇得斯之前,悲剧舞台上的一切著名角色,如埃斯库罗斯笔下的普罗米修斯、索福克勒斯笔下的俄狄浦斯等,都是从酒神脱胎而来的,实质上都只是这位最初主角的面具和化身。无论是俄狄浦斯之破解自然的斯芬克司之谜,还是普罗米修斯之盗火,都意味着试图摆脱个体化的界限而成为世界生灵本身,因而就必须亲身经受原始冲突的苦难。② 所以,在根源上,都可以追溯到酒神群众和酒神歌队的幻觉。

---

① 《悲剧的诞生》8。KSA, Bd. 1, S. 59 - 63。
② 参看《悲剧的诞生》9、10。

四 悲剧中日神和酒神的兄弟联盟

在领悟到日神和酒神的二元艺术冲动以后,尼采必定十分欣喜,因为他感觉他手中有了一把钥匙,足以使他成为真正解开希腊悲剧之谜的第一人。他如此自述他的这种心情:"由于认识到那一巨大的对立,我有了一种强烈的冲动,要进一步探索希腊悲剧的本质,从而最深刻地揭示希腊的创造精神。因为我现在才自信掌握了诀窍,可以超出我们的流行美学的套语之外,亲自领悟到悲剧的原初问题。我借此能够以一种如此与众不同的眼光观察希腊,使我不禁觉得,我们如此自命不凡的古典希腊研究至今大抵只知道欣赏一些浮光掠影的和皮毛的东西。"在一定的意义上可以说,解开希腊悲剧之谜的愿望本来就构成了他创立二元冲动说的潜在动机。在他看来,以美为中心范畴的传统美学之所以必须根本改造,主要的理由就是它不能令人信服地解释悲剧的本质。"从通常依据外观和美的单一范畴来理解的艺术之本质,是不能真正推导出悲剧性的。"①事实上,整部《悲剧的诞生》就是围绕着用二元冲动说解释希腊悲剧的起源和本质这个主题展开的。

---

① 《悲剧的诞生》16。KSA,Bd. 1,S. 104、108。

关于希腊悲剧的本质，最能表达尼采的结论的是这四段文字：

"在希腊世界里，按照根源和目标来说，在日神的造型艺术和酒神的非造型的音乐艺术之间存在着极大的对立……直到最后，由于希腊'意志'的一个形而上的奇迹行为，它们才彼此结合起来，而通过这种结合，终于产生了阿提卡悲剧这种既是酒神的又是日神的艺术作品。"

若要追问日神冲动和酒神冲动在彼此衔接的不断新生中相互提高的最终意图，"那么，我们眼前出现了阿提卡悲剧和戏剧酒神颂歌的高尚而珍贵的艺术作品，它们是两种冲动的共同目标，这两种冲动经过长期斗争，终于在一个既是安提戈涅、又是卡桑德拉的孩子身上庆祝其神秘的婚盟。"

"那作为希腊悲剧之起源和本质的二元性本身"就是"日神和酒神这两种彼此交织的艺术本能的表现"。

"悲剧中日神因素和酒神因素的复杂关系可以用两位神灵的兄弟联盟来象征：酒神说着日神的语言，而日神最终说起酒神的语言来。这样一来，悲剧以及一般来说艺术的最高目的就达到了。"①

我们看到，尼采所强调的是二元冲动在悲剧身上的和解和

---

① 《悲剧的诞生》1、4、12、21。KSA，Bd. 1，S. 25－26、42、82、139－140。

结合,他用"奇迹行为""神秘的婚盟""兄弟联盟"这样富有感情色彩的语言来形容这种和解和结合,并视之为"两种冲动的共同目标"和"艺术的最高目的"。很显然,在他的心目中,悲剧正因为是二元冲动的完美结合,并在这种结合中把日神艺术和酒神艺术都发展到了极致,所以才成其为一切艺术的顶峰。

在悲剧中,日神和酒神是如何缔结它们的兄弟联盟的呢?从观赏者的立场看,我们可以把悲剧分解为三个要素,一是音乐,二是观赏者自己,三是插在二者之间的舞台形象即悲剧神话。按照尼采的阐释,音乐是世界意志即世界原始痛苦的直接体现,而悲剧神话又是音乐的譬喻性画面。作为这样一种譬喻性画面,悲剧神话起到了两个方面的作用。一方面,它用日神式幻景把观赏者和音乐隔开了,保护具有酒神式感受能力的听众免受音乐的酒神力量的伤害。"这里终究爆发了日神的力量,用幸福幻景的灵药使几乎崩溃的个人得到复元。"凭借这种日神式幻景的保护作用,我们得免于直视世界本质,直接承受世界的原始痛苦,"得以缓和酒神的满溢和过度"。"在音乐悲剧所特有的艺术效果中,我们要强调日神幻景,凭借它,我们可以得免于直接同酒神音乐成为一体,而我们的音乐兴奋则能够在日神领域中,依靠移动于其间的一个可见的中间世界得到宣泄。"①

---

① 《悲剧的诞生》21、24。KSA, Bd. 1, S. 134 – 138、149 – 150。

另一方面,悲剧神话作为譬喻性画面又向我们传达了音乐的酒神意蕴。当然,悲剧神话的这种功能正是音乐赋予它的。"酒神艺术往往对日神的艺术能力施加双重影响:音乐首先引起对酒神普遍性的譬喻性直观,然后又使譬喻性形象显示出最深长的意味。""音乐赋予悲剧神话一种令人如此感动和信服的形而上的意义,没有音乐的帮助,语言和形象决不可能获得这样的意义。"由于音乐的内在照明,悲剧中的日神光辉画面所达到的效果就完全不同于史诗和雕塑,并非使观赏的眼睛恬然玩味个体化世界。"最明朗清晰的画面也不能使我们满足,因为它好像既显露了什么,也遮蔽了什么",把我们置于"同时既要观看又想超越于观看之上"的心情中。那既被显露也被遮蔽的东西,那使我们在观看时想超越于观看之上知道的东西,就是个别画面所譬喻的酒神普遍性,那个隐藏在外观世界背后的本体世界。① 由此可见,在悲剧中,日神形象和酒神音乐都从对方的优点中受益,最大限度地提高了各自的艺术力量。

　　然而,在这一兄弟联盟中,日神和酒神的地位并非相等的。尼采认为,与日神形象相比,酒神音乐终究是本原的东西。悲剧中的人物形象无论多么光辉生动,仍然只是现象,与直接表现世界本质的音乐不可同日而语。悲剧既然起源于音乐,那么,音乐

---

① 《悲剧的诞生》16、21、24。KSA, Bd. 1, S. 107、134、150。

的酒神力量就始终或隐或显地支配着悲剧的整个表演过程。在悲剧的总效果中,酒神因素归根到底占据了优势,这一点突出地表现在悲剧的结尾,那往往是悲剧英雄的毁灭和日神幻景的破灭。"日神幻景因此露出真相,证明它在悲剧演出时一直遮掩着真正的酒神效果。但是,酒神效果毕竟如此强大,以至于在终场时把日神戏剧本身推入一种境地,使它开始用酒神的智慧说话,使它否定它自己和它的日神的清晰性。"所以,真正从本质上来说,我们还是应该把悲剧划归酒神艺术,贯穿于悲剧的根本动机是酒神冲动,日神形象仅是表达酒神冲动的手段。在此意义上,尼采说:"悲剧的本质只能被解释为酒神状态的显露和形象化,音乐的象征表现,酒神陶醉的梦境。""悲剧神话只能被理解为酒神智慧借日神艺术手段而达到的形象化。"①

五 悲剧快感: 形而上的慰藉

要阐明悲剧的本质,一个关键的问题是如何解释悲剧快感的实质。悲剧表演的总是不幸和灾祸,为何还能使我们产生欣赏的快乐? 这一直是美学史上的一个难题。尼采提到了三种常见的解释。一是英雄同命运的斗争,这是希腊剧作家自己的解

① 《悲剧的诞生》21、14、22。KSA, Bd. 1, S. 139 - 140、95、141。

释,后人在解释希腊悲剧时普遍沿用。二是怜悯和恐惧情感的宣泄,这是亚里士多德的著名论点,被美学家们广泛接受。三是世界道德秩序的胜利,英雄为某一种道德世界观而牺牲,这大致是黑格尔的观点,但尼采没有指名道姓。尼采认为,所有这些解释都把悲剧快感看做了病理学过程和道德过程,都是"借自非审美领域的替代效果",不成其为审美的解释。他讥讽持这些老生常谈的人都是一些"毫无美感的人","对于作为最高艺术的悲剧实在是毫无感受",并且断言:"自亚里士多德以来,对于悲剧效果还从未提出过一种解释,听众可以由之推断艺术境界和审美事实。"尼采不否认悲剧间或也能唤起一种道德快感,但是,他强调他"问的是审美快感",指出:"艺术首先必须要求在自身范围内的纯洁性。为了说明悲剧神话,第一个要求便是在纯粹审美领域内寻找它特有的快感,而不可侵入怜悯、恐惧、道德崇高之类的领域。"①

那么,尼采自己是如何解释悲剧的审美快感的呢?概括地说,他认为这种快感是来自一种"形而上的慰藉"。我们可以分三个层次来理解尼采所说的形而上的慰藉。

第一,悲剧是酒神艺术,唯有从酒神世界观出发,我们才能理解悲剧快感,它本质上是酒神冲动的满足,即通过个体的毁灭

---

① 《悲剧的诞生》22、24。KSA, Bd. 1, S. 142、152。

而给人的一种与宇宙本体结合为一体的神秘陶醉。"作为一种酒神状态的客观化，悲剧不是在外观中的日神性质的解脱，相反是个人的解体及其同太初存在的合为一体。""通过个体毁灭的单个事例，我们只是领悟了酒神艺术的永恒现象，这种艺术表现了那似乎隐藏在个体化原理背后的全能的意志，那在一切现象之彼岸的历万劫而长存的永恒生命。对于悲剧性所生的形而上快感，乃是本能的无意识的酒神智慧向形象世界的一种移置。悲剧主角，这意志的最高现象，为了我们的快感而遭否定，因为他毕竟只是现象，他的毁灭丝毫无损于意志的永恒生命。"在看悲剧时，我们"看到眼前的悲剧英雄具有史诗的明朗和美，却又快意于英雄的毁灭"，"这种奇特的自我分裂，日神顶峰的这种崩溃，我们倘若不向酒神魔力去探寻其根源，又向哪里去探寻呢？……悲剧神话引导现象世界到其界限，使它否定自己，渴望重新逃回唯一真正的实在的怀抱"。"悲剧神话具有日神艺术领域那种对于外观和静观的充分快感，同时它又否定这种快感，而从可见的外观世界的毁灭中获得更高的满足。"①

第二，尼采强调世界意志的"永恒生命"性质，因此，悲剧快感实质上是对这宇宙永恒生命的快乐的体验，此时我们已与这永恒生命合为一体，已成为这永恒生命本身。通过个体的毁灭，

① 《悲剧的诞生》8、16、22、24。KSA，Bd. 1，S. 62、108、140－141、151。

我们反而感觉到世界生命意志的丰盈和不可毁灭，于是生出快感。"每部真正的悲剧都用一种形而上的慰藉来解脱我们：不管现象如何变化，事物基础之中的生命仍是坚不可摧和充满欢乐的。""悲剧以其形而上的安慰在现象的不断毁灭中指出那生存核心的永生。"在观看悲剧时，我们仿佛听见自然以真诚坦率的声音向我们喊道："像我一样吧！在万象变幻中，做永远创造、永远生气勃勃、永远热爱现象之变化的始母！"悲剧让我们不是在现象之中，而是在现象背后寻找生存的永恒乐趣，于是"一种形而上的慰藉使我们暂时逃脱世态变迁的纷扰。我们在短促的瞬间真的成为原始生灵本身，感觉到它的不可遏止的生存欲望和生存快乐……纵使有恐惧和怜悯之情，我们仍是幸运的生者，不是作为个体，而是众生一体，我们与它的生殖欢乐紧密相连。"①

第三，尼采反对对悲剧快感的非审美解释，要求在纯粹审美领域内寻找悲剧特有的快感。那么，"形而上的慰藉"如何成其为一种审美解释呢？他的办法是把悲剧所显示给我们的那个永恒生命世界艺术化，用审美的眼光来看本无意义的世界永恒生成变化的过程，赋予它一种审美的意义。我们不妨想象一下悲剧艺术家"如何像一位多产的个体化之神创造着他的人物形

---

① 《悲剧的诞生》7、8、16、17。KSA，Bd. 1，S. 56、59、108、109。

象……而后他的强大酒神冲动又如何吞噬这整个现象世界,以便在它背后,通过它的毁灭,得以领略在太一怀抱中的最高的原始艺术快乐"。歌德曾说:"在古人,最高激情也只是审美的游戏。"我们正是在观看悲剧时感受到,最高激情如何能够仅仅是一种审美的游戏。在"艺术形而上学"的意义上,"悲剧神话恰好要使我们相信,甚至丑与不和谐也是意志在其永远洋溢的快乐中借以自娱的一种审美游戏。"在悲剧中,我们在同时既要观看又想超越于观看之上,"这种情形提醒我们在两种状态中辨认出一种酒神现象:它不断向我们显示个体世界建成而又毁掉的万古常新的游戏,如同一种原始快乐在横流直泻。在一种相似的方式中,这就像晦涩哲人赫拉克利特把创造世界的力量譬作一个儿童,他嬉戏着叠起又卸下石块,筑成又推翻沙堆。"①总之,我们不妨把世界看作一位艺术家,站在他的立场上来看待个体的痛苦和毁灭,就能体会到他的审美游戏的巨大快乐了。

六 悲剧的灭亡

通过对悲剧的起源、悲剧中二元因素的关系、悲剧快感的实质的分析,尼采向我们论证了悲剧的酒神本质。在《悲剧的诞

---

① 《悲剧的诞生》22、24。KSA, Bd. 1, S. 141-142、152-153。

生》中，他还对希腊悲剧灭亡的原因进行了分析，在他看来，悲剧是因为理性主义扼杀了酒神本能而灭亡的，而这同样从反面证明了悲剧的酒神本质。

尼采把悲剧的灭亡归咎于埃斯库罗斯和索福克勒斯之后的第三位大悲剧家欧里庇得斯。他认为，欧里庇得斯的全部作为就是致力于彻底排除悲剧中的酒神因素，把悲剧建立在非酒神的基础上。由于他遗弃了酒神，所以日神也遗弃了他，借酒神音乐而复活的神话也因之失去了生命。在他的粗暴的手掌里，音乐和神话都死去了，悲剧不再是音乐所朗照的神话，从此名存实亡。

如果说在埃斯库罗斯和索福克勒斯那里，酒神始终是舞台上的实际主角，那么，到了欧里庇得斯这里，酒神就被彻底驱逐出了舞台。舞台上的实际主角是谁呢？尼采说，是苏格拉底。"欧里庇得斯在某种意义上也是面具，借他之口说话的神祇不是酒神，也不是日神，而是一个崭新的灵物，名叫苏格拉底。这是新的对立，酒神精神与苏格拉底精神的对立，而希腊悲剧的艺术作品就毁灭于苏格拉底精神。"尼采称苏格拉底为"柏拉图戏剧中的辩证法主角"、"专横的逻辑学家"，并且指出："谁能无视辩证法本质中的乐观主义因素呢？它在每个合题中必欢庆自己的胜利……这种乐观主义因素一度侵入悲剧……必然迫使悲剧自我毁灭……"在他看来，与酒神精神相对立的苏格拉底精神集中体现在这三个命题里："知识即美德；罪恶仅仅源于无知；有德者即幸福者"，而"悲剧的灭亡已经包含在这三个乐观主义基本公式之中了"。[①]

我们可以把尼采所抨击的苏格拉底精神概括为用逻辑反对本能，正是在这一点上，欧里庇得斯成了苏格拉底精神在艺术领域的实行者和代言人。尼采指出，欧里庇得斯实际上所奉行的最高审美原则是"理解然后美"，这一原则恰与苏格拉底的"知识即美德"原则互相呼应和平行。从这一原则出发，他用"理性主义方法"从事悲剧创作，务求剧情清楚明白。其典型表现是声名狼藉的机械降神，在戏的开头，一个神灵登场向观众说明剧情的来龙去脉，在戏的收场，再次登场向观众交代角色的归宿。在头尾之间，"戏剧"正文部分的效果依赖于主角的激情和雄辩。所以，尼采批评说：欧里庇得斯"作为苏格拉底式的思想家制订计划，作为情绪激昂的演员执行计划，无论在制订计划时还是在执行计划时，他都不是纯粹艺术家"。他的戏剧"一方面尽其所能地摆脱酒神因素，另一方面又无能达到史诗的日神效果"，用冷漠的思考取代日神的直观，用炽烈的情感取代酒神的兴奋，二者皆不属于"两种仅有的艺术冲动即日神冲动和酒神冲动的范围"，因而是"惟妙惟肖地伪造出来的、绝对不能进入艺术氛围

---

① 《悲剧的诞生》12、14。KSA，Bd. 1，S. 83、94。

的思想和情感"。①

最能表明"非酒神精神"导致悲剧灭亡的严重后果的,莫过于在欧里庇得斯影响下兴起的斐勒蒙、米南德等人的希腊新喜剧了。突出表现有二。其一,在性格的塑造上,剧中人物完全不能使观众感受到神话,只成了各种表情的面具,不厌其烦地重复出现轻率的老人、受骗的拉皮条者、狡狯的家奴等。其二,在剧情的结局上,不再给人以形而上的慰藉,而是寻求冲突的世俗解决,主角在受尽命运的折磨之后,终于大团圆或宠荣加身,得到了好报。② 由此可见,一旦酒神精神遭到扼杀,艺术不再与世界本体沟通,那么,死去的不仅是悲剧,而且是艺术本身。

对于欧里庇得斯的争议由来已久。欧里庇得斯早年醉心于哲学,曾听阿那克萨戈拉讲课,苏格拉底、普罗塔戈拉都是他的密友。他喜欢让剧中人物发表长篇演说,被称为"舞台上的哲学家"。对于这个特点,古希腊喜剧家阿里斯托芬讽刺他"把推理和思考介绍到艺术中来",一心要把观众"训练成更好的公民",古罗马演说家昆提利安则夸奖他可以和哲学家、演说家并肩媲美。③ 亚里士多德在《诗学》中经常把欧里庇得斯当作反面例子

---

① 《悲剧的诞生》12。KSA,Bd. 1,S. 84 - 87。
② 参看《悲剧的诞生》17。KSA,Bd. 1,S. 113 - 114。
③ 参看《古希腊三大悲剧家研究》,中国社会科学出版社,1986 年 3 月第 1 版,第
    8—10、42 - 43 页。

来阐释自己的理论,例如批评他用机械降神的方法安排情节,割裂歌队与演员、剧情的联系,不是按照人应有的样子而是按照人实际的样子描写人物。① F. 施莱格尔认为,在欧里庇得斯身上已能看到"悲剧艺术衰亡的最初迹象",其主要表现是,歌队与悲剧的本质是不可分的,而"欧里庇得斯的合唱歌是游离的,似乎只是由于过去的规定和习惯才给它一个位置,常常飘浮在整个神话世界周围"。他还批评了欧里庇得斯从智者派学到的长篇演说之类的东西是非艺术的,借助偶然事件等喜剧手段不合悲剧的本质与尊严。② 据歌德说,所谓欧里庇得斯导致悲剧的衰亡乃是"广泛流传的说法",可是他决不赞成,因为他不认为任何个人能导致一种艺术的衰亡。在他看来,悲剧衰亡原因在于当时悲剧作品已经太多,希腊神话题材已经用完。③ 应该说,凡是尼采所批评的欧里庇得斯的具体缺点,前人都已批评过。然而,尼采的独到之处恰恰在于,他不是局限于这些具体缺点,而是从中揭示了一种根本的倾向,并把这一倾向与苏格拉底所开启的理性主义哲学传统联系了起来,拉开了他坚持一生的清算此一传统的战斗的序幕。歌德的解释是朴素而智慧的,但尼

① 参看亚里士多德《诗学》15、18、25。
② 参看《古希腊三大悲剧家研究》,第136—137页。
③ 参看爱克曼《歌德谈话录》,上海社会科学院出版社,2001年9月第1版,第163—164页。

采所谈的是不同的问题，从实质上看，他不是把悲剧的灭亡归咎于欧里庇得斯这一个人，而是归咎于不同于悲剧世界观的一种新的世界观，即科学世界观，他所谈的其实是欧洲历史上发生的一次影响深远的世界观转折。

第四节　艺术形而上学

一　艺术形而上学的基本命题

在《悲剧的诞生》中,尼采明确赋予艺术以形而上意义,谈到"至深至广形而上意义上的艺术""艺术的形而上美化目的"等,他把对于艺术的这样一种哲学立场称做"艺术形而上学"或"审美形而上学"。[1] 14 年后,在为《悲剧的诞生》再版写的《自我批判的尝试》一文中,他又称之为"艺术家的形而上学",并说明其

---

[1]《悲剧的诞生》15、24、5。KSA, Bd. 1, S. 97、151、152、43。

宗旨在于"对世界的纯粹审美的理解和辩护"。①

艺术形而上学可以用两个互相关联的命题来表述：

其一："艺术是生命的最高使命和生命本来的形而上活动"。②

其二："只有作为一种审美现象，人生和世界才显得是有充足理由的。"③

在《自我批判的尝试》中，尼采再次强调了这两个命题："艺术是人所固有的形而上活动"；"只是作为审美现象，人在世上的生存才有充足理由"。④

在这里，第二个命题实际上隐含着一个前提，便是人生和世界是有缺陷的，不圆满的，就其本身而言是没有充足理由的，而且从任何别的方面都不能为之辩护。因此，审美的辩护成了唯一可取的选择。第一个命题中的"最高使命"和"形而上活动"，就是指要为世界和人生作根本的辩护，为之提供充足理由。这个命题强调，艺术能够承担这一使命，因为生命原本就是把艺术作为自己的形而上活动产生出来的。

由此可见，艺术形而上学的提出，乃是基于人生和世界缺乏

---

① 《自我批判的尝试》5。KSA，Bd. 1，S. 17、18。
② 《悲剧的诞生》前言。KSA，Bd. 1，S. 24。
③ 《悲剧的诞生》24、5。KSA，Bd. 1，S. 152、47。
④ 《自我批判的尝试》5。KSA，Bd. 1，S. 17。

形而上意义的事实。叔本华认为，世界是盲目的意志，人生是这意志的现象，二者均无意义，他得出了否定世界和人生的结论。尼采也承认世界和人生本无意义，但他认为，我们可以通过艺术赋予它们一种意义，借此来肯定世界和人生。

在尼采眼里，艺术肩负着最庄严的使命。它决不是"一种娱乐的闲事，一种系于'生命之严肃'的可有可无的闹铃"，如一班俗人所认为的。[①] 面对世界和人生的根本缺陷，它也不是要来诉说和哀叹这缺陷，而是要以某种方式加以克服和纠正。"人生确实如此悲惨，这一点很难说明一种艺术形式的产生；相反，艺术不只是对自然现实的模仿，而且是对自然现实的一种形而上补充，是作为对自然现实的征服而置于其旁的。"[②] 自然现实有根本的缺陷，所以要用艺术来补充它，并且这种补充是形而上性质的。在两年后写的《作为教育家的叔本华》一文中，尼采进一步阐述他的这个思想："就像自然需要哲学家一样，它也需要艺术家，为了一种形而上的目的，即为了它的真正的自我神化，借此它终于把自己设立为纯粹的、完成了的形成物，一种它在自己生成的动荡中从未得以清晰地看见的东西——所以也是为了它的自我认识。""自然总是希望惠及天下的，但它不善于为此目

---

① 《悲剧的诞生》前言。KSA, Bd. 1, S. 24。
② 《悲剧的诞生》24。KSA, Bd. 1, S. 151。

的寻求最灵活有效的手段和措施：这是它的大苦恼，它因此而是忧郁的。它之所以产生哲学家和艺术家，是想借此使人的生存变得有道理和有意义，这无疑是出自它本身需要拯救的冲动……"①自然本身是无意义的，它仿佛为此而苦恼，要把自己从无意义中拯救出来，要使自己获得一种形而上意义并借此自我神化，于是它产生出哲学家和艺术家，为了通过他们来完成这项它不能亲自完成的伟大工作。

尼采对于艺术拯救人生的力量始终寄予厚望，深信不疑。后来，他也一再强调：艺术是"生命的最强大动力"，"艺术的本质方面始终在于它使存在完成，它产生完美和充实，艺术本质上是肯定，是祝福，是存在的神化"，艺术是"使生命成为可能的伟大手段，求生的伟大诱因，生命的伟大兴奋剂"，是悲剧性的求知者、行动者、苦难者的"救星"。②

尼采认为，对于人生本质上的虚无性的认识，很容易使人们走向两个极端。一是禁欲和厌世，像印度佛教那样。另一是极端世俗化，政治冲动横行，或沉湎于官能享乐，如帝国时期罗马人之所为。"处在印度和罗马之间，受到两者的诱惑而不得不作出抉择，希腊人居然在一种古典的纯粹中发明了第三种方式"，

---

① 《作为教育家的叔本华》5、7。KSA, Bd. 1, S. 382、404。
② 《权力意志》808、821、853。

这就是用艺术,尤其是悲剧艺术的伟大力量激发全民族的生机。① 在用艺术拯救人生方面,希腊人为我们树立了伟大的榜样。"希腊人深思熟虑,独能感受最细腻、最惨重的痛苦……他们的大胆目光直视所谓世界史的可怕浩劫,直视大自然的残酷,陷于渴求佛教涅槃的危险之中。艺术拯救他们,生命则通过艺术拯救他们而自救。"②在尼采看来,希腊人的这个榜样在人类历史上是独一无二的。由此也可以说明,他为何要如此认真地对这个榜样进行研究了。

二 希腊的典范:艺术拯救人生

推崇希腊古典艺术是从文克尔曼、莱辛、赫尔德③到歌德、席勒、黑格尔整整一代德国思想家的传统。在尼采之前,人们往往用人与自然、理性与感性的和谐界定古希腊的人性和艺术,解释希腊艺术之能够达于完美性和典范性的原因。文克尔曼的著名概括"高贵的单纯和静穆的伟大"被普遍接受,成了赞美希腊艺术时出现频率最高的语汇。尼采认为,德国启蒙运动的这一类解释"未能深入希腊精神的核心","不能打开通向希腊魔山

---

① 参看《悲剧的诞生》21。KSA,Bd. 1,S. 133 - 134。
② 《悲剧的诞生》7。KSA,Bd. 1,S. 56。
③ 赫尔德(Herder,1744—1803),德国文学理论家,诗人。

的魔门"。至于和他同时代的"形形色色的学术界和非学术界",则只会发出"一种居高临下的怜悯论调",或者"说些全无用处的漂亮话,用'希腊的和谐'、'希腊的美'、'希腊的乐天'之类聊以塞责"。① 后来他还特别针对文克尔曼的公式批评道:"在希腊人身上嗅出'美丽的灵魂'、'中庸'和别的完美性,譬如赞叹他们的静穆的伟大,理想的观念,高贵的单纯——我身上的心理学家保护我免于这种'高贵的单纯',最后还免于德国的蠢话。"②总之,在他看来,德国精神在向希腊人学习方面的状况是完全不能令人满意的。

尼采自己对于希腊人性和艺术的解释确实完全不同于启蒙运动的传统。他的基本观点是:希腊艺术的繁荣不是缘于希腊人内心的和谐,相反是缘于他们内心的痛苦和冲突,而这种内心的痛苦和冲突又是对世界意志的永恒痛苦和冲突的敏锐感应与深刻认识。正因为希腊人过于看清了人生在本质上的悲剧性质,所以他们才迫切地要用艺术来拯救人生,于是有了最辉煌的艺术创造。

奥林匹斯神话诚然展现了生命的欢乐景象,但是,尼采认为,这个以如此奇妙的快乐向我们展示的生命恰恰是深知自身

---

① 《悲剧的诞生》20。KSA,Bd. 1,S. 129-131。
② 《偶像的黄昏》:《我感谢古人什么》3。KSA,Bd. 6,S. 157。

之苦难的生命。为了说明这一点,他引述了一则民间流传的古老神话。弥达斯国王寻获了酒神的伴护林神西勒诺斯,问他:"对人来说,什么是最好的事情?"这个精灵听了一声不吭,直到最后,在国王强逼下,他突然发出刺耳的笑声,说道:"可怜的浮生呵,无常与苦难之子,你为什么逼我说出你最好不要听到的话呢?那最好的东西是你根本得不到的,这就是不要降生。不过对于你还有次好的东西——立刻就死。"在讲述了这个故事之后,尼采接着写道:

"现在奥林匹斯魔山似乎向我们开放了,为我们显示了它的根源。希腊人知道并且感觉到生存的恐怖和可怕,为了能够活下去,他们必须在它前面安排奥林匹斯众神的光辉梦境之诞生……为了能够活下去,希腊人出于至深的必要不得不创造这些神……这个民族如此敏感,其欲望如此热烈,如此特别容易痛苦,如果人生不是被一种更高的光辉所普照,在他们的众神身上显示给他们,他们能有什么旁的办法忍受这人生呢?召唤艺术进入生命的这同一冲动,作为诱使人继续生活下去的补偿和生存的完成,同样促成了奥林匹斯世界的诞生,在这世界里,希腊人的'意志'持一面有神化作用的镜子映照自己。众神就这样为人的生活辩护,其方式是它们自己来过同一种生活——唯有这是充足的神正论!在这些神灵的明丽阳光下,人感到生存是值得努力追求的,而荷马式人物的真正悲痛在于和生存分离,尤其是过早分离。因此,关于这些人物,现在人们可以逆西勒诺斯的智慧而断言:'对于他们,最坏是立即要死,其次坏是迟早要死。'"①

一方面有极其强烈的生命欲望,另一方面对生存的痛苦有极其深刻的感悟,这一冲突构成了希腊民族的鲜明特征。正是这一冲突推动希腊人向艺术寻求救助,促成了奥林匹斯世界的诞生。强烈的生命欲望和深刻的痛苦意识虽然构成了冲突,但同时也形成了抗衡。相反,一个民族如果只有前者没有后者,就会像罗马人那样走向享乐主义,如果只有后者没有前者,就会像印度人那样走向悲观主义。在荷马史诗中,我们也常常听到对人生的悲叹,但所叹的总是生命的短促、人类世代交替的迅速、英雄时代的一去不返等等。这里,悲叹的性质已经改变,由"最好是不要降生,其次好是立刻就死"变成了"最坏是立即要死,其次坏是迟早要死",由对生命的厌恶变成了对生命的留恋,因而悲叹本身也化作了生命的颂歌。艺术所起的作用是双重的,既阻止了痛苦意识走向悲观厌世,又把生命欲望引入了审美的轨道。依靠奥林匹斯神话的日神艺术,希腊人一方面用美战胜了生命固有的痛苦,另一方面用神话世界神化了自己的生存。可以说希腊人达成了人与自然的和谐状态,但是,其前提正是他

---

① 《悲剧的诞生》3。KSA, Bd. 1, S. 35 - 36。

们对于自然的可怕性质的洞察和制服,这一和谐是建立在人与自然之间、包括与自身内在的自然之间最深刻的冲突基础之上的。"我们不妨设想一下不谐和音化身为人——否则人是什么呢?——那么,这个不谐和音为了能够生存,就需要一种壮丽的幻觉,以美的面纱遮住它自己的本来面目。这就是日神的真正艺术目的。"①人本身就是不谐和音,就是冲突,这就决定了人必须用艺术来拯救自己。因此,尼采说:"席勒用'素朴'这个术语所表达的人与自然的和谐统一状态从来不是自发产生的、似乎必然的状态,而是用日神幻想战胜生存之恐怖的产物。"人们津津乐道的"希腊的乐天"乃是"从黑暗深渊里长出的日神文化的花朵,希腊意志借美的反映而取得的对于痛苦和痛苦的智慧的胜利"。②

希腊神话真正达到了生命的神化和肯定。"这里只有一种丰满的乃至凯旋的生存向我们说话,在这个生存之中,一切存在物不论善恶都被尊崇为神"。别的宗教,包括佛教、基督教,所宣扬的都是道德、义务、苦行、修身、圣洁、空灵等,希腊神话却丝毫不会使我们想起这些东西,而只会使我们领略到一种充实的生命感觉。在此意义上,尼采把希腊神话称作"生命宗教"。③

---

① 《悲剧的诞生》25。KSA, Bd. 1, S. 155。
② 《悲剧的诞生》3、11。KSA, Bd. 1, S. 37、115。
③ 《酒神世界观》2,《悲剧的诞生》2。KSA, Bd. 1, S. 559、34－35。

如果站在世界意志的立场上来看希腊神话和一切日神艺术，那么，我们未尝不可以把它们看作是这意志自身的创造。"在希腊人身上，意志要通过把自己神化为艺术品而直观自身。它的造物为了颂扬自己，就必须首先觉得自己配受颂扬，他们必须在一个更高境界中再度观照自己……这就是美的境界，他们在其中看到了自己的镜中映像——奥林匹斯众神。"①正是在这个意义上，日神艺术也具有了一种形而上的意义。

一般来说，当尼采谈论艺术的拯救作用时，他主要是指日神艺术，强调的是存在的神化和美化，美对于真理的掩盖和对于现象的肯定。相反，酒神艺术是存在之真相的显示，是对现象的否定和对真理的揭露，因而似乎不但不能拯救人生，反而是要毁灭人生的。尼采解决这个问题的办法是把那个赤裸裸显露真相的存在本身也加以审美化，视为一个宇宙艺术家，而让我们去体会这个宇宙艺术家的永恒创造的快乐。然而，我们要能够有这样的体会，前提是与存在保持一个审美的距离。如果完全与存在合一，就不会有任何艺术了，酒神艺术也不例外。尼采认为，在希腊悲剧中，这个距离是靠了日神因素和酒神因素的相互作用造成的，表现为崇高和滑稽的表象。如果说在日神神话中，艺术是用美来拯救我们，那么，在悲剧中，艺术就是用崇高和滑稽来

---

① 《酒神世界观》2。KSA，Bd. 1，S. 562。

拯救我们。

一个人一旦经历了酒神状态的迷狂,体验了个体解体而与世界本体合一的境界,当他重新回到日常现实中的时候,就会对之产生一种隔膜和厌恶的心情。尼采指出,在这一点上,酒神的人与哈姆雷特是相像的。哈姆雷特之所以厌弃行动,决不像一般评论家所说的那样,是因为面对太多可能性而优柔寡断,而是因为洞察了事物的永恒本质和可怕真理,知道一切行动的徒劳,他的知识扼杀了每一个驱使行动的动机。一个人用他一度瞥见过真理的眼睛来看人生,他就会处处只看见存在的荒谬恐怖,走向消极厌世。在酒神节潮流涌入希腊后,在希腊人身上便发生了这种危险。"这时候,希腊意志立刻发挥其天然的救治能力,要让那否定的心情再度转向,其手段就是悲剧艺术作品和悲剧观念。""就在这里,在意志的这一最大危险之中,艺术作为救苦救难的仙子降临了。唯她能够把生存荒谬恐怖的厌世思想转变为使人借以活下去的表象,这些表象就是崇高和滑稽,前者用艺术来制服恐怖,后者用艺术来解脱对于荒谬的厌恶。"①

在传统美学中,崇高和滑稽是常用的范畴,前者与悲剧相联系,后者与喜剧相联系。尼采把这一对范畴引入到悲剧的解释

---

① 《酒神世界观》3,《悲剧的诞生》7。KSA,Bd. 1,S. 566、57。

中，也许可以看作传统美学的一个痕迹。事实上，在《悲剧的诞生》中，他只在一处使用了这一对范畴。在《酒神世界观》中，他对这一对范畴做了稍微详细的分析。他没有给它们下定义，而是着重分析了它们在悲剧艺术中的作用。首先可以确定的是，如同美是表象一样，崇高和滑稽也是表象。其次，"崇高和滑稽比美丽外观的世界前进了一步"，但又"绝对不与真理相一致，它们是对真理的遮蔽，虽然这遮蔽比起美来要透明一些，但毕竟仍然是遮蔽"，因而是"美与真理之间的一个中介世界"。如果说美的表象是对真理的完全遮蔽，那么，崇高和滑稽的表象则是在遮蔽的同时也暗示了真理。最后，在悲剧中，崇高和滑稽这两种因素是互相纠缠在一起的，"被统一为一个模仿醉又与醉嬉戏的艺术作品"。据此我们也许可以推断，作为表象，崇高的作用是模仿恐怖又与恐怖嬉戏，把恐怖转变成艺术，滑稽的作用是模仿荒谬又与荒谬嬉戏，把荒谬转变成艺术，这些转变皆是日神力量制约了酒神力量的结果。[1]

　　如此看来，艺术拯救人生的作用既体现在用美战胜痛苦的日神艺术中，也体现在用崇高征服恐怖、用滑稽克服荒谬的悲剧艺术中。

---

[1] 《酒神世界观》3。KSA, Bd. 1, S. 567。

三 酒神世界观

就艺术属于表象世界而言,自然之所以要产生艺术,是为了用美或崇高的表象掩盖意志世界的可怕真相,使人相信生存是有意义的。在此意义上,我们可以把艺术看作世界意志拯救生命并通过拯救生命拯救自己的一种形而上活动。这是艺术形而上学的一个方面,主要适合于日神艺术以及悲剧艺术中的日神因素。艺术形而上学的另一个方面涉及酒神艺术以及悲剧艺术的酒神本质,这个方面是世界意志不再借助于表象的直接呈现,因此更具形而上学性质。在尼采所使用的术语中,可以用"酒神世界观"来概括这一个方面。

《悲剧的诞生》的一篇预备性论文就是以"酒神世界观"(die dionysische Weltanschauung)为题的。在《悲剧的诞生》中,尼采有"酒神世界观"(die dionysische Weltbetrachtung)、"悲剧世界观"(die tragische Weltbetrachtung)、"酒神精神"(der dionysische Geist 或 die Dionysische)等提法。① 这些概念基本上是同义的。在《悲剧的诞生》中,尼采常常谈到悲剧世界观与理论世界观或苏格拉底世界观之间、酒神精神与苏格拉底精神之间的对立和

---

① 《悲剧的诞生》17、19。KSA, Bd. 1, S. 111、114、126、127。

斗争。① 后来，他又强调酒神精神与道德的对立，并且说，他用"酒神精神"来命名他所创造的"生命的一种根本相反的学说和根本相反的评价，一种纯粹审美的、反基督教的学说和评价"。② 很显然，尼采自己认为，他在《悲剧的诞生》中提出了一种与理性主义、道德主义相反的哲学学说，一种新的世界观，一种对世界做出新的解释的形而上学。

尼采终生为他阐发了酒神世界观而感到无比自豪。他在晚期回顾《悲剧的诞生》时说，书中有两点决定性的创新，第一点就是"对希腊人的酒神现象的理解"，"把它看作全部希腊艺术的根源"，"这一个起点是无比奇特的，我凭借我最内在的经验发现了历史所具有的唯一譬喻和对应物——正因此我第一个理解了奇异的酒神现象"，并把"酒神因素变为一种哲学激情"，在他之前没有人这样做，所以他"有权把自己看作第一个悲剧哲学家"。③ 他一再说："我是第一个人，为了理解古老的、仍然丰盈乃至满溢的希腊本能，而认真对待那名为酒神的奇妙现象"。在他看来，只要没有弄清酒神现象，希腊人就始终全然是未被理解的。文克尔曼和歌德就属于这一情况，他们的希腊概念与酒神现象全不相容。"歌德在原则上把这类东西从希腊心灵的可能

---

① 参看《悲剧的诞生》12、17、19。
② 《自我批判的尝试》5。KSA，Bd. 1，S. 19。
③ 《看哪，这人》：《〈悲剧的诞生〉》1、2、3。KSA，Bd. 6，S. 310-312。

性中排除出去了。结果,歌德不理解希腊人。"①

根据尼采的论述,酒神世界观的内容主要包含以下三层意思:第一,由个体化的解除而认识万物本是一体的真理,回归世界意志,重建人与人之间、人与自然之间的统一;第二,进而认识到世界意志是坚不可摧和充满欢乐的永恒生命,领会其永远创造的快乐,并且把个体的痛苦和毁灭当作创造的必有部分加以肯定;第三,再进而用审美的眼光去看世界意志的创造活动,把它想象为一个宇宙艺术家,把我们的人生想象为它的作品,以此来为人生辩护。

尼采提出酒神世界观,主要依据他对希腊酒神秘仪和悲剧艺术的理解。在论及酒神节秘仪时,他指出,相关传说中酒神的肢解表明:"我们必须把个体化状态看作一切痛苦的根源和始因,看作本应鄙弃的事情。"而秘仪信徒们所渴望的酒神的新生则提示了"一种深沉悲观的世界观":"万物根本上浑然一体,个体化是灾祸的始因,艺术是可喜的希望,由个体化魅惑的破除而预感到统一将得以重建。"②

如果世界意志在本质上是痛苦,那么,与世界意志合一的状态岂不应该是一种全然痛苦的状态吗?叔本华就是这样认为

①《偶像的黄昏》:《我感谢古人什么》4。KSA, Bd. 6, S. 159。
②《悲剧的诞生》10。KSA, Bd. 1, S. 72 - 73。

的,因此他的哲学的归宿不是与世界意志合一,相反是彻底摆脱世界意志。尼采不这样认为,在他看来,酒神状态是一种痛苦和狂喜交织的癫狂状态。他如此描绘这种状态:"充满喜悦地倒在尘土中,在不幸中感到幸福安宁!在人的最高表现中达于人的最高自弃!……在蔑视生命中享受生命的欢乐!在否定意志中庆祝意志的凯旋!""痛极生乐,发自肺腑的欢喊夺走哀音;乐极而惶恐惊呼,为悠悠千古之恨悲鸣……大自然简直像是呼出了一口伤感之气,仿佛在为它分解成个体而喟叹。""过度显现为真理,矛盾、生于痛苦的欢乐从大自然的心灵中现身说法"。世界意志的个体化原是痛苦之源,但是,对于个体来说,个体的解体又是最高的痛苦。在酒神状态中,个体所经历的正是这解体的痛苦。然而,由这最高的痛苦却解除了一切痛苦的根源,获得了复归原始自然、与世界本体融合的最高的欢乐,于是就有了"从人的最内在基础即天性中升起的充满幸福的狂喜"。①

在叔本华那里,个体化也是痛苦,但那是第二级的痛苦,第一级的、终极的痛苦却是意志本身。所以他认为,通过艺术和道德摆脱个体化仅是暂时的解脱,唯有灭绝意志本身才是彻底的解脱。现在,我们要问的是,既然尼采也承认意志是原始的痛苦,那么,与意志合一的状态如何会是最高的快乐呢?我们发

---

① 《酒神世界观》3;《悲剧的诞生》2、4、1。KSA,Bd. 1,S. 570、33、41、28。

现,关键是意志的性质发生了变化,在叔本华那里是徒劳挣扎的盲目力量,在尼采这里变成了生生不息的创造力量。事实上,叔本华和尼采用意志这个概念所喻指的仍是同一个东西,即宇宙间那个永恒的生成变化过程,那个不断产生又不断毁灭个体生命的过程。真正改变了的是对这个过程的评价,是看这个过程的眼光和立场。因为产生了又毁灭掉,叔本华就视为生命意志虚幻的证据。因为毁灭了又不断重新产生出来,尼采就视为生命意志充沛的证据。由于这一眼光的变化,意志的原始痛苦的性质也改变了。在叔本华那里,痛苦源自意志自身的盲目、徒劳和虚幻,因而是不可救赎的。在尼采这里,痛苦是意志的永恒创造和永恒欢乐的必要条件,因而本身就是应该予以肯定的。

尼采对于生命意志及其痛苦作出积极的肯定的评价,首先得自希腊酒神秘仪传说的启发。除了《悲剧的诞生》中的论述外,后来在《偶像的黄昏》中,他更加明确地说明了这一点:"只有在酒神秘仪中,在酒神状态的心理中,希腊人本能的根本事实——他们的'生命意志'——才获得了表达。希腊人用这种秘仪担保什么?永恒的生命,生命的永恒回归……一切生成和生长,一切未来的担保,都以痛苦为条件……以此而有永恒的创造喜悦,生命意志以此而永远肯定自己……"尼采还说明,正是酒神秘仪的心理学给了他理解悲剧情感的钥匙,使他认识到:"悲剧远不能替叔本华意义上的所谓希腊悲观主义证明什么,相反是对它的决定性的否定和抗议。肯定生命，哪怕是在它最异样最艰难的问题上；生命意志在其最高类型的牺牲中，为自身的不可穷竭而欢欣鼓舞——我称这为酒神精神，我把这看作通往悲剧诗人心理的桥梁。不是为了摆脱恐惧和怜悯……而是为了超越恐惧和怜悯，为了成为生成之永恒喜悦本身——这种喜悦在自身中也包含着毁灭之喜悦……"①

在对悲剧快感的分析上，最能体现出尼采和叔本华对于意志性质的不同看法。叔本华认为，悲剧把个体生命的痛苦和毁灭显示给人看，其作用是使人看穿作为现象的个体生命及其欲望的徒劳无益，进而看穿现象背后的自在之物即宇宙生命意志的虚幻性和自相矛盾，从而清心寡欲，乃至放弃整个生命意志。所以他称悲剧为"意志的清静剂"，认为悲剧快感就寓于这种清静作用。② 后来尼采提到叔本华的这个观点时说："哦，酒神告诉我的是多么不同！哦，正是这种清心寡欲主义当时于我是多么格格不入！"③尼采用酒神精神分析悲剧快感，提出"形而上的慰藉"说，其核心正是强调生命意志的强盛，因为强盛而不在乎个体生命的毁灭，因为它还能不断重新创造。"既然无数竞相生存的生命形态如此过剩，世界意志如此过分多产，斗争、痛苦、

---

① 《偶像的黄昏》：《我感谢古人什么》4、5。KSA, Bd. 6, S. 159 - 160。
② 参看《作为意志和表象的世界》51，中译本第 351—352 页。
③ 《自我批判的尝试》6。KSA, Bd. 1, S. 20。

现象的毁灭就是不可避免的。"①悲剧不但没有因为痛苦和毁灭而否定生命，相反为了肯定生命而肯定痛苦和毁灭，把人生连同其缺陷都神化了，所以称得上是对人生的"更高的神化"，造就了"生存的一种更高可能性"②，是"肯定生命的最高艺术"③。

后来，尼采如此进一步阐明《悲剧的诞生》中对痛苦的肯定："快乐被看得比痛苦更本原，痛苦是有条件的，只是求快乐的意志——求生成、变化、塑造的意志，即求创造的意志，不过在创造中包括着破坏——所产生的一种现象。设想一种对人生的最高肯定状态，其中同样不能排除最高痛苦，即悲剧性的酒神状态。"④叔本华认为，意志在本质上是痛苦的，快乐只是现象。尼采把这个关系颠倒了过来，痛苦被看成了意志在快乐的创造活动中的副产品。

在这里，我们应该仔细辨别痛苦的不同含义。无论在叔本华那里，还是在尼采这里，意志实际上都是指宇宙的永恒生成变化过程，这个过程的确是盲目、无目的、无意义的。当他们谈论痛苦时，可能有两种含义，一是指意志、世界、自然为自身的盲目和无意义而痛苦，二是指个体生命、现象的毁灭。在叔本华看

---

① 《悲剧的诞生》17。KSA，Bd. 1，S. 109。
② 《酒神世界观》3。KSA，Bd. 1，S. 571。
③ 《看哪，这人》：《〈悲剧的诞生〉》4。KSA，Bd. 6，S. 313。
④ 《权力意志》853。

来，这两种痛苦都表明了意志的虚幻性。当尼采谈论意志的"原始痛苦"时，主要是指第一种含义，而把艺术看作意志用以救治此种痛苦的手段。当他谈论酒神精神对痛苦的肯定时，实际上是指第二种含义，而把此种痛苦看作意志的创造活动中所必然包含的破坏。酒神精神是否也肯定第一种痛苦呢？当它把永恒生成解释为永恒创造时，它已经赋予了永恒生成以一种意义，一种无目的的目的性，因而似乎把这种原始痛苦一笔勾销了，至少是悬置起来了。我们最多可以间接地把这种痛苦理解为孕育的痛苦，即为了从无意义中生产出意义的冲动，仅在这一含义上得到了肯定。

在把世界意志理解为永远创造着也破坏着的永恒生命之后，给它一种审美的解释就是顺理成章的事情了。首先，既然自然界一会儿产生个体生命，一会儿又毁掉个体生命，仿佛在玩着"个体世界建成而又毁掉的万古常新的游戏"，那么，我们的确有理由把这看作"意志在其永远洋溢的快乐中借以自娱的一种审美游戏"。① 产生、肯定和美化个体生命，这是自然界本身的日神冲动。毁掉和否定个体生命，这是自然界本身的酒神冲动。两者都是自然界本身的艺术冲动，都同样表现了它的生命力和创造力的充溢。其次，我们不妨把这样从事着创造的世界意志

---

① 《悲剧的诞生》24。KSA, Bd. 1, S. 153、152。

看作一位"酒神的世界艺术家"或"世界原始艺术家"①,而把自己看作它的作品,从中发现自己的生存价值。处在酒神状态中的人是有这样的真实体验的:这时候,"人不再是艺术家,而成了艺术品,整个大自然的艺术能力,以太一的极乐满足为鹄的,在这里透过醉的颤栗显示出来了。"世界意志把人当作最贵重的黏土捏制,当作最珍贵的大理石雕琢,就像雕塑家在进行创作一样。受此启发,"我们不妨这样来看自己:对于艺术世界的真正创造者来说,我们已是图画和艺术投影,我们的最高尊严就在作为艺术作品的价值之中——因为只有作为审美现象,生存和世界才是永远有充分理由的。"②最后,我们还不妨站到这位世界原始艺术家的立场上去,和它相融合,感受一下它的创造的原始快乐。尼采认为,天才在艺术创作时就处在这样的状态中。这位原始艺术家游戏似的创造着和毁灭着个体生命,仿佛从中获得了极大乐趣。对于它来说,一切都是欢乐,连我们的痛苦和毁灭也是它的欢乐。它"作为艺术喜剧的唯一作者和观众,替自己预备了这永久的娱乐"。③ 如果我们秉承这位原始艺术家的气概,也就能够把痛苦和毁灭当作审美的快乐来享受了。于是,现实的苦难就化作了审美的快乐,人生的悲剧就化作了世界的

---

① 《悲剧的诞生》1、5。KSA,Bd. 1,S. 30、48。
② 《悲剧的诞生》1、5。KSA,Bd. 1,S. 30、47。
③ 《悲剧的诞生》5。KSA,Bd. 1,S. 47。

喜剧。

四 对人生的审美辩护

在《自我批判的尝试》中,尼采把《悲剧的诞生》"这本大胆的书首次着手的任务"概括为:"用艺术家的眼光考察科学,又用人生的眼光考察艺术"。[①] 这个概括准确地说明了他的基本立场:第一,立足于人生来认识艺术的本质和价值;第二,以被如此理解的艺术为尺度来对照和衡量科学、道德、宗教等一切文化形态。

通过前面的全部论述,我们对于尼采立足于人生的这个根本出发点想必已经有了深刻的印象。他之所以赋予艺术以形而上意义,真正起作用的绝不是纯粹的形而上学兴趣,用意全在给人生意义问题提供一个解答。而他之所以渴望作此解答,则又是因为他深感答案之阙如。事实上,在《悲剧的诞生》中,叔本华关于人生在本质上是痛苦的、虚无的这一观点是被当作前提的。当尼采分析希腊艺术时,这个观点以两种方式发生着作用。一是给了他启发,使他能用一种不同于启蒙运动的眼光,不是从希腊人的乐天和和谐,而是从希腊人的痛苦和冲突,来探寻希腊

---

① 《自我批判的尝试》2。KSA, Bd. 1, S. 14。

艺术的根源。他之特别注意希腊的酒神现象,他对这一现象的解释,很难说没有叔本华的悲观哲学在其中起着作用。二是给他提出了任务,即在承认人生的痛苦和虚无本质的前提下如何肯定人生,促使他从希腊艺术尤其是希腊悲剧中去发现战胜人生苦难的力量,以对抗叔本华的否定人生的结论。

对于尼采来说,为了能够生存下去,世界和人生是需要我们为之辩护的。叔本华放弃了这个辩护的责任,听任人生处于无意义之中,宣扬悲观主义,这是尼采不能接受的。《悲剧的诞生》再版时,尼采加上了一个副题:"希腊精神与悲观主义"。后来他解释说:"这是一个毫不含糊的标题,即首次说明了希腊人是如何清算悲观主义的——他们靠什么战胜了悲观主义······悲剧恰好证明,希腊人不是悲观主义者:叔本华在这里如同他在所有问题上一样弄错了。"①我们确实看到,在《悲剧的诞生》中,希腊艺术始终被阐释为战胜悲观主义的产物,对抗悲观主义的伟大力量。虽然尼采在这部著作中没有直接批判叔本华的悲观主义,但是,该书的全部精神是对它的反驳,是与之鲜明对立的。

尼采带着叔本华的问题去研究希腊艺术,发现天性敏感的希腊人却生活得生气蓬勃,正是依靠了艺术的拯救。他由此得出结论:我们能够为世界和人生做出辩护,而我们所能做的唯

---

① 《看哪,这人》:《〈悲剧的诞生〉》1。KSA, Bd. 6, S. 309。

一有效的辩护是审美的辩护,唯有此种辩护才是真正肯定人生的。后来他一再阐明这一点:"事实上,全书只承认一种艺术家的意义,只承认在一切现象背后有一种艺术家的隐秘意义,——如果愿意,也可以说只承认一位'神',但无疑仅是一位全然非思辨、非道德的艺术家之神";这本书所教导的是"对世界的纯粹审美的理解和辩护";"审美价值"是"《悲剧的诞生》所承认的唯一价值"。① 在这一点上,审美的辩护就不仅是反对悲观主义的了,同时也是与表面上肯定人生、实质上否定人生的乐观主义相对立的。因此,《悲剧的诞生》实际上贯穿着两条线索,一是希腊精神与悲观主义的对立,另一是希腊精神与乐观主义的对立。

在这本书中,尼采把苏格拉底当作了乐观主义的始祖和代表。后来他所说的书中两点决定性的创新,第一是对希腊人的酒神现象的理解,第二就是"对苏格拉底主义的理解,苏格拉底第一次被认作希腊衰亡的工具,颓废的典型"。简要地说,第一点理解即希腊人用悲剧精神战胜了悲观主义,第二点理解即苏格拉底用乐观主义扼杀了悲剧精神。悲剧精神洞察人生的痛苦,因而完全不同于乐观主义,同时又战胜人生的痛苦,因而也

---

① 《自我批判的尝试》5;《看哪,这人》:《〈悲剧的诞生〉》1。KSA, Bd. 1, S. 17、18;Bd. 6, S. 410。

完全不同于悲观主义,在本质上是超越于二者之对立的。所以,尼采不无理由地宣称,凭借这两点见解,他已经"如何地高出于乐观主义和悲观主义的可怜的肤浅空谈之上"。[①]

在《悲剧的诞生》中,尼采集中批判的是表现在科学理性中的乐观主义。后来他回顾说:"当时我要抓住的……就是科学本身的问题——科学第一次被视为成问题的、可疑的东西了。"[②]事实上,他之选择苏格拉底为批判的靶子,就是把苏格拉底当作科学乐观主义的始祖。他对苏格拉底的定性是:"一种在他之前闻所未闻的生活方式的典型",即"理论家"的典型,"理论乐观主义者的原型";他用苏格拉底这个名字代表的是:"苏格拉底所鲜明体现的那种贪得无厌的乐观主义求知欲","以其始祖苏格拉底为首的、在其至深本质中是乐观主义的科学精神"。[③] 按照尼采的描述,苏格拉底最显著的特征是用逻辑否定本能。他举了两个众所周知的例子,但做出了与众不同的分析。一个例子是:苏格拉底在雅典漫游,拜访了当时最伟大的政治家、演说家、诗人和艺术家,惊愕地发现这些名流对于自己的本行并无知识,而只是靠本能行事,于是发现自己是唯一承认自己一无所知的人。人们多因这个例子而赞颂苏格拉底的智慧,尼采却由此

①《看哪,这人》:《〈悲剧的诞生〉》1、2。KSA, Bd. 6, S. 310 - 311。
②《自我批判的尝试》1。KSA, Bd. 1, S. 13。
③《悲剧的诞生》15、16。KSA, Bd. 1, S. 98、100、102、103。

看出了他的蔑视本能,分析道:"'只是靠本能'——由这句话,我们接触到了苏格拉底倾向的核心和关键。苏格拉底主义正是以此谴责当时的艺术和当时的道德"。另一个例子是所谓"苏格拉底的守护神",即每当理智陷于犹豫时,苏格拉底就会听到一个总是进行劝阻的神秘声音。尼采据此看出了他的逻辑天性过度发达,分析道:"在一切创造者那里,直觉都是创造和肯定的力量,而知觉则起批判和劝阻的作用;在苏格拉底,却是直觉从事批判,知觉从事创造——真是一件赤裸裸的大怪事!……可以把苏格拉底称作否定的神秘主义者,在他身上逻辑天性因重孕而过度发达,恰如在神秘主义者身上直觉智慧过度发达一样。然而,另一方面,苏格拉底身上出现的逻辑冲动对自己却完全不讲逻辑,它奔腾无羁,表现为一种自然力,如同我们所见到的那种最强大的本能力量一样,令我们颤慄惊诧。"①尼采后来如此概括苏格拉底的特征和危害:"'理性'反对本能。'理性'无论如何是摧残生命的危险的力量!"②

一个具有这样特征的人的出现,意味着一种新的世界观诞生了,尼采称之为"理论世界观"或"科学精神",并且从此拉开了它与"悲剧世界观"或"酒神精神"之间的永恒的斗争。关于

---

① 《悲剧的诞生》13。KSA, Bd. 1, S. 89,90 - 91。
② 《看哪,这人》:《〈悲剧的诞生〉》1。KSA, Bd. 6, S. 310。

这种新的世界观,尼采下了一个简明的定义:"我把科学精神理解为最早显现于苏格拉底人格之中的那种对于自然界之可以追根究底和知识之普遍造福能力的信念。"①亦即对理性、逻辑、科学的迷信,相信凭借理性的力量,一方面可以穷究世界的真相和万物的本性,另一方面可以指导和造福人生。

尼采对于这种科学乐观主义作了深刻的批判,点睛的一句话是,它"把个人引诱到了可以解决的任务这个最狭窄的范围内"。② 也就是说,它回避了世界和人生在本质上的无意义性这个根本问题,代之以枝节问题的解决,并且以此给我们一种所有问题都已经解决或即将解决的乐观假象。在《自我批判的尝试》中,他更清楚地指出了这一点:"全部科学向何处去,更糟的是,从何而来? 怎么,科学精神也许只是对悲观主义的一种惧怕和逃避? 对真理的一种巧妙的防卫? 用道德术语说,是类似于怯懦和虚伪的东西? 用非道德术语说,是一种机灵? 哦,苏格拉底,苏格拉底,莫非这便是你的秘密? 哦,神秘的冷嘲者,莫非这便是你的——冷嘲?"③艺术在本质上是正视人生苦难的,是对人生苦难的拯救,是在苦难面前对人生的神化和辩护。与此相反,科学乐观主义回避人生苦难,用抽象逻辑取代对人生苦难

① 《悲剧的诞生》17。KSA, Bd. 1, S. 111。
② 《悲剧的诞生》17。KSA, Bd. 1, S. 115。
③ 《自我批判的尝试》1。KSA, Bd. 1, S. 12-13。

的真实认识和真实辩护。它一旦取得统治地位,就会使艺术和人生都远离根本,变得肤浅,丧失悲剧性的伟大品格。尼采认为,这种后果充分暴露了"苏格拉底乐观主义既否定艺术、又摧残生命的本性"。①

在尼采晚期对《悲剧的诞生》的自我解释中,除了指出它对科学的批判立场之外,更加强调它对道德包括基督教道德的批判意义。在《自我批判的尝试》中,他说:"在致理查德·瓦格纳的前言中,艺术——而不是道德——业已被看作人所固有的形而上活动";全书只承认"一位全然非思辨、非道德的艺术家之神";书中的"艺术家的形而上学""业已显示一种精神,这种精神终有一天敢冒任何危险起而反抗生存之道德的解释和意义";"当时在这本成问题的书里,我的本能,作为生命的一种防卫本能,起来反对道德,为自己创造了生命的一种根本相反的学说和根本相反的评价,一种纯粹审美的、反基督教的学说和评价……我名之为酒神精神。"②在《看哪,这人》中,他把基督教解释成《悲剧的诞生》没有明说的真正敌人,酒神精神的主要对立面:"全书对基督教保持深深的敌意的沉默。基督教既非日神的,也非酒神的;它否定一切审美价值——《悲剧的诞生》所承认的唯

---

① 《悲剧的诞生》24。KSA, Bd. 1, S. 153。
② 《自我批判的尝试》5。KSA, Bd. 1, S. 17、19。

一价值；它在至深的意识中是虚无主义的，反之，酒神的象征却达到了肯定的极限。"他还把苏格拉底解释成站在道德立场上反对生命的"颓废者"，并且强调道德与作为"生于丰盈和满溢的最高肯定的公式，无条件的肯定，甚至肯定痛苦，甚至肯定罪恶，甚至肯定生存之一切可疑和异常的特征"的酒神精神之间的"真正的对立"。① 在尼采的这种自我解释中无疑融进了他的晚期思想，不能说是"客观"的。但是，从他早期鲜明主张对人生的审美解释，到晚期激烈批判对人生的道德解释，其间的确有着内在的联系。在某种意义上，这两种解释都试图神化人生，它们的根本分歧在于如何看待生命的本能和人生的缺陷。审美解释所要神化的是现实的人生，在酒神世界观中，那个宇宙艺术家其实就是生命本能的神化形象，人生的缺陷和痛苦作为生命的创造活动的必要部分得到了全盘肯定。相反，道德世界观是排斥这一切的，仿佛唯有压制生命的本能，摆脱缺陷和痛苦，人生才能达于神圣的境界。

总之，尼采通过艺术形而上学所提倡的是一种审美的世界解释和人生态度，反对的是科学的和道德的世界解释和人生态度。他并不否认道德和科学在人类实际事务中的作用，但认为不能用它们来解释世界和指导人生。人生本无形而上的根据，

---

① 《看哪，这人》：《〈悲剧的诞生〉》1、2。KSA，Bd. 6，S. 310 - 311。

科学故意回避这一点，道德企图冒充这种根据而结果是否定人生。所以，如果一定要替人生寻找形而上的根据，不如选择艺术，审美的意义是人生所能获得的最好的意义。

从艺术形而上学的角度来看，二元冲动理论真正要解决的就不只是艺术问题，更是人生问题。日神精神沉湎于外观的幻觉，反对追究本体，酒神精神却要破除外观的幻觉，与本体沟通融合。前者迷恋瞬时，后者向往永恒。前者用美的面纱遮盖人生的悲剧面目，后者揭开面纱，直视人生悲剧。前者教人不放弃人生的欢乐，后者教人不回避人生的痛苦。前者执着人生，后者超脱人生。日神精神的潜台词是：就算人生是个梦，我们要有滋有味地做这个梦，不要失掉了梦的情致和乐趣。酒神精神的潜台词是：就算人生是幕悲剧，我们要有声有色地演这幕悲剧，不要失掉了悲剧的壮丽和快慰。二者综合起来，便是尼采所提倡的审美人生态度。

五　艺术比真理更有价值

在《悲剧的诞生》中，尼采构造了一种"艺术形而上学"，其基本内涵是对世界和人生作审美的辩护。对于这个基本内涵，他始终是予以肯定的。但是，后来，他越来越不满意于他当时用来表达这个基本内涵的形而上学框架了。在《看哪，这人》中，他谴责自己的这部早期著作"散发着令人厌恶的黑格尔气味",使用了黑格尔式的正题、反题、合题的逻辑推演程序:"一种'理念'——酒神因素与日神因素的对立——被阐释为形而上学;历史本身被看作这种'理念'的展开;这一对立在悲剧中被扬弃而归于统一"。① 在《自我批判的尝试》中,他批评自己当时"试图用叔本华和康德的公式去表达与他们的精神和趣味截然相反的异样而新颖的价值估价"。② 所谓"叔本华和康德的公式",是指现象与自在之物、表象与意志的世界二分模式。他后来与传统形而上学的这一类世界二分模式彻底决裂,意识到自己一开始所提出的就不是一种新的形而上学,而是一种新的价值估价。

形而上学的实质在于本体界和现象界的二分模式。我们在《悲剧的诞生》中确实看到,尼采对于世界二元冲动和艺术形而上学的阐述都是在这个模式的框架中展开的。那么,现在要讨论的问题是,这个框架只是一个框架呢,还是有实质性内容的?或者说,"艺术形而上学"究竟还是不是传统意义上的形而上学?

在 80 年代后期遗稿中,尼采自己对此有一个提示:"人们在这本书的背景中遇到的作品构思异常阴郁和令人不快,在迄今为人所知的悲观主义类型里似乎还没有够得上这般阴郁程度

---

① 《看哪,这人》:《〈悲剧的诞生〉》1. KSA, Bd. 6, S. 310。
② 《自我批判的尝试》6. KSA, Bd. 1, S. 19。

的。这里缺少一个真实的世界与一个虚假的世界的对比，只有一个世界，这个世界虚伪，残酷，矛盾，有诱惑力，无意义……这样一个世界是真实的世界。为了战胜这样的现实和这样的'真理'，也就是说，为了生存，我们需要谎言……为了生活而需要谎言，这本身是人生的一个可怕又可疑的特征。""形而上学，道德，宗教，科学，这一切在这本书中都仅仅被看作谎言的不同形式，人们借助于它们而相信生命。""误解存在的性质，这是在道德、科学、虔信、艺术所有这些东西背后的最深最高的秘密意图。"①

这里值得注意的是两点：一，作为《悲剧的诞生》的背景的是一种最阴郁的悲观主义，即认为并不存在本体界和现象界的区分，只存在一个真实的无意义的世界；二，在这本书里，艺术——应该包括日神艺术和酒神艺术，也包括艺术形而上学——仅被看作帮助我们战胜这个残酷的"真理"以信仰生命的"谎言"。

这是否尼采对自己的早期思想的故意误解呢？应该说不是，他至多只是把《悲剧的诞生》时期约略透露过的思想用最直截了当的方式表达了出来。那时候他已经谈到美与真理之间的对立：酒神冲动所创造的神灵们"对美不感兴趣"，"它们与真理

---

① 《权力意志》853。

同源……直观它们会使人成为化石，人如何能藉之生活？"而诉诸美和适度的日神文化的"至深目的诚然只能是掩盖真理"。①他还谈到：日神艺术是"大自然为了达到自己的目的而经常使用的一种幻想。真实的目的被幻象遮盖了，我们伸手去抓后者，而大自然却靠我们的受骗实现了前者。""艺术家的生成之快乐，反抗一切灾难的艺术创作之喜悦，毋宁说只是倒映在黑暗苦海上的一片灿烂的云天幻景罢了。"说得最明白的是这一段话："这是一种永恒的现象：贪婪的意志总是能找到一种手段，凭借笼罩万物的幻象，把它的造物拘留在人生中，迫使他们生存下去。一种人被苏格拉底式的求知欲束缚住，妄想知识可以治愈生存的永恒创伤；另一种人被眼前飘展的诱人的艺术美之幻幕包围住；第三种人求助于形而上的慰藉，相信永恒生命在现象的旋涡下川流不息……我们所谓文化的一切，就是由这些兴奋剂组成的。按照调配的比例，就主要地是苏格拉底文化，或艺术文化，或悲剧文化。如果乐意相信历史的例证，也可以说是亚历山德里亚文化，或希腊文化，或印度（婆罗门）文化。"②从这些话中我们可以清楚地看到，即使在当时，尼采内心中其实并不真正相信一切形而上学，包括艺术形而上学。在最后这一段话里，科

---

① 《酒神世界观》2。KSA，Bd. 1，S. 562、564。
② 《悲剧的诞生》3、9、18。KSA，Bd. 1，S. 37、68、115 - 116。

学、日神艺术、酒神艺术、形而上学、宗教的确都被看成了幻象和兴奋剂——也就是谎言——的不同形式，其作用都是诱使我们生活下去。就他把这一切说成是"大自然"或世界意志为了达到自己的目的而发动的而言，我们从中似乎还能嗅到一点形而上学的气味，但这种形而上学其实是比喻性质的。事实上，他并不相信"在现象的旋涡下"存在着川流不息的"永恒生命"，存在的只是"黑暗苦海"，那无意义的永恒生成变化过程，而我们的生命连同我们生活于其中的整个现实世界也属于这个过程，不过是这个过程中的稍纵即逝的片断罢了。在尼采看来，这就是我们不断地试图掩盖却又不得不面对的可怕的真理。

这里涉及一个重要问题，即艺术与真理的关系问题。尼采后来回顾道："在我一生的早期，我就认真思考艺术与真理的关系问题了：甚至现在我还非常害怕这种不一致的外表。我的第一本书是献给它的。《悲剧的诞生》之相信艺术是立足于别种信念的背景的：不能靠真理生活，'求真理的意志'已经是衰退的征象。"[1]艺术与真理的对立的确是尼采的一贯思想，在他后期的著作中，这个思想得到了越来越明确的论述。

许多哲学家都曾讨论艺术与真理的关系问题，不过，我们要

———
[1] F. Nietzsche, Werke, 19 Baende u. 1 Register Band, Leipzig,(《尼采全集》，莱比锡),1894—1926,第 14 卷. 第 368 页。该版全集俗称 Grossoktav-Ausgabe(大八开本)，以下缩写为 GA。

注意,尼采所说的真理和一切站在传统形而上学立场上的哲学家所说的真理是有完全不同的含义的。柏拉图最早提出艺术与真理相对立的论点,但立足点恰与尼采相反。柏拉图认为,理念世界是真实的世界,是真理;经验世界不过是它的影子和模仿;艺术又是影子的影子,模仿的模仿。所以,相对于真理而言,艺术最无价值。他所说的真理是指理念世界。他的思想在哲学史上有巨大影响,虽然受他影响的后世哲学家未必像他那样贬低艺术的价值,但基本思路都是把艺术看作对理念的某种认识或表现,并根据这种认识或表现的程度来确定艺术的价值。例如,黑格尔认为,艺术是理念的感性显现。叔本华也认为,艺术是对理念的认识和复制。理念这个范畴是叔本华为了解释艺术而特地引入到他的美学里来的,其实是和他的整个哲学体系不相容的。在柏拉图和黑格尔那里,理念就是本体世界,是现象世界背后的本质和意义源泉。在叔本华这里,本体世界是盲目的无意义的意志,他把理念说成是意志的直接的、完全的客体化,可是,他从来不曾说明,盲目的无意义的意志是如何能够客体化为让人进行审美观照的有意义的理念的。

在尼采的美学中,理念这个范畴只是偶尔被提到,不再起任何重要的作用,他是直接用意志来解释艺术的。当他谈论艺术与真理的关系时,所说的已经完全不是艺术与理念的关系。他彻底否认了理念世界的存在,因而在实质上也否认了本体世界和现象世界的划分。他之所以反对对世界的科学的、道德的、宗教的、形而上学的解释,是因为所有这些解释都是柏拉图的理念论的变种。既然不存在理念的意义上的真理,那么,艺术与这样的真理是对立还是统一的问题就无从谈起了。对于尼采来说,只存在一个世界,虽然他沿用叔本华的术语称之为世界意志,但实际上指的就是那个永恒生成变化的宇宙过程,这个过程本身是绝对无意义的,因为在它背后并无一个不变的精神性实体作为它的意义源泉。他所说的真理就是对这个过程的认识,不过这个过程其实是永远不可能成为我们认识的对象的,因此,确切地说,是对这个过程以及属于这个过程的我们的人生之无意义性的某种令人惊恐的意识。在这种意识的支配下,我们当然是无法生活的,于是需要艺术的拯救,艺术是我们可以用来对付这个可怕真理的唯一手段。"真理是丑的。我们有了艺术,依靠它们就不致毁于真理。"如果说艺术是谎言,那么,这种"用谎言战胜现实的能力"正是人固有的,靠了它才能解决"生命应当产生信仰"这个艰巨的任务。[①] 所以,艺术的价值不在于它揭示了真理,相反在于它遮蔽了真理,在真理面前保护了我们的生命。站在生命的立场看,艺术高于真理。

后来,尼采正是从这个角度来解释《悲剧的诞生》中的艺术

---

① 《权力意志》822、853。

形而上学的。他说:"人们看到,在这本书里,悲观主义,我们更明确的表述叫虚无主义,是被看作'真理'的。但是,真理并非被看作最高的价值标准,更不用说最高的权力了。求外观、求幻想、求欺骗、求生成和变化(求客观的欺骗)的意志,在这里被看得比求真理、求现实、求存在的意志更深刻,更本原,'更形而上学',后者纯粹是求幻想的意志的一个形式。""这样,这本书甚至是反悲观主义的,即在这个意义上:它教导了某种比悲观主义更有力、比真理'更神圣'的东西——艺术。彻底否定生命,不仅口头上否定生命而且以实际行为否定生命,在这一点上,看起来没有比这本书的作者更认真了。只是他知道——他体验过这,也许他对别的毫无体验!——艺术比真理更有价值。"[①]在这里,"更形而上学"、"更神圣"都被打上了引号,明确地被看成是譬喻,而最后一句话点出了其真实含义,就是"艺术比真理更有价值"。所以,归根到底,生命是根本的尺度,尼采是用这个尺度来衡量艺术的价值,并且赋予它以形而上学的意义的。不妨说,尼采自己戳穿了他在《悲剧的诞生》中编造的艺术形而上学的"谎言",还了它以价值估价的本来面目。

　　人们也许可以说,不管尼采怎样强调艺术比真理更有价值,既然他认定悲观主义是真理,而艺术只是谎言,认定人必须逃避

---

① 《权力意志》853。

真理,靠谎言活下去,他在骨子里就终究是一个悲观主义者。这种说法当然有一定的道理。但是,对于一个已经不相信人生的终极意义的人来说,也许只有两种选择,或者像叔本华那样,甘于人生的无意义,彻底否定人生,或者就像尼采这样,明知人生无意义偏要给它创造出一种意义来。在这一点上,尼采颇有一种"知其不可而为之"的气概,他自称"悲剧哲学家",他的哲学确有一种悲剧色彩。那么,尼采自己是否相信艺术所赋予人生的意义呢?有一点可以肯定:至少他不相信艺术能够赋予人生以真正的形而上意义即终极意义,否则艺术就不是谎言而是真理了。因此,后来他干脆否定任何对形而上意义的追求。"形而上慰藉"说是《悲剧的诞生》中的得意之笔,有意思的是,在此书再版时,他却告诫年轻读者不要上他的当,不要以得到浪漫主义的"形而上慰藉"告终,向他们如此呼吁:"你们首先应当学会尘世慰藉的艺术,——你们应当学会欢笑,我的年轻朋友们,除非你们想永远做悲观主义者;所以,作为欢笑者,你们有朝一日也许把一切形而上慰藉——首先是形而上学——扔给魔鬼!"[1]话中之意是,一个人只要还执著于形而上学的追问,就永远不能摆脱悲观主义,唯有热爱尘世的人才能真正找到生活的快乐和意义。

---

[1] 《自我批判的尝试》7。KSA, Bd. 1, S. 22。

一　从酒神冲动到权力意志

　　叔本华以意志为世界的自在之物,尼采一开始就接受了叔本华的这一世界解释,在《悲剧的诞生》中用作分析艺术现象的哲学框架。但是,正是在《悲剧的诞生》中,对于世界意志的性质,尼采已经表明了与叔本华截然不同的理解。在叔本华那里,意志是一种盲目徒劳的求生存的冲动,因而是必须否定的。相反,尼采经由希腊酒神现象来看这同一个世界意志,给了它以积极的解释和肯定的评价。他的着眼点不再是由痛苦和毁灭而显示的世界意志的虚幻性质,而是世界意志无视痛苦和毁灭而依然生生不息的创造力量。被如此理解的世界意志,也就是世界本身的酒神冲动。

在意志所欲求的是生存这一意义上,叔本华又把意志称作"生命意志"(或译"生存意志"),视两者为同义的概念。① 值得注意的是,在《悲剧的诞生》中,尼采从未使用"生命意志"这个概念,只使用了"意志"或"世界意志"的概念。他仿佛是要与叔本华划清界限,拒绝把意志看作求生存的冲动。对于他来说,意志直接就是"永恒生命"本身,是"那在一切现象之彼岸的历万劫而长存的永恒生命","永远创造、永远生气勃勃、永远热爱现象之变化的始母"。② 作为永远丰盈、永不枯竭的"永恒生命",意志无须再去追求生命,只须以其丰盈的生命力自娱就可以了。

对世界意志的这种酒神式诠释是一种审美的描述,如何对之作哲学的表述呢? 也许正是怀着这个愿望,尼采找到了权力意志概念。在《快乐的科学》(1882)中,他第一次明确提出这个概念,并以之解说意志的实质:"在自然中统治的不是匮乏情境,而是过剩,浪费,甚至到了荒唐的程度。生存竞争只是一个例外,生命意志的一种暂时约束;大大小小的竞争到处都是围绕着争优势,争发展和扩大,争权力,遵循着求权力的意志,而求

---

① 叔本华:《作为意志和表象的世界》54。参看石冲白中译本,第377页。
② 《悲剧的诞生》16。

瓦格纳事件

权力的意志正是生命意志。"①这个被解释成权力意志的生命意志概念，当然已经完全不是叔本华所说的求生存的冲动，而与那个在《悲剧的诞生》中被解释成酒神冲动的意志概念是一脉相承的。论证权力意志的根据，也正是当初论证酒神冲动的那同一个根据，即宇宙间生命的丰裕过剩。我们不妨回忆一下《悲剧的诞生》中谈论酒神艺术效果的这一段文字："我们在短促的瞬间真的成为原始生灵本身，感觉到它的不可遏止的生存欲望和生存快乐。现在我们觉得，既然无数竞相生存的生命形态如此过剩，世界意志如此过分多产，斗争、痛苦、现象的毁灭就是不可避免的。"②由于生命丰裕，世界意志以挥霍生命为乐，个体的毁灭不但不削弱、反而加强了这种快乐，这是酒神冲动。也由于生命丰裕，万物并不满足于求生命的保存，而是求生命的优越和扩展，为此甚至不惜牺牲生命，这就是权力意志了。正是在酒神精神的引领下，尼采把叔本华的生命意志说改造成了他自己的权力意志说。在一定意义上，我们可以把权力意志看作酒神冲动的哲学别名。

此后，尼采对生命意志概念越来越持否定的态度，而完全用权力意志取而代之了。在他看来，叔本华的生命意志说既误解

---

① 《快乐的科学》349。KSA，Bd. 3，S. 585－586。
② 《悲剧的诞生》17。

了生命的本质，也误解了意志的本质。按照这一学说，生命仅是自保，意志仅是欲望。尼采则认为，生命的本质是自我超越，意志的本质是自我支配，而权力意志概念恰好同时表明了两者的本质。权力意志是尼采后期哲学的核心概念，他对之有大量的阐释，这里不能也不必一一论列。[①] 需要强调的是，作为一种世界解释，这个概念所描述的仍是尼采曾用酒神冲动概念描述的宇宙间那个永恒的生成变化过程。不同之处在于，通过这个概念，除了生命的丰裕之外，更加突出了生命的力度。所谓"权力"，应作广义的理解，是指生命力的强盛，因为强盛而能够自我支配。权力意志说形成以后，尼采在美学中越来越把各类审美现象与生命力的强度联系起来，在主张审美的人生态度时更加强调人生的力度了。

二　醉与权力意志

醉是尼采后期美学中的一个重要概念。

在《悲剧的诞生》中，尼采主要把醉看作日常生活中的酒神状态。现在，他明确地把醉视为一切审美活动不可缺少的前提："为了艺术得以存在，为了任何一种审美行为或审美直观得以存

---

① 参看周国平：《尼采与形而上学》，湖南教育出版社，1990年，第191—215页。

在,一种心理前提不可或缺:醉。首先须有'醉'以提高整个机体的敏感性,在此之前不会有艺术。"①醉有种种形式,尼采经常提到的有性冲动的醉,节庆、竞赛、绝技、凯旋的醉,残酷和破坏的醉,春天和饮酒的醉。这些状态的共同特点是生命力的最大调动、发泄和享受。在这样的状态中,倘若饱胀的生命力向外投射,"置光彩和丰盈于事物,赋予诗意,直到它们反映出我们自身生命的丰富和欢乐"②,也就是审美状态了。这种情形在艺术家身上尤其突出,他们的生命中必须"有一种常驻的醉",然后才能艺术地看事物,即把事物看得更丰满、单纯和强健。③

在《悲剧的诞生》中,醉仅与酒神状态相关,而与日神状态相关的是梦,尼采从未把日神状态与醉联系起来。现在,他虽然仍没有放弃酒神与日神、醉与梦的划分,但倾向于用醉来概括全部审美状态。他试图把酒神和日神这两种状态视为醉的不同类别,如此问道:"我引入美学的对立概念,日神的和酒神的,二者被理解为醉的类别,究竟是什么意思呢?"然后回答说:"日神的醉"是眼睛激动并获得了幻觉的能力,酒神的醉则是整个情绪系统激动并调动了变形的能力。④ 这就在一定程度上把梦也归为

---

① 《偶像的黄昏》:《一个不合时宜者的漫游》8。KSA, Bd. 6, S. 116。
② 《权力意志》801。
③ 《权力意志》800。
④ 《偶像的黄昏》:《一个不合时宜者的漫游》10。KSA, Bd. 6, S. 117。

醉的一种了,不妨说是视觉的醉。

对于醉的本质的解说也发生了变化。在《悲剧的诞生》中,尼采把醉看作由"个体化原理"解体而产生的神秘的自弃境界,是个人与世界意志融为一体的状态。现在,他明确地用权力意志来说明醉的本质,一再强调醉与力之间的联系:"醉的本质是力的提高和充溢之感。出自这种感觉,人施惠于万物,强迫万物向己索取,强奸万物,——这个过程被称作理想化。"①醉"实际上同力的过剩相应","不折不扣是一种高度的权力感";"醉:高度的力感,一种通过事物来反映自身的充实和完满的内在冲动"。②

在《悲剧的诞生》中,尼采曾经强调,他之所以提出二元冲动说,是因为美的单一原则无法解释艺术,酒神是作为与美亦即日神具有不同本质的另一原则提出来的。二者之中,酒神被视为更本原的艺术冲动,直接由意志发动,而日神与意志最多只有间接的关系。现在,他用醉概括全部审美状态包括日神状态,又用权力意志解释醉的本质,这就为他用权力意志解释全部艺术和审美现象打通了道路。从用二元冲动否定美的单一原则,到用意志的单一原则统率二元冲动,他仿佛完成了一个否定之否定。

---

① 《偶像的黄昏》:《一个不合时宜者的漫游》8。KSA, Bd. 6, S. 116。
② 《权力意志》800、811。

从柏拉图到康德到叔本华,传统美学始终视美与意志为势不两立。因此,如果说他从前反对美的单一原则已是对传统美学的颠覆,那么,现在他主张意志的单一原则无疑是对传统美学的更彻底的颠覆。值得注意的是,在他达于意志的单一原则的过程中,醉的概念起了关键的作用。

三 权力意志与审美

在《偶像的黄昏》中,尼采写道:"没有什么是美的,只有人是美的:在这一简单的真理上建立了全部美学,它是美学的第一真理。我们立刻补上美学的第二真理:没有什么比衰退的人更丑了,——审美判断的领域就此被限定了。"[1]这段话可看作尼采后期美学的一个中心命题,明确表达了他在美学上的人类本位立场。审美完全是一种人类现象,起决定作用的是人自身的权力意志状况。展开来说,主要有两层意思。

第一,事物本身无所谓美丑,人之对事物做出美或丑的判断,完全取决于对象是提高、激发还是压抑、挫伤了人的生命本能,是表达了本能类型的上升还是衰落。"人的权力感,他的求权力的意志,他的勇气,他的骄傲——这些都随丑的东西跌落,

---

[1] 《偶像的黄昏》:《一个不合时宜者的漫游》20。KSA, Bd. 6, S. 124。

随美的东西高扬……在这两种场合，我们得出同一个结论：美和丑的前提极其丰富地积聚在本能之中。"①所谓"完美"是"本能的权力感的异常扩展"，人的至深本能在这种状态中感受到了"本能类型的上升运动"。艺术则"一方面是旺盛的肉体活力向形象世界和意愿世界的涌流喷射，另一方面是借助崇高生活的形象和意愿对动物性机能的诱发；它是生命感的高涨，也是生命感的激发"。② 相反，"丑被看作衰退的一个暗示和表征：哪怕极间接地令人想起衰退的东西，都会使我们做出'丑'这个判断……在这里，一种憎恶之情油然而生：人憎恶什么呢？毫无疑问，憎恶他的类型的衰落。他出于至深的族类本能而憎恶；在这憎恶中有惊恐，审慎，深刻，远见，——这是世上最深刻的憎恶。因为这，艺术是深刻的……"③"只要一察觉到衰落、生命的枯竭，一察觉到瘫软、瓦解和腐败，不论相隔多远，审美都要做出否定的反应。"④总之，是人身上的权力意志在做审美判断，依据对自己的利弊衡量对象的美丑，而审美和艺术的意义也全在于提高人类的权力意志。

第二，既然是人身上的权力意志在做审美判断，那么，由此

---

① 《偶像的黄昏》：《一个不合时宜者的漫游》20。KSA，Bd. 6，S. 124。
② 《权力意志》801、802。
③ 《偶像的黄昏》：《一个不合时宜者的漫游》20。KSA，Bd. 6，S. 124。
④ 《权力意志》809。

可以推知,审美能力之有无大小取决于权力意志的强弱。"'美'的判断是否成立和缘何成立,这是(一个人的或一个民族的)力量的问题。"①在尼采看来,权力意志在不同的人身上决非平均分布的,权力意志强盛、生命力充沛的人易于进入审美状态,权力意志衰弱、生命力枯竭的人则往往丧失对生活的美感。"审美状态仅仅出现在那些能使肉体的活力横溢的天性之中,第一推动力永远是在肉体的活力里面。清醒的人、疲倦的人、筋疲力尽的人、干巴巴的人(例如学者)绝对不能从艺术中感受到什么,因为他没有艺术的原动力,没有内在丰富的逼迫——谁不能给予,谁也就无所感受。"②所以,一个人能否对人生持审美的态度,一个民族或一个时代的艺术是否卓越和繁荣,归结到底取决于其内在生命力的强弱盛衰。

一般来说,权力意志把提高、激发生命感的对象判断为美,把压抑、威胁生命感的对象判断为丑。但是,尼采认为,如果权力意志足够强盛,譬如在某些艺术家身上,丑也能产生激发生命感的效果,从而对之做出美的判断。在此情形下,它或者传达了艺术家"业已主宰这丑和可怖"的获胜的权力感,或者激发起残忍的乃至自伤的快感,从而是一种"凌驾于我们自身的权力

---

① 《权力意志》852。
② 《权力意志》801。

感"，皆表达了权力意志的强大。① "充实感，积涨的力量感，由此而得以勇敢轻快地接受懦弱者为之颤抖的许多东西，——权力感对于那些乏弱的本能只能评价为可憎的和'丑'的事物和状态也可以做出'美'的判断。"②

这一点突出地表现在悲剧艺术上。尼采对于悲剧的解释发生了很大的变化。在《悲剧的诞生》中，他强调的是希腊人对于痛苦的敏感和在艺术中获拯救的渴望。现在，他强调悲剧"诉诸刚强好斗的灵魂"③，而在希腊人身上他看出了"他们的最强烈本能"是"求权力的意志"④。过去，他用"形而上的慰藉"来解释悲剧快感。现在，他把悲剧快感的产生归功于权力意志的强大。"总的说来，对可疑和可怕事物的偏爱是有力量的征象，对漂亮和纤巧事物的喜好则是衰弱和审慎的征象。对悲剧的快感表明了强有力的时代和性格……这是英雄的灵魂，它们在悲剧的残酷中自我肯定，坚强得足以把苦难当作快乐来感受。"因此，悲剧快感乃是强大的生命力敢于与痛苦和灾难相抗衡的一种胜利感。相反，其他那些解释，包括"净化""道德世界秩序的胜利""听天由命"之类，全是懦弱者把自己的价值感塞进了悲剧里。

---

① 《权力意志》802。
② 《权力意志》852。
③ 《朝霞》172。KSA，Bd. 3，S. 153。
④ 《偶像的黄昏》：《我感谢古人什么》3。KSA，Bd. 6，S. 157。

"悲剧艺术家的深刻在于,他的审美本能洞察遥远的结果,他并非近视地局限于身边的事物,他肯定大经济学,这种经济学为可怕的、恶的、可疑的东西辩护,而且不仅仅是辩护。"①这就是说,虽然悲剧艺术把个体的毁灭表演给人们看,似乎是对生命的否定,但是,正因为它表现了直面可疑和可怕事物的巨大勇气,从长远和总体的结果看,却是极大地提升了人类生命的高度和力度。从世界意志的角度说,一个人能否具备酒神精神,与宇宙间充溢的生命意志息息相通,从而把人生的痛苦当作欢乐来体验,归根结底取决于他的权力意志亦即他的内在生命力是否足够强盛。

四 权力意志与艺术

按照权力意志学说,审美和艺术的根源都在于人的生命力的丰盈。如果说美感是把生命力的丰盈投射到事物上的结果,那么,艺术就是通过改变事物来反映自身生命力丰盈的活动。"在这种状态中,人出于他自身的丰盈而使万物充实:他之所见所愿,在他眼中都膨胀,受压,强大,负荷着过重的力。处于这种状态的人改变事物,直到它们反映了他的强力,——直到它们

①《权力意志》852。

成为他的完满之反映。这种变得完满的需要就是——艺术。甚至一切身外之物也都成为他的自我享乐；在艺术中，人把自己当作完满来享受。"①

不过，尼采强调，权力意志不仅是一种饱胀的生命力，更是一种支配强烈生命冲动并且赋予它们以形式的力量。如果只有强烈的生命冲动，但不能支配它们，赋予形式，就不会有艺术。当然，生命力的丰盈是一个前提，无此就谈不上支配，而无能支配往往也是生命力相对乏弱的表征。"美化是得胜的意志的表现，是加强了的协调的表现，是所有强烈欲求已达和谐的表现……丑则意味着某种型式的颓败、内心欲求的冲突和失调，意味着组织力的衰退，按照心理学的说法，即'意志'的衰退。""对艺术家来说，'美'之所以是至高无上的东西，那是因为在美里面对立被制服了，权力的最高标志就是胜于对立面，而且毫无紧张之感：暴力不再必要，一切都如此轻松地俯首听命，而且带着友好不过的神态顺从——这使得艺术家的权力意志欢欣鼓舞。"②正是在艺术中，权力意志作为一种能够自我支配的力量之性质表现得最为显著。建筑尤其如此，它是"伟大的意志行为"，"建筑物应当显示出骄傲、对重力的胜利和权力意志；建筑

---

① 《偶像的黄昏》：《一个不合时宜者的漫游》9。KSA，Bd. 6，S. 117。
② 《权力意志》800、803。

风格是权力的一种能言善辩的形式……具有伟大风格的建筑表达了最高的力感和安全感。"①

在尼采看来,伟大风格是艺术所能达到的最高水准。"发展的顶点是伟大的风格。"②"一个艺术家的伟大不能用他所激起的'美感'来衡量,淑女们才乐意信这一套。应该用他接近伟大风格、擅长伟大风格的程度来衡量。"而伟大风格的特征就是意志的支配力量:"伟大风格与伟大情感的共通之点是,它不屑于讨好,它想不起劝说,它下命令,它意欲……支配人们的混乱,迫使他们的混乱成为形式:合乎逻辑,简单,明确,成为数学、法律……"③支配丰富,赋予它们以形式,达于简单,这实际上就是古典主义风格。在尼采心目中,伟大风格与古典主义是同义词。"一个人要成为古典主义者,就必须具备所有强大的、表面上充满矛盾的才能和欲望,不过它们应当共同服从统一的驾驭……""古典风格本质上表现着平静、单纯、简洁和凝练,——最高的权力感集中在古典范型之中。拙于反应,一种高度的自信,无争斗之感。"④要达到这个境界,完全不能靠所谓复归"天性"、回到"自然",尼采叹道:"愚蠢啊,人们竟相信古典主义是一种自然

---

① 《偶像的黄昏》:《一个不合时宜者的漫游》11。KSA, Bd. 6, S. 118 – 119。
② 《权力意志》800。
③ 《权力意志》842。
④ 《权力意志》848、799。

行为!"古典趣味是生长在强有力的人和时代的土壤上的。因此，真正需要的是"改造生活，使它而后必能自己获得形式"。①正是"力量的尺度"决定了一个时代是相信"上升生命的道德"还是"衰落生命的道德"，与此相应，才在艺术风格上有了"古典美学"和"颓废美学"的分别。②

在尼采的时代，浪漫主义盛行，古典主义式微，尼采认为根源就在于生命力的乏弱。"在考察一切审美价值时，我现在使用这个主要尺度：我在每一个场合均问'这里从事创造的是饥饿还是过剩'。"古典主义者是"苦于生命的过剩的痛苦者"，而浪漫主义者却是"苦于生命的贫乏的痛苦者"，他们因此而要借艺术一方面寻求安宁和自我解脱，另一方面寻求麻醉和疯狂。在尼采看来，其典型代表就是叔本华的哲学和瓦格纳的音乐，他称之为"浪漫悲观主义"，并断为"我们文化命运中最后的重大事件"。③ 在形式问题上，浪漫主义的特点是，一方面无能驾驭情绪冲动，"激情"泛滥，在总体上"无形式"④，另一方面又"逃入形式美之中"，在细节上追求精致、朦胧、漂亮。尼采就此评论说："所以，'爱美'不一定是欣赏美和创造美的一种能力，它恰恰可

---

① 《权力意志》849。
② 《瓦格纳事件》跋。KSA，Bd. 6，S. 50。
③ 《快乐的科学》370。KSA，Bd. 3，S. 621－622。
④ 参看《权力意志》835、849。

以是对此无能的征象。"①

五　艺术生理学

　　审美根本上是一个力的问题。当我们进一步追究这力的具体内容时，便发现尼采似有把美学生物学化的倾向。他曾直截了当地断言："当然，美学不是别的，而是应用生理学。"②他还曾手拟一个题为"艺术生理学"的十八条提纲，准备在《权力意志》中以专门章节论述这个问题。这项计划未能实现。不过，"艺术生理学"的思想仍可散见于他的后期著作和遗稿中。值得注意的是以下几点：

　　第一，尼采倾向于把导致审美状态的力解释为"肉体的活力"，视之为"艺术的原动力""第一推动力"。审美是一个双向的过程，一方面是肉体活力由里向外的投射，另一方面是受此投射的事物由外向里"对动物性机能的诱发"，而我们身上被诱发起来的那些"动物性的快感和欲望"的"极其精妙的细微差别的混合"就是审美状态。③

　　第二，在肉体的活力中，性欲的作用占据首位。肉欲是"理

---

① 《权力意志》852。
② 《尼采反对瓦格纳》。KSA，Bd. 6，S. 418。
③ 《权力意志》801、802。

想化的基本力量"。"在酒神的醉之中有性欲和情欲,日神的方式中也不乏这些。"①"醉感在两性动情期最为强烈……'美化'是高涨的力的结果。""制造完满和发现完满,这是负担着过重的性力的大脑组织所固有的。"美感犹如"对热恋状态及其看待世界的方式的一种无意识回忆","对艺术和美的渴望是对性欲癫狂的间接渴望"。在艺术创作中也有"乔装打扮的肉欲","就像一个男人看一个女人时简直要把人间一切优点都当礼物送给她一样,艺术家的肉欲也把他一向还尊重和珍视的一切赋予一个对象,他就这样地完成一个对象(把它'理想化')。"②

性欲不但把被爱的对象美化、理想化,还使爱者自己变得更有力、更完美。性爱是"醉的变形力量"的"最令人惊叹的证明"。在恋爱时,一个人不但觉得自己似乎更完美了,他确实是更完美了。它不只改变价值感,而且改变价值,"恋爱者是更有价值、更强有力的。在动物身上,这种状态产生出新的武器、色素、颜色和外形,特别是新的运动、新的节奏、新的声音和引诱。在人身上,事情并无不同。他的整个组织比以往更丰富了,比不恋爱时更有力、更完备了。"③

艺术与性之间有着不解之缘。这在某些时代表现得尤其突

---

① 《权力意志》823、799。
② 《权力意志》800、805、806。
③ 《权力意志》808。

出，例如："古典法国的全部高级文化和文学，都是在性兴趣的土壤上生长起来的。"①艺术家往往是性欲旺盛的人，他的创造本能正来自他的强烈的性本能。"艺术家倘若有些作为，都一定禀性强健（肉体上也如此），精力过剩，像野兽一般，充满情欲。假如没有某种过于炽烈的性欲，就无法设想会有拉斐尔"。艺术家是"肉体极其敏感的类型"。"艺术家按照其性质来说恐怕难免是好色之徒，一般易受刺激，每种官能都开放着，远远地就能对刺激和刺激的暗示起反应。"不过，正因为"一个人在艺术构思中消耗的力和一个人在性行为中消耗的力是同一种力"，艺术家不可随便消耗自己，他应该保持"一种相对的贞洁"，这对于他来说是"巨大的生活理性"，贞洁是"艺术家的经济学"。②

第三，尼采试图立足于生物学立场说明审美的价值和艺术的功能。"'全部美学的基础'是这个'一般原理'：审美价值立足于生物学价值，审美满足即生物学的满足。"③从狭义说，美与生殖密切关联。"在大自然里，声音、颜色、气味、有节奏的运动等的美究竟为何存在？是什么促使美显现？……一切美都刺激生殖，——这正是美的效果的特性，从最感性的到最精神性

---

① 《偶像的黄昏》:《一个不合时宜者的漫游》23。KSA，Bd. 6，S. 126。
② 《权力意志》800、809、815。
③ GA，第 14 卷，第 16 页。

的……"①从广义说，人出于至深的族类本能对有益于族类保存的对象作出"美"的判断，对有害于此的对象作出"丑"的判断。所以，审美判断实质上是生物学性质的价值判断。"美和丑的生物学价值。那使我们在审美活动中本能地反感的东西，就是被人类长期经验证明为有害的、危险的和可疑的东西：突然说话的审美本能（例如厌恶）包含着一个判断。在同样的程度上，美属于有用、有益、提高生命等生物学价值的一般范畴之列，然而是这样——久远以来提示着、联系着有用事物和有用状态的种种刺激给我们以美感，即权力增长的感觉……因此，美和丑被看作有条件的，即要从我们最基本的自我保存的价值着眼。舍此而要设定美的东西和丑的东西是毫无意义的。没有什么美，就像没有什么善和真。在特定场合，它又同某种特定类型的人的保存条件有关，从而，和异常的人、超人相比，群氓就会在另一类东西上感到美的价值。"②也应从这个角度来理解艺术的功能，它是"一种生物机能"，"具有健身作用"，因而是"生命的最强大动力"。③

　　第四，尼采还谈到了艺术病理学的问题。他曾提出"天才＝

①《偶像的黄昏》：《一个不合时宜者的漫游》22。KSA，Bd.6，S.126。
②《权力意志》804。
③《权力意志》808、809。

神经病"的公式。① 他认为："正是那些例外的情形造成了艺术家,这些情形全都和病态深有亲缘和深相纠结,以致看起来当个艺术家而又没有病是不可能的。"这些"在艺术家身上被培育成'个性'"的"生理状态"包括：醉;"某种官能的极端敏锐",因而能够理解并创造特别的符号语言,"这种敏锐常常同有些神经病相联";"一种异常的过敏"导致"模仿的冲动",因而能够迅速地用肢体动作富有感染力地传达自己。② 不过,艺术家的"神经病"与那些"病态天性"的神经病不同,前者是由于力的过剩,后者是由于力的衰竭。"正如生命的枯竭一样,生气和精力的充溢能够带来局部的压抑、感官的幻觉、对暗示的敏感等表征,刺激所据的条件不同,效果却相同……不同的主要是最后效果,一切病态天性由于神经的离心倾向而造成的极度松弛,与艺术家所属的状态毫无共通之处……"③当然,在艺术家中也有这种病态天性,例如大多数现代艺术家。在尼采看来,如果说艺术家在一定意义上都是神经官能症患者,那么,其间有根本的区别。由于力的过剩而造成的是"健康的神经官能症"④,希腊悲剧作家是其典范。由于力的衰竭而造成的则是病态的神经官能症,这种

---

① 转引自：Martin Heidegger. Nietzsche. Verlag Neske. 1961. 第 1 卷,第 112 页。
② 《权力意志》811。
③ 《权力意志》812。
④ 《自我批判的尝试》4。KSA,Bd. 1,S. 16。

艺术家"与歇斯底里女人是一路货色"①，尼采把德国悲观浪漫主义者归于此类，他在这一贬义上宣布："瓦格纳是一个神经官能症患者。"②

综上所述，尼采把美学生物学化的倾向是十分明显的。那么，这里的生物学还是不是通常意义上的生物学呢？他是否把审美完全看作一种肉体的生理状态呢？海德格尔对这个问题作过详尽的分析，并且得出了否定的结论。他认为，对于尼采来说，审美状态是不可分割的肉体-精神状态的整体，醉"是活着的情绪存在，是留在情绪中的生活，是交织在肉体存在中的情绪"。③ 这一分析是有道理的。作为艺术原动力的肉体活力，肯定主要不是指体格强壮，四肢发达。就肉体活力而言，尼采强调的是性欲，这是值得玩味的。叔本华认为，性欲是意志的焦点，其内在意义是生命意志对自身的最坚决肯定，因此，为了否定意志，就必须否定性欲。④ 尼采实际上也把性欲看作生命意志的最强烈表达，但站在肯定意志的立场上对它作了热烈肯定。在一定意义上，不妨把生殖冲动看作世界意志创造生命的冲动在类和个体身上的体现。从这个角度理解，以性欲为核心的肉体

---

① 《权力意志》812。
② 《瓦格纳事件》：《1888 年都灵通信》5。KSA，Bd. 6，S. 22。
③ Martin Heidegger. Nietzsche. 第 1 卷，第 114、125 页。
④ 参看《作为意志和表象的世界》60。

活力就具有了深刻的内涵,指的是一种内在的生命力,相当于个人所秉承的宇宙生命的创造冲动,因而同时是一种精神能力。在尼采那里,本能与超越有着最密切的内在联系,而生命力也就是创造力。

六　艺术家是给予者

尼采把艺术看作权力意志最直接的显示,这一观点集中体现在他对艺术家的看法上。"'艺术家'这种现象最容易一目了然,从那里去窥视权力、自然等的基本本能!""艺术家属于一个更强壮的种族。"正因为如此,"对我们来说会造成危害的东西,在我们身上会成为病态的东西,在他身上却是自然。"也正因为如此,他的充溢的力量要在"无何可用"的"游戏"中发泄,"他富裕得足以能够挥霍而不至于穷竭","不必为他的美好时光还债"。①

当尼采把艺术家当作一个"种族"、一个"类型"来描述时,他更多是着眼于艺术家的生理心理素质的某种共同特征,亦即前面谈到的"充满情欲""好色""肉体极其敏感"之类,由之窥视强盛的生命力和权力意志。但是,与此同时,尼采所表述的不只是

① 《权力意志》797、812。

一个事实判断，也是一个价值判断。在他看来，就其使命而言，艺术家应该是充满权力意志的，如此才能使艺术成为对生命的肯定、感谢和神化。然而，事实上，他眼中的颓废艺术家辱没了这个使命，其艺术成了对生命的否定和诅咒。因此，他又区分"上升的艺术家和下降的艺术家"①，并把二者的分野归结为权力意志的强弱盛衰。我们显然不能由此推断，在尼采眼里，颓废艺术家是一些性欲乏弱的人。毋宁说，这里所指的已不是艺术家个体生理心理素质的差异，而是艺术家以其作品代表了人类权力意志的上升还是下降。

作为权力意志强盛的一个类型，艺术家的存在方式是给予而不是接受。他受内在丰盈的逼迫，非给予不可。给予与接受，是划分艺术家与非艺术家的一条界限。"这一点区别了艺术家和外行（艺术的接受者）：后者在接受中达到其兴奋高潮，前者则是在给予中。""审美状态是两面的：一方面是丰富和赠送，另一方面是寻求和渴慕。"②艺术家往往不理解自己的作品，一旦他试图去理解，立刻就误解了自己。尼采认为，这种情形不但是合乎自然的，而且也是值得想望的。"要求艺术家具备听众（批评家）的眼光，就等于要求他使自己以及自己的创作力枯竭"。

---

① 《权力意志》816。
② 《权力意志》811、843。

"他不应该向后看，他根本不应该看，他必须给予。没有能力做批评家，这是艺术家的荣幸，否则，他只是半瓶醋，只是'赶时髦'。"犹如在两性差别中男子从事给予、女子从事接受一样，"人们不应当要求从事给予的艺术家变成女人，即要他'从事接受'"。①

因此，尼采要求从艺术家方面来把握艺术。"艺术向来只对艺术家说话，它对肉体极其灵敏的这个类型说话。"他甚至说："'外行'这个概念是一个错误概念。聋子不是听力正常的人的一个类别。"②如上所述，他是把"艺术的接受者"等同于"外行"的，首当其冲的就是批评家。所以，这等于是说，批评家不是艺术能力正常的人的一个类别。因为"谁不能给予，谁也就无所感"③，只事接受和批评的人并不真正具备艺术感受力。然而，迄今为止的美学"仅仅是由接受者们为艺术提出了他们关于'什么是美'的经验"，尼采称之为一种"女人美学"。④ 有鉴于此，他要立足于给予者即艺术家，建立一种男人美学。不妨说，他关于作为权力意志的艺术所论述的思想，即是这种美学的基本内容。

---

① 《权力意志》811。
② 《权力意志》809。
③ 《权力意志》801。
④ 《权力意志》811。

七　美学中的意志问题

从柏拉图到康德,西方美学的传统是排斥意志在审美中的地位。康德把美定义为无利害关系的快感,可视为对这一传统的经典总结。叔本华试图坚持这一传统,强调审美之摆脱意志的特性。康德的美学不涉及自在之物,尚能自圆其说。叔本华却不但涉及自在之物,而且以意志为自在之物,"无利害关系"说与他的意志哲学之间就不可避免地要发生冲突了。

叔本华的美学是以康德的立场为出发点的。他认为,审美状态的前提是认识主体摆脱对意志的一切关系,亦即摆脱欲望,摆脱与对象的任何利害关系。这时候,主体不再是个体的人,而成了纯粹的主体,从而使对象也摆脱了对其他事物的一切关系(这种关系必涉及欲望),不再是个别事物,而成了理念。纯粹主体对于理念的认识就是审美。[①]

按照叔本华的哲学,意志是自在之物。假设这个命题成立,那么,这自在之物对于我(个体的人)有两种可能的关系。当我作为生存欲望的承载者时,我本身是意志落入根据律(时间、空间、因果性)之中的形态,亦即意志的一个现象。当我作为认识

---

① 参看《作为意志和表象的世界》34。

主体时,作为意志的世界同样只能在根据律中亦即作为现象对我显现。因此,我和对象都处在根据律的束缚之中。叔本华的设想是,当我和对象都摆脱了这个束缚时,就有了审美状态。其中,关键是我摆脱这个束缚,成为纯粹主体,做到了这一点,对象也就自然摆脱这个束缚,成为理念了。所谓主体摆脱意志,应理解为摆脱意志的个体化形态,与摆脱根据律同义。因此,当我摆脱了欲望时,我只是摆脱了意志在根据律中的形式,这也就意味着使意志摆脱了根据律,回归本体。这应该是一种"我"与意志合一的状态,"我"已成为意志本身,怎么能说摆脱了与意志的一切关系呢?并且,按照叔本华的哲学,根据律是认识的条件,摆脱了根据律就不再有认识,哪里还有认识的纯粹主体呢?由此可见,"纯粹主体"是一个十分模糊的概念。如果说它摆脱了根据律(欲望),它就应该是自在之物(意志),因而不再成其为认识主体。为了使它成为认识主体,叔本华又必须让它摆脱对意志(自在之物?)的关系,在某种程度上停留在现象界。它的面目模棱两可,既非意志,又非受根据律支配的现象,似乎是二者之间的一个中间状态。

同样的情形也存在于"理念"这个概念。与纯粹主体相对应,理念可视为纯粹客体,按照叔本华的解释,其实质是意志(自在之物)的直接的客体化。既然是"客体化",它当然还不是意志本身。可是,由于摆脱了根据律(所谓"直接的"),它又不是现象,因此也是介于二者之间的一种模糊之物。叔本华是从柏拉图那里借用来这个概念的。在柏拉图那里,与个体性和杂多性的世界相对立,理念本身就是自在之物,而因此成为哲学认识的唯一对象。叔本华的麻烦在于,在他的哲学中,意志是自在之物,理念是硬插进来的一个概念,与意志本体论完全不洽。按照他的学说,世界意志是盲目的生命冲动,是应该否定的。对这样一种本体世界的观照诚然可能使人产生超脱感,但不会使人产生美感。因此,他的体系在解释美和艺术上存在着明显的困难,正是为了解决(确切地说是回避)这个困难,他特地引入了理念这个概念。他把这个概念置于主体与意志之间,如同一片模糊的透镜,通过调节其模糊程度而多少有些随心所欲地解释美和艺术的现象。比如说,当他把人的美解释为意志的最完美客体化之时,那片透镜极其模糊,以至于完全遮住了他所主张的意志的虚幻性质。而当他说基督教绘画完全把握了理念亦即对宇宙和人生全部本质的认识,能使人获得最后的解脱,或者说悲剧是意志在艺术中客体化的最高级别,带来了整个生命意志的放弃之时,那片透镜又透明得几乎等于不存在了。① 造成这种混乱的根源就在于他对意志的否定,能够与这种否定立场吻合的所谓理念只有宗教性的认识,美与艺术与之无关,他在解释悲

---

① 参看《作为意志和表象的世界》45、48、51、52。

剧的本质时,实际上也是用宗教性认识偷换了美学认识。

　　尼采也主张意志哲学,但把立场转到了肯定意志,因而能够把意志哲学彻底贯彻到了美学之中。他对康德美学的主要命题"无利害关系的快感"持激烈批评的态度,如此写道:"自从康德以来,关于艺术、美、知识、智慧的一切理论均被'无利害关系'的概念玷污和败坏了。"①在他的美学中,再没有了"纯粹主体"和"理念"的位置。他完全用意志来解释审美和艺术,审美和艺术不再是认识,更不是"纯粹认识",而是意志的活动。在《悲剧的诞生》中,他偶尔还用"无意志静观"解释日神艺术,但在总体上,日神是意志通过肯定现象包括个体的生存欲望而肯定自身的活动,酒神则是意志通过否定现象而向自身回归的活动。在后期美学中,权力意志更是一以贯之的主线。"美在哪里?在我须以全意志意欲的地方;在我愿爱和死,使意象不只保持为意象的地方。爱和死:永远一致。求爱的意志:这也就是甘愿赴死。"②"非艺术状态:客观状态,反映状态,意志被解除的状态……"③审美决不是意志的放弃,恰恰是意志最强烈的显示,强烈到爱之欲死的地步。当然,尼采反对"无利害关系"说,决不意味着他赞成一切有利害关系的快感都是美感。艺术和科学

---

① GA,第14卷,第132页。
② 《查拉图斯特拉如是说》:《纯洁的知识》。KSA, Bd. 4, S. 157。
③ 《权力意志》812。

都涉及利害关系,但尼采一贯将二者加以区分。用欲望作类比,也许可以说:在科学中,权力意志是食欲及其变形,主要指向征服外物,目的是个体和种族的物质生存,与对象的利害关系是一种狭义的功用关系;在审美和艺术中,权力意志是性欲及其变形,主要指向自我享受,目的是个体和种族的生命繁衍,与对象的利害关系是一种广义的情感关系。这仅是一种粗略的说法,肯定不严密,但可使我们对二者的区别获得一个直观的了解。

(本文写于 2004 年 10 月,在本书中第一次完整发表)

——

朝
霞
（节录）

（1881）

25

习俗和美。——为习俗着想,我们不该对下述事实沉默:在每个一开始就诚心诚意地完全服从它的人身上,攻击器官和防卫器官(肉体的与精神的)都萎缩了,而这即意味着他逐渐变美了!因为每种器官及其相应意向的运用是会使人丑陋并且越来越丑的。所以,老狒狒比小狒狒丑,而雌性小狒狒最酷似人:因而最美。——循此我们就可以推知女人美丽的根源了!

142

同感。——所谓理解别人,就是在我们心中模仿别人的情感,只不过我们往往要追溯他的某一确定情感的原因,例如追问:他为何忧伤?——以便自己从这原因出发也变得忧伤;但是常见的不是这样,而是按照别人身上发生和显示的效果,在我们心中唤起情感,这时我们在自己身上模仿别人的眼神、声音、步态、姿势(甚或它们在文字、图画、音乐中的写照)的表达方式(至少达到肌肉和神经活动的轻微相似)。于是,由于动作与感觉受到由此及彼和由彼及此的训练,其间有了一种因袭的联想,我们心中便会产生一种相似的情感。在这种理解别人情感的本领方面,我们一生甚有成就,只要我们与人相遇,几乎总在不由自主地练习这种本领:尤其请观察一下女人的面部表情,如何不停地模仿和反映她所感觉到的四周情景,时而颤动,时而闪光。不过,最能说明问题的是音乐,我们在迅速而细致地领悟情感和发生同感方面都是音乐大师。倘若音乐是情感的模仿之模仿,那么,尽管那情感遥远而不确定,音乐仍然常常足以使我们分享这种情感,以致我们毫无来由地悲伤起来,完全像个傻瓜,纯粹因为我们听到了音律,这音律以某种方式使我们想起悲伤者的声音和动作,甚或他的习惯的声音和动作。据说有一个丹麦国王,他因一个歌者的音乐而沉浸在战斗的激情中,一跃而起,杀死了他的朝廷里的 5 个宫人。当时并无战争,并无敌人,毋宁说一切都相反,可是由情感回溯原因的力量如此强大,足以胜过了眼前印象和理智。然而,这几乎总是音乐的效果(假如它正在发生作用),而且无需举出如此荒诞的事例便可认识这一点:音乐使我们陷入的那种情感状态,几乎永远与我们对眼前实际境况的印象,与明了这实际境况及其原因的理智相矛盾的。——我们若问，为何我们对别人情感的模仿会变得如此熟练，那么，答案无疑就是：人，一切造物中最怯懦的造物，由于他那细腻而脆弱的天性，他的怯懦便成了教师，教会他发生同感，迅速领悟别人（以及动物）的情感。在漫长的数千年间，他在一切陌生的和活泼的事物中看到一种危险；他如此一瞥，就立刻按照面貌和姿势形成一个印象，认定在这面貌和姿势背后隐藏着凶恶的意图。一切动作和线条都蕴含着意图，人甚至把这种看法应用到了无生命事物的本性上——陷入了幻觉，以为根本没有无生命事物。我相信，在观赏天空、草地、岩石、森林、暴风雨、晨辰、海洋、风景、春色之时，我们称作自然情感的一切，其源盖出于此，——若不是在远古时代，人们按照背后的隐义看待这一切，受到了恐惧的训练，我们现在就不会有对于自然的快感，正像若没有恐惧这理解之教师，我们也不会有对人和动物的快感。所以，快感、惊喜感以及滑稽感都是同感的晚生子，恐惧的小妹妹。——迅速理解的能力——它因此是以迅速伪装的能力为基础的——在骄傲自负的人和民族身上大为削弱，因为他们较少恐惧；相反，种种理解和自我伪装在怯懦的民族中真是如鱼得水，这里也是模仿的艺术和较高的才智的温床。——当我从我在这里主张的这种同感论出发，思考如今正得宠并且被圣化的神秘过程论，按照此论，凭借一种神秘的过程，同情便把两颗灵魂合为一体，一个人便可以直接理解另一

朝霞（节录）　　　　　　　　　　　　　　——

个人；当我想到，像叔本华这样明晰的头脑也爱好这种痴人说梦的、毫无价值的玩意儿，这种爱好又传播到了其他明晰或半明晰的头脑中，我就不胜惊诧和怜悯之至了。我们对不可理解的荒唐多么感兴趣！当一个正常人听从他的秘密的知性愿望之时，又多么近于是个疯子！……

159

唤醒死者的人。——虚浮的人们一旦能够对一段过去的时光发生共鸣（特别在勉为其难之时），便更高地估价这段时光，他们甚至要尽可能起死回生。但是，虚浮的人总是不计其数的，所以，只要他们来处理一整个时代，历史研究的危险实际上就非同小可：太多的力量虚掷在尽一切可能唤醒死者上了。用这个观点看问题，也许最能理解整个浪漫主义运动。

161

美依时代转移。——倘若我们的雕刻家、画家、音乐家想要把握住时代意识，他们就必须把美塑造得臃肿、庞大、神经质；正如希腊人立足于当时的公众道德，把美看作并且塑造成贝尔维德尔（Belvedere）的阿波罗。我们本应称之为丑的！可是幼稚的"古典主义者们"使我们丧失了全部诚实！

169

我们对希腊极为陌生。——东方或现代，亚洲或欧洲：与希腊相比，它们全都以贪大求多为崇高的表现；相反，倘若人们置身于裴斯顿、庞贝和雅典，面对全部希腊建筑，就会为希腊人善于并且喜欢用多么小的质量来表达某种崇高的东西而惊奇了。——同样，在希腊，人在自己的观念中也是多么单纯！我们在人类知识方面怎样远远超过了他们！但是，与他们相比，我们的心灵以及我们关于心灵的观念怎样显得像迷宫一般！倘若我们愿意并且敢于按照我们的心灵形态造一建筑（于此我们还太怯懦！）——那么，迷宫必是我们的样板！属于我们并且实际上表达我们的音乐已经透露了这一点！（人们在音乐中为所欲为，因为他们误以为，没有人能够透过他们的音乐看出他们的真相。）

170

不同的情趣。——我们的胡言乱语与希腊人何干！我们对于他们的艺术知道些什么，这种艺术的灵魂是对于男性裸体美的热爱！由此出发，他们才感受到女性美。因此，他们对于女性美有一种与我们截然不同的眼光。他们对女子的爱也是如此：他们以另一种方式爱慕，他们以另一种方式蔑视。

172

悲剧与音乐。——斗志昂扬的男子，例如埃斯库罗斯时代的希腊人，是难于打动的，而一旦同情战胜了他们的刚强，他们便如受一阵眩晕袭击，被"魔鬼的威力"镇住，——他们于是感到不自由，因一种宗教的恐惧而激动。随后他们就对这种状态生出疑虑；只要一日身处其境，他们就品味到神不守舍（das Ausser-sich-sein）和新奇之喜悦，还夹杂着最辛酸的苦痛：这是战士合宜的饮料，一种稀有、危险、又苦又甜的东西，一个人很不容易享受到的。——悲剧就诉诸如此感受同情的灵魂，诉诸刚强好斗的灵魂，这种灵魂难以制服，无论是以恐惧还是同情，不过同情可使这种灵魂日渐变得柔和。但是，对于那些如帆顺风一样顺从"同情癖好"的人，悲剧又有何干！在柏拉图时代，当雅典人变得更柔和更敏感之时——唉，他们距我们大小城市市民的多愁善感仍然多么遥远！——哲学家们已经在控诉悲剧的害处了。在刚刚开始的这样一个充满危险的时代里，勇敢和男子气的价值提高了，这样的时代也许会使灵魂又逐渐坚强起来，以至于迫切需要悲剧诗人，而悲剧诗人暂时还有点儿多余，——我这是用最温和的词来说。——接着，对于音乐来说较好的时代（肯定也是较恶的时代）也许会再度到来，那时艺术家把音乐奉献给特立独行的、内心坚强的、受极其严肃的真正激情支配的人们。可是对于正在消逝的时代中今日那些过于好动、发育不全、个性残缺、好奇贪婪的渺小灵魂，音乐又有何干！

175

商人文化的基本思想。——人们现在一再看到，一个社会的文化正在形成，商业是这种文化的灵魂，正如个人的竞赛是古希腊文化的灵魂，战争、胜利和法律是罗马文化的灵魂一样。商人并不生产，却善于为一切事物定价，并且是根据消费者的需要、而不是根据自己真正的个人需要来定价；"谁来消费这个，消费掉多少？"这是他的头等问题。他本能地、不断地应用这样的定价方式：应用于一切事物，包括艺术和科学的成果，思想家、学者、艺术家、政治家、民族、党派乃至整个时代的成就。他对创造出的一切都只问供应与需求，以便替自己规定一样东西的价值。这成了整个文化的特征，被琢磨得广泛适用却又至为精微，制约着一切愿望和能力：你们最近几个世纪的人们将会为此自豪，倘若商业阶级的先知有权交给你们这笔财产的话！不过，我不太相信这些先知。用贺拉斯的话来说：Credat Zudaeus

Apella（让犹太人阿培拉①去相信吧）。

177

学习寂寞。——哦，你们这班世界政治大都市里的可怜的狂徒，你们这班年轻有才、求名心切的家伙，竟把对一切事情——总会有点事儿发生的——说上几句话当作自己的义务！当这班人如此扬尘喧闹时，竟相信自己便是历史的火车头！由于他们总是在打听，在留心可以插嘴的机会，便丧失了任何真正的创造力！无论他们仍然多么向往伟大的作品：深刻的孕育之沉默决不会降临他们！日常事物驱赶他们犹如驱赶秕糠，他们却自以为在驱赶日常事物，——这班可怜的狂徒！——一个人倘若要在舞台上充当主角，他就不可惦记着加入合唱，甚至不可懂得怎样加入合唱。

191

更好的人们。——有人对我说，我们的艺术诉诸现代的贪婪、无餍、任性、怨恨、备受折磨的人们，在他们荒芜的景象之

————————

① 阿培拉，贺拉斯诗中一个轻信的犹太人。

旁,向他们显示一种极乐、高超、出世的景象:从而使他们得以暂时忘忧,舒一口气,也许还可以从这忘忧中恢复避世归本的动力。可怜的艺术家呵,有这样一种公众!怀着这样一种半牧师、半精神病医生的用心!高乃依①要幸运得多——"我们伟大的高乃依",如同塞维涅夫人②用女人在一个真正的男子汉面前的声调惊呼的那样;他的听众也要高明得多,他以他自己的骑士的美德、严肃的责任、慷慨的牺牲、英雄的自制的形象能够使他们赏心悦目!他以及他的听众是以多么不同的方式热爱人生,并非出于一种盲目的枯竭的"意志",因为不能灭绝它便诅咒它,而是视为伟大和人道能够并存的一个场所,在那里,哪怕是惯例的最严格限制,对于君主专制和宗教专制的屈从,也不能压抑住一切个人的骄傲、骑士精神、优雅和智慧,反而令人感到是一种刺激和动力,起而反对天生的荣耀和高贵,反对继承而来的愿望和热情的特权!

210

所谓"本身"。——从前人们问:什么东西可笑?——就好

---

① 高乃依(Pierre Corneille, 1606—1684),法国古典主义的开拓者。
② 塞维涅夫人(Sévigné, 1626—1696),法国作家,其书信被视为同类作品的划时代典范。

像外界有些事物附有可笑的特征,而人们不过突然发现了它们罢了(一个神学家甚至认为这是"罪恶的天真之处")。现在人们问:什么是笑?笑如何发生?人们经思索而得出结论:并不存在本身善、美、崇高、恶的东西,而是有种种心境,处在这些心境之中,我们便把上述词汇加到了我们身外身内之物上面。我们重又收回了事物的称谓,或至少想起是我们把称谓借给了事物:——我们且留神,按照这种见解,我们并未失去出借能力,我们既没有变得更富有,也没有变得更吝啬。

216

恶人与音乐。——爱情的完满幸福在于绝对的信任,这种幸福除了属于深深猜疑的恶人和愠怒者,还会属于别人吗?他们在其中享受自己灵魂的异乎寻常的、难以置信却又颇为可信的例外!有一天,那种浩渺无际的梦幻似的感觉降临他们,衬托出了他们其余一切或暗或明的生活:宛如一个诱人的谜和奇迹,大放金光,超出一切语音和形象。绝对的信任令人无言;是的,在这幸福的相对无言之中甚至有一种痛苦和沉重,所以,这种受幸福压抑的灵魂常常比其他人和善人更感激音乐:因为他们透过音乐犹如透过一片彩霓观看和倾听,他们的爱情仿佛变得更遥远、动人而且轻松了;音乐是他们的唯一手段,使他们得以凝视自己的非常境况，并且借一种疏远和缓解作用达于赏心悦目。每个恋人在听音乐时都这样想："它在说我，它代替我说，它了解一切！"

217

艺术家。——德国人想靠艺术家达到一种梦想的激情；意大利人想因之摆脱其实际的激情而得休息；法国人想从之获得证明其判断的机会，借机说说话。那么，我们太低贱了吧！

218

像艺术家那样支配自己的弱点！——如果我们难免有弱点，不得不承认它们如同法则一样凌驾于我们，那么，我们希望每个人至少有足够的技巧，善于用他的弱点反衬他的优点，借他的弱点使我们渴慕他的优点：大音乐家们是相当擅长此道的。在贝多芬的音乐中常常有一种粗暴、强横、急躁的音调；在莫扎特那里有一种老实伙计的和气，必为心灵和智慧所不屑取；在理查得·瓦格纳那里有一种强烈的动荡不安，使最有耐心的人也要失去了好脾气，但他在这里恰好回到了他本来的力量。他们全部凭借其弱点使人渴望其优点，十倍敏感地品味每一滴奏鸣着的灵性、奏鸣着的美、奏鸣着的善。

240

关于剧场伦理。——谁若以为莎士比亚戏剧有道德作用，看了《马克白斯》的人会不可抗拒地放弃可恶的野心，他就错了。倘若他还相信莎士比亚本人与他有此同感，他就更错了。真正受强烈野心支配的人会兴高采烈地观看他的这一肖像；而当主角毁于自己的激情时，无异是在这盆兴高采烈的热汤里加上了最刺激的佐料。诗人自己感觉不同吗？从犯滔天大罪那一刻起，他的这位野心家何等帝王气派地走上他的舞台，绝无一副流氓相！从这时起，他才"魔鬼似的"行动，并吸引相似的天性仿效他——在这里，"魔鬼似的"是指：违背利益和生命，顺从思想和冲动。你们是否以为，《特里斯坦与伊索尔德》用两位主人公毁于通奸提供了一个反对通奸的教训？这可把诗人颠倒了：诗人，尤其像莎士比亚这样的诗人珍爱自己的激情，同样也珍爱自己准备赴死的心境——他们的心灵之依附于生命，并不比一滴水依附于玻璃更执著。他们不把罪恶及其不幸的结局放在心上，莎士比亚是这样，索福克勒斯（在《埃阿斯》《菲罗克忒忒斯》《俄狄浦斯》中）也是这样：后者在这些剧中本来可以很容易把罪恶当作全剧的杠杆，但他毫不含糊地避免了。悲剧诗人同样不愿意用他的生命形象来反对生命！他宁肯喊道："这是最大的魅力，这令人兴奋的、变幻的、危险的、阴郁的、常常也阳光普照的人生！生活是一场冒险，——无论采取这种或那种立场，它始终会保持这种性质！"——他的呼喊发自一个动荡不安、力量充沛的时代，发自一个因洋溢的热血和精力而如痴如醉的时代，——发自一个比现代恶的时代：所以我们必须把一部莎士比亚戏剧的意图弄得合宜而公正，即必须将它误解。

250

黑夜与音乐。——耳朵，这恐惧的器官，只有在黑夜中，在森林中和岩石的幽暗中，才能充分发达，一如由于恐怖时代、即人类最漫长的时代的生活方式，它业已发达的那样：在光明中耳朵是不太必要的。由此而有音乐之作为一种黑夜和幽暗的艺术的性质。

254

预先领略的人。——具有诗人气质的人，其特长和危险都是他们那淋漓尽致的想象力：对于将要或可能会发生的事情，他们都预先领略、预先品尝、预先经受了，以致最后事情真的发生和实现时,他们已经疲倦了。颇知个中滋味的拜伦在日记里写道:"如果我有一个儿子,他应当成为完全散文的人物——律师或海盗。"

263

活生生的矛盾。——在所谓天才身上有一种生理的矛盾:他时而有许多野蛮的、紊乱的、无意识的冲动,时而又有许多最高合目的性行为的冲动,——如果他有一面镜子,镜中便会显示出两种冲动相互并存,相互交织,但也常常相互冲突。这么看来,他时常是很不幸的,即使在他最惬意的时候,即在创作时,同样是如此,因为他忘了正是这时他在以最高合目的性行为做着某种幻想的、非理性的事(这就是一切艺术)——而且不得不做着。

279

我们在什么情境中成为艺术家。——有谁把某个人当作自己的偶像,他就把那人理想化,试图以此让自己相信自己是对的;他在这一点上成了艺术家,以求心安理得。如果他在受苦,那么他并非苦于不知道,而是苦于欺骗自己,仿佛他不知道。——这样一种人——包括一切堕入情网的人——的内心悲欢不是寻常斗杓可以罄尽的。

309

惧和爱。——惧比爱更有力地推动了对人的一般洞察，因为惧要猜出别人是谁，他能做什么，他想做什么：在这里弄错，便是危险和害处。反之，爱却有一种隐秘的冲动，要在别人身上看到尽可能多的美，或尽可能地将别人举高：在这里弄错，在它是快乐和益处——而它便这样做了。

332

浮夸的风格。——一个艺术家，如果他不是在创作中宣泄他的高涨的情感，从而使自己轻松下来，却要直接传达高涨的情感，那么他就是浮夸的，而他的风格就是浮夸的风格。

427

科学的美化。——洛可可式园林艺术产生自这种情感："自然是丑的、野蛮的、单调的，——来！让我们美化它！"（embellir la nature 自然的美化）——同样，自称哲学的东西总是产生自这

朝霞（节录）

种情感："科学是丑的、枯燥的、冷酷的、艰难的、拖沓的，——来！让我们美化它！"哲学求一切艺术和诗歌之所求，——特别是求娱乐：不过它是遵照它祖传的骄傲求此，以一种更加崇高超然的方式，面对一批精选的智者。为他们造一种园林艺术，如在"俗人"那里一样，其主要魅力是视觉骗术（比如说，借助于亭阁、远景、假山、曲径、飞泉），摘取科学的某些内容，配上种种奇光异彩，掺入大量不确定性、非理性和梦幻，使人在其中"宛若置身于原始自然"，能够不感到辛苦和单调，悠然漫步，——这并非小小的野心：有此野心的人甚至梦想借此使宗教成为多余之物，而前人是以宗教为最高种类的娱乐艺术的。——这一过程向前发展，终于达到高潮；现在反对哲学的呼声已经开始高涨起来，人们呼喊道："回到科学去！回到科学的本性和本来面目去！"——也许这揭开了一个时代，恰好是在科学的"野蛮的、丑的"部分中发现最有力的美，正如自卢梭以来人们才发现了高山荒原之美的意义一样。

433

用新的眼光看。——假定艺术中的美永远是幸福者的肖像（我认为这是真理），是以一个时代、一个民族、一个自立法则的伟人对于幸福者的想象为转移的，那么，现代艺术家的所谓现实主义关于现代幸福的看法究竟意味着什么呢？无疑是现实主义类型的美，为我们今天最容易理解和欣赏的。因此，我们是否必须相信，我们今天的幸福就在于对现实的现实主义的、尽量敏锐的感觉和忠实的把握，因而并非在于真实性，而是在于对真实性的知识呢？科学的作用已经如此广泛而深入，以至于本世纪的艺术家也不自觉地成为科学的"神圣性"本身的颂扬者了！

434

辩护。——朴实无华的风景是为大画家存在的，而奇特罕见的风景是为小画家存在的。也就是说，自然和人类的伟大事物必为其崇拜者中渺小、平庸、虚荣之辈辩护，——而伟人则为质朴的事物辩护。

468

美的领域更广阔。——我们在自然中巡游，机敏又快活，为了发现并仿佛当场捕获万物固有的美；我们时而在阳光下，时而在风雨交加时，时而在朦胧微曦中，欲窥见那一段达于完美和极致的，点缀着峭岩、海湾、油橄榄树、伞松的海岸。同样，我们也应如此巡游于人中间，做他们的发现者和侦察者，显示他们的善与恶，以此展现他们固有的美，这美的展现，在一人须在阳光下，在另一人须在暴风雨中，在第三人又须在暗夜和雨天里。难道禁止把恶人当作有其粗犷线条和配光效果的原始风景来欣赏吗？如果恶人装出善良规矩的样子，我们看了岂不像一幅劣作和讽刺画，犹如自然中一个污点令我们苦恼？——是的，这是禁止的，人们至今只知道在道德的善人身上寻找美，——难怪他们所得甚少，总在寻找没有躯体的虚幻的美！——恶人身上肯定有百种幸福为道学家们想所未想，也肯定有百种美，许多尚未被发现出来。

485

远看。——甲：为何这样孤独？——乙：我没有生任何人的气。不过，我觉得独处时看我的朋友，比起与他们共处时更清楚、更美，而当我最爱音乐、最受其感动时，我是远离音乐而生活的。看来，我需要远看，以便更好地思考事物。

506

一切好东西必须变得干燥。——怎么！应当以一部作品所诞生的时代的眼光来理解这部作品吗？然而，倘若不是这样来理解它,会有更多的乐趣,更多的惊奇,学到更多的东西! 你们不曾注意到吗,每一部优秀的新作,只要它处在当时潮湿的空气里,它的价值就最小,——因为它尚如此严重地沾有市场、敌意、舆论以及今日与明日之间一切过眼云烟的气息? 后来,它变干燥了,它的"时间性"消失了——这时它才获得自己内在的光辉和温馨,是的,此后它才有永恒的沉静目光。

513

界限与美。——你在寻找有优美教养的人吗? 那你就应当像在寻找优美景物时一样,满足于有限的眼光和视野。——无疑也有全面的人,他们必定像全面的景物一样富有教益,令人惊奇,但是不美。

540

学习。——米开朗基罗在拉斐尔身上看到功力,在自己身上看到自然:在拉斐尔是学习,在他自己是天赋。然而,这是一种迂见,是怀着对大学究的敬畏之心说出来的。天赋,若非从前——不论是我们父辈时,还是更早——的一片段学习、经验、练习、掌握、同化,又是什么呢! 而且,学习就是自己使自己有天赋——不过学习并非易事，不能光靠善良的愿望；必须善于学习。在艺术家身上，常有一种猜忌和骄矜，一旦遇到异己的因素，就立刻锋芒毕露，不由自主地从学习状态进入防御状态。拉斐尔和歌德一样，没有这种猜忌和骄矜，所以他们是伟大的学习者，而不仅仅是祖传矿藏的剥削者。拉斐尔是作为一个学习者逝去的，当时他正在把他伟大的对手自称"自然"的东西占为己有：他每天从中搬走一些，这最高贵的窃贼；但是在他把整个米开朗基罗转移到自己身上之前，他就死了——他的最后一批作品，作为一项新的学习计划的开端，不够完美，却仍然相当出色，正是因为这伟大的学习者在他最艰难的作业中被死神打扰，把他所憧憬的本可达到的最终目标一起带走了。

549

"自我逃避"。——那种智力痉挛的人，对自己焦躁而阴郁，就像拜伦和阿尔弗雷德·缪塞①一样；他们做任何事，都像脱缰之马，从自己的创作中仅获得一短暂的、几乎使血管崩裂的快乐和热情，接着便是严冬一般的悲凉和忧伤，这种人该如何忍受自己呵！他们渴望上升到一种"无我"（Ausser-sich）的境界；怀此渴

---

① 缪塞（Alfred de Musset，1810—1857），法国浪漫主义作家。

望的人,如果是基督徒,则祈求上升到上帝之中,"与上帝合为一体";如果是莎士比亚,则上升到热情人生的形象中方感满足;如果是拜伦,则渴望行动,因为行动比思想、情感、作品更能把我们从自身引开。那么,行动欲骨子里也许就是自我逃避?——帕斯卡尔①会这样问我们。事实也是如此!行动欲的最高典范可以证实这个命题。不妨以一个精神病医生的知识和经验公正地考虑一下,——历代最渴望行动的 4 个人(即亚历山大、恺撒、穆罕默德和拿破仑)都是癫痫病患者;拜伦同样也备尝此种痛苦。

550

知识与美。——如果人们像至今仍在做着的那样,把他们的爱慕和幸福感只留给想象和虚构的工作,那么,毫不奇怪,他们遇到与想象和虚构相反的情形,就会感到索然无味了。那种因稳妥有效、循序渐进地认识事物而产生的喜悦,已经从现代科学方法中大量涌现,为许多人所感受到,——这种喜悦暂时还未被所有这些人相信,他们往往只在脱离现实、沉浸于外观之时才感到喜悦。这些人认为,现实是丑的。但是,他们不知道,对哪怕最丑的现实的知识也是美的;他们也不知道,一个见多识广的

―――――――――

① 帕斯卡尔(Blaise Pascal,1623—1662),法国数学家、物理学家、哲学家、散文家。

人，对于现实的伟大整体的揭示每每使他感到幸福，他根本不会觉得这个整体是丑的。难道有什么"本身美"的东西吗？认识者的幸福增添了世界的美，使一切存在物更加光彩照人；知识并非仅仅把自身的美加于事物之上，而是不断渗入事物之中；——但愿未来的人类为这命题提供证据！在这里，我们回想起一件古老的史实：柏拉图和亚里士多德，天性如此不同的两个人，在什么是最高幸福的问题上却有一致的看法，并非对于他们或对于人类而言的最高幸福，而是最高幸福本身，甚至是对于神和至圣而言的最高幸福；他们发现它在于认识，在于娴熟地从事发现和发明的理解之行为（决非在于"直觉"，如德国半神学家和全神学家；决非在于幻觉，如神秘论者；同样决非在于创作，如一切实践者）。笛卡儿和斯宾诺莎也曾作出相似的论断：他们想必怎样品尝过知识！他们的真诚想必面临过怎样的危险——因此变为事物颂扬者的危险！

561

让幸福闪光。——画家无法画出现实中天空的那种深邃光亮的色调，不得不把他画景物所使用的色调降得比自然的色调低一些；通过这样的技巧，他重又达到光泽的逼真以及与自然色调相应的那些色调的和谐。同样，无法表现幸福之光泽的诗人和哲学家，也必须懂得补救；他们应当把万物的色彩表现得比实际的色彩暗淡一些，使他们所掌握的光源近乎太阳，肖似美满幸福的光芒。——悲观主义者赋予万物最黑暗最阴郁的颜色，使用的却是火焰和闪电，天国灵光和一切闪射强光、令人炫目的东西；在他们那里，光明的存在仅仅是为了增加恐怖，使人感到事物比本来的样子更可怕。

568

诗人与凤凰。——凤凰给诗人看一卷烧焦了的东西。它说："别害怕！这是你的作品！它没有时代精神，也没有反时代精神；因此，它必须被烧掉。不过这是一个好兆头。它具有朝霞的某些特性。"

朝霞(节录)

快乐的科学

（节录）

（1882—1886）

第二版序

最后，不可遗漏了最重要的：一个人摆脱了这深渊，这久卧的病榻，这疑虑重重的病患，又获新生，蜕了一层皮，与以往任何时候相比，更敏感了，更淘气了，对快乐有了更精微的趣味，对一切美好事物有了更温柔的品尝，有更活跃的感官，冒险而又无辜地置身于快乐，同时却更稚气，百倍地狡黠了。啊，从此以后，那粗糙沉闷的黄褐色享乐，那班享乐者，我们的"有教养人士"，我们的富翁，统治者一向所理解的享乐，多么令人反感！从此以后，我们多么厌恶听到集市上的大噪音，如今"有教养人士"和大都市居民带着这噪音，借着艺术、书籍和音乐，借精神饮料之助，自虐于所谓"精神享受"！现在剧场上狂热的喊叫多么刺痛我们的耳朵，有教养的乌合之众所喜好的全部浪漫骚动和感官纷乱，连同他们对于崇高、高雅、怪诞的渴望，于我们的趣味多么陌生！不，倘若我辈痊愈者还需要一种艺术，那必是**另一种艺术**——一种讥讽、轻快、飘逸、逍遥如仙、灵巧如神的艺术，似一朵明丽的红焰，闪耀在无云的天穹！首先是一种属于艺术家、仅仅属于艺术家的艺术！随后我们谙知为此最需要什么，开朗，每种开朗，我的朋友！也就像艺术家那样：——我愿加以证明。我辈求知者，我们如今对一些事情看得太明白：啊，此后我们当如何学习善于忘却，善于无知，就像艺术家那样！至若我们的未来：人们大约不会再在那些埃及青年的路上找到我们，这些青年深夜惊扰神庙，抱住画柱，想把以好理由来遮盖着的一切揭穿，置于光天化日之下。不，这种恶劣的趣味，这种求真理、"不惜一切代价求真理"的意志，这种年轻人爱真理的痴狂——使我们扫兴：于此我们是太世故，太严肃，太兴致勃勃，太灼热，太深沉了……我们不再相信，当真理被揭去了面纱，它依然是真理；要相信这，我们是活得够久了。如今适宜于我们的事情是，不赤裸地看一切，不贴近一切，不试图理解和"明白"一切。"亲爱的上帝真的无所不在吗？"一个小女孩问她的母亲，"可是我觉得这是不规矩的。"——对哲学家的一个暗示！人应当尊重那羞怯，自然以这羞怯自匿于谜和光怪陆离的未知数之后。也许真理是一位女子，有理由不让人看见她的底里？也许用希腊语来说，她的名字就叫 Baubo？……这些希腊人呵！他们懂得怎样生活：为此必须勇敢地停留在表面、皱褶、皮肤上，崇拜外观，相信形式、音调、文辞和整个奥林匹斯外观领域！这些希腊人是肤浅的——出于深刻！我辈精神探险者，我们攀登过现代思想最险绝的顶峰，从那里环视过，俯瞰过，岂不又正回到了这里？在这里我们不正是——希腊人？不正是形式、音调、文辞的崇拜者？因而不正是——艺术家？

59

我辈艺术家！——如果我们爱一位女子，当我们想起每一女子所承受的种种可厌的自然性，就容易憎恨自然；我们宁愿根本不去想它，而一旦我们的灵魂触及此类事，便会不耐烦地抽搐，并且如已经说过的，鄙夷地冷视自然：——我们受到了侮辱，好像自然用亵渎的手侵犯了我们的所有物。这时人对一切生理学充耳不闻，悄悄吩咐自己："人是灵魂和形态，此外还是别的什么，我一概不要去听！"对于一切恋爱者，"皮肤下的人"是恨事，是不可思议，是对神圣和爱情的亵渎。——其实，现在恋爱者对于自然和自然性所感觉的，从前神及其"神圣全能"的每个崇拜者也同样感觉：凡天文学家、地质学家、生理学家、医生关于自然所说的一切，他都看成是对他的珍藏的侵犯，因而也是一种进攻——而且还看到了进攻者的无耻！在他听来，"自然规律"好像是对神的诽谤；他由衷希望看到一切机械性可归结为道德意志和道德命令的举动：——既然无人能为他效此劳，他就尽其所能地向自己隐匿自然和机械性，生活在梦中。这些往昔之人呵，竟无须入睡就逍遥于梦乡！——而我辈今日之人也毫不逊色，以我们整个求清醒和白昼的美好意志！只要爱着，恨着，渴慕着，总之，只要感受着——梦的幽魂和魔力便立刻降临我们，我们就昂首仰望，置一切危险于度外，踏上最危险的路途，升达幻想的穹顶和塔尖，宛如天生即为攀登——我辈白昼的夜游者！我辈艺术家！我辈自然性之隐匿者！我辈爱月恋神成癖者！我辈静极而不倦的飘泊者，游于高峰却不视之为高峰，反当作我们的平原，我们的坦途！

72

母亲。——兽类对女性的想法和人类不同；在它们，女性是生产的生物。它们之中无父爱，但有某种对配偶的幼崽的爱和亲近。女性则把幼崽当作其统治欲的满足，当作财产，当作事业，当作其完全理解并且能与之絮叨的东西：这一切的总和便是母爱——它可以同艺术家对自己的作品的爱相比拟。孕育使女子变得更温柔，更耐心等待，更畏怯，更乐于服从；同样地，精神的孕育造就运思者的性格，使之与女子的性格相近：——这是男性母亲。——在兽类，男性是美丽的性别。

79

不完满之魅力。——我在这里看见一位诗人，如同有的人，他以他的不完满所施展的魅力，胜于由他手圆满完成的一切，——甚至他因他的终于无能为力而获益出名，远超过因他的丰盈之力。他的作品从不完全说出他原本想说的东西，他想观看到的东西：仿佛他对一种幻象有了先验的趣味，却未尝有这幻象本身：——可是对这幻象的伟大期望留在了他的心灵里，而他从中提取了他对焦渴和灼饥的同样伟大的雄辩。他以此把他的听众举到他的作品和一切"作品"之上，给听众以翅膀，使之升到从未有过的高度：于是，听众自己变作诗人和观看者，并且叹服那位造福者，仿佛是他直接引了他们观赏他的至圣和终极之处，仿佛他达到了他的目的，真的见过并且传达了他的幻象。原来未达到目的，恰好成全了他的名誉。

80

艺术和自然。——希腊人（或至少雅典人）爱听精彩的言语，他们甚至嗜此成瘾，这比一切其他特征更能把他们同非希腊人区别开来。他们如此渴望舞台激情，以至于只要说得精彩，他们就高兴地容忍了剧诗的不自然：——实际上激情是如此拙于言辞！如此讷讷而窘困！即使找到了言辞，也是如此慌乱、悖理并且自羞自惭！现在多亏希腊人，我们全都习惯了舞台上的不自然，就像多亏意大利人，我们忍受且乐于忍受唱着歌的激情一样。听人在至难境况中说得精彩而详尽，已经成了我们的需要，而这需要我们是不能从现实中得到满足的。现在令我们兴奋的是，悲剧英雄在生命临近深渊，现实中人多半已丧失神智、不用说更丧失妙言之时，他犹能言善辩，姿态动人，整个儿精神清朗。这样一种与自然的背离，也许是为人的骄傲备下的一席佳筵；人因此而爱艺术，爱它表达了一种高贵的英雄气的不自然和惯例。人们有权利责备戏剧诗人，如果他不把一切化为理智和言词，反而总留一点缄默的零头在手里：——就像人们也不满意那样的歌剧音乐家，他不知道为最高激情寻找旋律，只会发出一种冲动的"自然"的讷讷和叫喊。在这里正应当违反自然！在这里幻想的通常魅力正应当向一种更高魅力让步！希腊人在这条路上走得很远，很远——远得惊人！譬如，他们尽可能把舞台造得如此狭小，拒绝一切深远背景的效果。又譬如，他们使演员不能有表情变化和灵巧动作，把演员变成庄严僵硬的假面妖怪。这样，他们也就剥夺了激情本身的深远背景，而强加以优美言语的法则。真的，他们竭尽全力抵制使人恐惧和怜悯的形象的起码效果：他们正是不愿恐惧和怜悯——可敬的、最可敬的亚里士多德！然而，当他论及希腊悲剧的最终目的时，他不着边际，更谈不上中肯了！试看希腊悲剧诗人，最能激励他们勤奋、创造、竞争的是什么，——无疑不是用激情征服观众这意图！雅典人进剧场，是为了听优美言语！索福克勒斯一心制造优美言语！——请原谅我这异端邪说！严肃的歌剧则迥然不同：一切歌剧大师都谨防他们的角色被人理解。"一个偶然拣起的词能够帮助不经心的听众；但在总体上情境必须自己说明自己——与言语完全无关！"——他们全都这样想，全都如此戏侮言辞。也许他们只是缺乏勇气，才没有把他们对言辞的最终蔑视完全表现出来吧：罗西尼[①]再稍许放肆一点，他也许该让人"啦——啦——啦——啦"唱个没完——这才算顺理成章！歌剧角色偏不应该"以言辞"让人相信，倒应该以音调让人相信！这便是区别，这便是优美的非自然性，人为之而去听歌剧！即使道白（Tecitativo secco）原本也不想被人听作言辞和剧本：这类半音乐首先是要给听音乐的耳朵以小小休息（从旋律即此种艺术最高超因而也最费力的享受中抽身出来休息）——，可是立即就有了另一种东西：一种增长着的焦躁，一种增长着的抵触，一种对完整的音乐、对旋律的新的渴望。——从这观点出发，怎么看待

_____

① 罗西尼（Antonio Rossini，1792—1868），意大利作曲家。

瓦格纳的艺术呢？也许相同？也许不同？我常常觉得，在上演前人必须先把他的作品的台词和音乐背熟了：否则——我觉得——是既听不到台词，又听不到音乐的。

84

论诗的起源。——人类幻想的爱好者，同时主张本能道德的学说，如此推论："假如人在一切时代都把功利推崇为最高的神，全世界的诗歌从何而来呢？——言语的这种节律化与其说促进了、不如说阻碍了传达的清晰性，尽管如此，它好像是对一切功利目的性的嘲弄，在地球上到处兴起，而且仍在兴起！诗歌的野蛮而美丽的非理性驳斥了你们，功利主义者！偏是要一度摆脱功利——把人提高，激励人趋于道德和艺术！"在这里，我可要帮功利主义者说一回话了——他们诚然很少言之成理，实在叫人可怜！在古代，当诗歌产生之时，确实是被看作功用的，而且是一种很大的功用——当时，人们把节律置入言语，那种将句子的一切元素重新排列，强令选择字眼，重新润色思想，使之更具隐晦、别致、悠远的力量，无疑是一种迷信的功用！人们发现，诗比散文更容易记住，于是也以为，人的要求靠了节律会给神留下更深的印象；同样，人们认为，靠了节律能把自己的话传播得更远，因而有节律的祈祷也似乎更能上达神的耳闻。人们尤其想利用自己在听音乐时所体验到的那种不可抗拒的制服作用：节律是一种强迫；它唤起一种遏止不住的求妥协和调和的欲望；不但脚步，而且心灵都按节拍行进，——人们推测，神的心灵兴许也如此！于是人们试图用节律去强迫神，施之以暴力：他们向神献上诗歌，犹如给神套上有魔力的圈套。还有一种更奇特的观念，也许更有力地促进了诗歌的产生。在毕达哥拉斯学派那里，这种观念似乎被看作哲学学说和教育技巧；然而，在有哲学之前很久，人们就承认音乐有一种力量，可以宣泄情感，净化灵魂，ferocia animi（缓解愤懑），——而且正是靠了音乐中的节律。当心灵失去正常的紧张度与和谐时，人就必须按歌者的节拍舞蹈，——这便是此种医术的处方。借此种医术，泰尔潘德罗斯平定了一场暴乱，恩培多克勒安抚了一位怒者，达蒙（Damon）治愈了一位害相思病的少年；人们也用此种医术来医治桀骜不驯、亟欲复仇的众神。开始是驱使其情感的迷乱和放纵达于顶点，如此而令怒者疯狂，亟欲复仇者沉醉于复仇：——一切纵欲的秘仪都是要使一位神的 ferocia（愤怒）一下子释放，达于癫狂，使之从此以后感到分外舒展宁静，让人类也得安宁。究其根源，melos（诗歌）之为一种和缓手段，并非因为它本身是柔和的，而是因为它造成柔和的效果。——不但在祭歌中，而且在古代的世俗歌咏中，前提都是节律要练就一种魔力，例如在戽水或划船时，歌是对于被想象在此活动的魔鬼的一种迷惑，使之俯首听命,失去自由,做人的工具。人一动作,便有了唱歌的缘由——每种行为都有神灵的合谋:巫歌和符咒看来是诗的原始形态。诗也被用于神谕(希腊人说,六韵诗是在德尔菲神庙里发明的),节律在这里也应当施展一种强迫。为自己求预言(在我看来,这可能是希腊词的派生词)——在词源上意味着:为自己求决断某事。人们相信,只要取得阿波罗的支持,便能赢得未来,按照最古老的观念,阿波罗不止是一位预见的神。如果准确地照着节律逐字逐句说出祷词,它就决定未来;而祷词是阿波罗的发明,阿波罗作为节律之神,也能规束住命运女神。——从总体上看,试问:对于古代迷信的人们来说,难道还有什么比节律更有功用的吗?它无所不能:魔术般地促成一项工作;逼迫一位神显灵、亲近、听从;按照人的意志安排未来;把自己的灵魂从任何过度(恐惧、躁狂、哀怜、复仇欲)中解脱出来,而且不仅是自己的灵魂,还包括最恶的魔鬼的灵魂,——没有诗,人便什么也不是,有了诗,人便近乎是一位神。这样一种基本感情是不会消除殆尽的——直到现在,在同这种迷信长期斗争了数千年之后,我们之中最智慧的人也不时做节律的傻子,即使只在这一点上:如果一种思想有一个韵律的形式,灵巧地蹦跳而来,他就觉得它更真实。偏是那些最严肃的哲学家,一向如此严格地坚持可靠性,却也倾心于诗的语言,以赋予他们的思想以力量和可信性,这岂非十分有趣的现象?——然而对于真理来说,诗人的赞同比诗人的反对更加危险！因为正如荷马所说："歌者说谎太多！"

85

善与美。——艺术家不断颂扬——他们别无所事——而且是颂扬所有那些状态和事物，据称人在其旁和其中一度能感到美好、伟大、沉醉、愉快、幸福或智慧的。这些挑选出来的事物和状态，其价值对于人的幸福来说是可靠的，业已估定的，它们便是艺术家的对象。他们总是守候着，以求发现它们，把它们移入艺术的园地。我想说的是：他们自己并非幸福和幸福者的估价人，但他们总是挤到这些估价人近旁，怀着最大的好奇和兴致，以求立即利用其估价。由于他们除了急切之外，还有传令使的大肺活量和善跑者的腿，他们总是置身在最早颂扬新的美好事物的人之中，而且常常显得是首先为之命名和估价的人。然而，如上所述，这是一种误解，他们不过比真正的估价人更敏捷、更大声罢了。——那么究竟谁是真正的估价人呢？是富人和闲人。

86

论剧场。——这一个白天又给了我强烈高昂的感情，而倘若我在当天夜晚能够有音乐和艺术的话，我确知，我不想要何种音乐和艺术，这就是所有那些试图麻醉其听众、刺激他们的感情一度炽烈的亢奋的音乐和艺术。——那些心灵平庸的人，到了夜晚，不像驾辇凯旋的得胜者，却像生命饱尝鞭笞的疲惫的骡子。如果没有麻醉剂和梦想的鞭挞，这些人知道什么"心潮澎湃"！——所以他们有他们的鼓舞者，一如他们有他们的酒。可是，他们的酒和沉醉与我何干！热情洋溢的人何须乎酒！他甚至心怀厌恶鄙视这药和药剂师，他们并无充分理由要在这里制造一种效果——炮制心灵的高潮！——怎么？人竟把翅膀和骄傲的幻想送给鼹鼠——在入睡之前，在它爬进洞以前？人竟把它送进剧场，给它在又瞎又困的眼睛前搁上观剧镜？这些人的生活不是"行动"，而是"忙乱"，当他们坐到舞台前，观看着稀奇人物，生活于他们就不再是一场忙乱了吗？你们说："这样是合乎规矩的，这样是消遣，教养要求这样！"原来如此！那我是太缺乏教养了：因为这般景象太使我厌恶。谁亲身经历够了悲剧和喜剧，谁就宁肯远离剧场；或者破例走进剧场，他会觉得这整个过程——包括剧场、观众和编剧——是真正的悲剧和喜剧，以至于台上演出的剧目反倒无足轻重了。谁自己是浮士德、曼弗雷德一流人物，剧场里的浮士德、曼弗雷德与他何干！他不禁想，人们竟然把这样的人物放到剧场里去。最强烈的思想和热情，竟然陈于既无思想又无热情——却只能受麻醉的人面前！竟然用这样的人物来当麻醉剂！剧场和音乐成了欧洲人的吸大麻和嚼槟榔！啊，谁给我们讲一下麻醉品的全部历史！——这几乎便是"教养"史，所谓高等教养的历史！

87

论艺术家的虚荣心。——我相信，艺术家常常不知道自己最擅长什么，因为他们太虚荣，要寻求更骄傲的东西，不甘于像这些小植物，新鲜，珍奇，美丽，得以在自己的土地上真正完满地生长。他们对于自己的花园和葡萄山的家产估计得相当马虎，他们的爱好与他们的见解风马牛不相及。这里有一位音乐家，他比任何一位音乐家更擅长于从痛苦、压抑、备受折磨的心灵世界中发现音调，并赋予无言的动物以语言。没有人能像他那样领悟晚秋的色彩，品味最新鲜短促享受的难言的动人幸福，他知道为隐秘而不安的心灵之午夜而发的声响，在这午夜里，因与果似乎失去了联系，每一瞬间都能"从虚无中"发生点什么；他至为幸运地从人的幸福的根基里汲饮，如同从人的幸福的杯底汲饮，在那里，最苦最甜的酒滴好歹都融为一体了；他知道心灵的疲惫的挪动，那不能再跳跃飞翔、甚至不能再行走的心灵；他有惊怯的眼神，蕴含隐秘的痛楚，无慰的理解，无言的别离；是的，作为一切隐忧的俄耳甫斯，他比任何人更伟大，某些东西靠了他才归属艺术，这些东西迄今**似乎**是不可表达的，甚至配不上艺术的，用言词只会吓跑它们而不能捕获它们，——心灵的某些细小精微的感受：是的，这是一切细微感受的大师。可是他不愿做这样的大师！他的性格爱好高墙和冒险的壁画！他没有看到，他的心灵另有趣味和癖好，最爱静坐在残垣颓屋的一角：——在那里，隐藏起来，自己把自己隐藏起来，他绘制他独有的杰作，它们都很短，往往只有一拍长，——在那里他才变得完善、伟大和美满，也许唯有在那里。——可是他不明白！他太虚荣了，所以不明白。

89

今与昔。——既然我们丢失了那更高的艺术，节庆的艺术，我们的一切艺术品的艺术算得了什么！从前，一切艺术品都陈列于人类节庆的大道，作为高尚幸福时刻的纪念品和纪念碑。现在，人们想用艺术品把可怜的精疲力竭的病人从人类痛苦的大道引诱到一旁去，消磨淫邪的片刻；向他们提供小小的麻醉和疯狂。

92

散文与诗。——应当看到，散文大师几乎总也是诗人，不论是公开的，或者是秘密的，躲在"斗室"里的；真的，人只有面对

———

诗才写得出好散文！因为好散文是同诗的一场不间断的有礼貌的战争：它的全部魅力在于，不断躲避和对抗诗；每个抽象名词都欲作为对诗的捉弄，用讥讽的调子说出；每种枯燥和冷淡都要使这可爱的女神陷人可爱的绝望之中；它们常常有片刻的亲近与和解，接着便是突然的跳回和哗笑；时常正当这位女神陶然于她的朦胧和晦暗，幕帘拉开了，射进了耀眼的光芒；时常从她唇间夺走一个词，用那种声调唱起来，使她不得不用纤手掩住纤耳，——于是有了千般战争之快乐，其中也包括失败，非诗人、所谓散文化人物对此一无所知：——所以他们只是写着说着坏散文！战争是一切好事物之父，战争也是好散文之父！——本世纪有 4 位异常奇特和真正充满诗情的人，够得上是散文之冠，而本世纪一向是不利于此的——因为缺乏诗，如已经指出的。除开歌德不论，本世纪产生了他，也公平合理地使用了他；依我看，只有列奥帕第、梅里美①、爱默生②和《幻想的谈话》的作者朗德配称散文大师。

98

为了莎士比亚的荣誉。——为了莎士比亚这个人的荣誉，

① 梅里美（Prosper Merimee，1803—1870），法国作家。
② 爱默生（Ralph Waldo Emerson，1830—1882），美国思想家、作家，美国 19 世纪
超验主义文学运动领袖。

我所知道说得最好的话是：他相信布鲁图①，对这一类德行未尝有丝毫怀疑！他为布鲁图，高级道德的最可怕的缩影，奉献了他最好的悲剧——这部悲剧至今始终还冠以一个错误的名字。灵魂的独立不羁——便是这里的法则！在这里，没有什么牺牲可算太大：为了它，人必须能够牺牲自己最亲密的朋友，哪怕他是最伟大的人物，世界的荣耀，无比的天才，——倘若人热爱自由，热爱伟大灵魂的自由，而他却使这自由受到了威胁：——莎士比亚必定是如此感觉的！他把恺撒抬得那样高，正是他所能向布鲁图表示的最精微的尊敬：如此他才使布鲁图内心的问题臻于伟大，同时展示了能够粉碎这个死结的心灵力量！——使得这位诗人同情布鲁图并且与之同谋的，真的是政治自由吗？抑或政治自由不过是某种不可言说的东西的一个象征？我们或许面对着诗人自己心灵的某种未为人知的隐秘的事件和冒险，他只想用象征说出来？同布鲁图的忧郁相比，一切哈姆雷特的忧郁算得了什么！——也许莎士比亚之了解布鲁图，如同他了解哈姆雷特一样，是出自经验！也许他也有过他的黑暗时分和邪恶天使，如同布鲁图！——然而，不管有着什么相像之处和隐秘关系，在布鲁图的整个形象和德行之前，莎士比亚膜拜于地，自

---

① 布鲁图(Brutus，公元前85—前42)，刺杀罗马独裁者恺撒的密谋集团领袖，也是一个斯多葛派学者，著作均已佚失。

惭形秽,自愧远远不如:——他在他的悲剧里为此提供了证据。其中,他两次让一个诗人出场,两次都对他倾注了如此不耐的极端蔑视,以至于听来像一种呼喊——自我蔑视的呼喊。在诗人出场时,布鲁图,连布鲁图也失去了耐心;这个诗人如诗人们所惯于表现的那样,自命不凡,慷慨激昂,纠缠不休,这种人物似乎很为其伟大的可能性,包括道义上伟大的可能性,而感到自豪,然而在行动哲学和人生哲学中,却连普遍的正直也很少达到。"他了解时代,我可了解他的脾气——滚开,挂着铃铛的小丑!"——布鲁图喝道。不妨把这话渡回写这话的诗人的灵魂中去。

99

叔本华的标签。——……我们来谈一谈活着的叔本华分子中最著名的人物瓦格纳。——他的境况和有些艺术家一样,他错误地解释了他所创造的形象,认不清他自己的艺术的尚未阐明的哲学。瓦格纳直到中年还被黑格尔引入歧途;后来,当他从自己塑造的形象中品味出叔本华的学说,开始用"意志"、"天才"、"同情"来阐述自己时,他又一次被引入歧途。尽管如此,这一点仍然是真实的:没有比瓦格纳的英雄们身上那种瓦格纳气质更与叔本华精神相抵触的了——我是指最高自私之无辜,把伟大激情当作自在之善来相信,一句话,他的英雄们的面貌中的齐格弗里德特性……一位艺术家的哲学终究并不重要，只要它只是一种附加的哲学，并且不损害他的艺术。人们不太注意防止因为一种偶然的、也许十分不幸和荒唐的假面，而对一位艺术家生气；我们要知道，艺术家全都并且必须稍许是一个戏子，不演戏就难以长久支持下去。让我们始终忠实于瓦格纳，忠实于他身上真实的和原初的东西，——特别是通过这途径：我们，他的信徒，始终忠实于我们自己，忠实于我们身上真实的和原初的东西。让我们撇开他的知性的脾气和痉挛，我们毋宁合理地斟酌一番，像他的这样一种艺术，需要有一些什么特别的养分和代谢，才能生存和成长！他作为思想家如此经常地犯错误，这一点无关紧要；公正和忍耐均非他的事情。只要他的生命在他自己面前拥有权利并且保持权利，这就够了：——这生命向我们每个人呼唤着："做一个男子汉，不要跟随我，——而要跟随你自己！你自己！"我们的生命在我们自己面前也应该保持权利！我们也应该自由无畏地在无辜的自私中自我成长和繁荣！……

103

论德国音乐。——德国音乐现在比任何别国音乐更是欧洲音乐，因为只有在它之中，欧洲因革命所经历的变化得到了表现：只有德国音乐家懂得表现骚动的民众，懂得那原不必如此震耳欲聋的可怕的人为喧哗，——相反，例如意大利歌剧只知道仆役或士兵的合唱，却不知道"民众"的合唱。此外，从一切德国音乐中可以听出一种对于 noblesse（贵族）的嫉妒，尤其是对于 esprit（机智）和 elegance（优雅）的嫉妒，视之为一种宫廷、骑士、古老自信的社会的风度。这不是指那种音乐，如歌德的艺师们在大门前、也"在大厅里"演奏，给国王消遣的；这里不说："骑士勇敢盼睐，美人投入其怀。"在德国音乐里，哪怕典雅出场也不无良心的不安；只有在典雅的乡村姐妹妩媚那里，德国人才感到自己完全合乎道德，——由此而一直上升到他的热狂的、玄奥的、时常是粗暴的"崇高"，贝多芬式的崇高。如果要想象一下属于此种音乐的人物，就请想起贝多芬吧，当他紧挨歌德，譬如那次在提普利茨相遇时所显示的：犹如半野蛮紧挨文化，民众紧挨贵族，改邪归正者紧挨善人而且不止是"善"人，梦想家紧挨艺术家，渴求安慰者紧挨已得安慰者，过度者多疑者紧挨心平气和者，犹如一个郁闷者和自虐狂，一个痴傻的狂喜者，一个幸福的不幸者，一个天真无邪的放浪者，一个狂妄之徒和笨汉——总之，犹如一个"野人"：歌德如此感觉和形容他，歌德这个例外的德国人，与他相匹的音乐尚未发明呢！——最后请考虑一下，德国人如今愈演愈甚的对旋律的蔑视和旋律感的退化，是否可以理解为一支民主主义的放肆和革命的余波。旋律如此明显地向往规则，如此憎恶一切变化着的、无形式的、任意的东西，以至于听起来它像是发自欧洲事物古老秩序的音响，像是一种召唤，向这古老秩序的一种复归。

107

我们对艺术的最后感谢。——如果我们未曾高扬艺术，未曾发明这种对于虚幻事物的崇拜：那么，如今有科学家所赋予我们的对于普遍虚幻和欺骗的洞察——对于作为认知着感受的生存之前提的幻觉和误解的洞察——就简直让人忍受不了。随诚实而来的便是厌恶和自杀。然而我们的诚实具有一种相反的力量，帮助我们避开这样的结局，这就是艺术，即对于外观的美好意志。我们从不禁止我们的眼睛去圆满和完成对象，于是，我们负载着渡过生成之河的不再是永恒的缺陷，——我们倒自以为负载着一位女神，因而自豪而又天真地为她服务。作为审美现象，生存于我们总还可以忍受，而通过艺术，我们的眼睛、手尤其是良知，能够从我们自身造成这样的现象。我们有时必须离开自己休息片刻，即从一个人为的远处，瞭望和俯视我们自己，为我们自己一笑，或为我们自己一哭；我们必须发现藏在我们求知热情中的英雄和傻子，我们必须间或欣喜于我们的愚蠢，以求能够常乐于我们的智慧！正因为我们归根结蒂是持重严肃的人，是比人更重的重量，所以没有比调皮鬼的帽子更适

———

合于我们的了：我们需要它以对付我们自己——我们需要一切恣肆、飘逸、舞蹈、嘲讽、傻气、快乐的艺术，以求不丧失我们的理想所要求于我们的那种超然物外的自由。倘若带着我们敏感的诚实完全陷在道德之中，并且为了我们对自己提出的过分严格的要求，甚至变成道德的怪物和吓鸟的草人，这于我们会是一种退步。我们也应当能够站在道德之上：不仅是站着，如同一个每一瞬间都害怕滑跤坠落的人，带着战战兢兢的僵硬姿态；我们还要在道德之上飘浮和嬉戏！为此我们岂能没有艺术，没有傻子呢？——只要你们仍然以不论何种方式自羞自惭，你们就还不属于我辈！

183

最美好未来的音乐。——在我看来，第一流的音乐家是这样的人，他除了至深幸福的悲哀之外，不知道任何悲哀：迄今还不曾有过一位这样的艺术家。

200

笑。——笑就是：幸灾乐祸，不过带着好心肠。

快乐的科学(节录)   ——

222

诗人和说谎者。——诗人在说谎者身上看到了他的同乳兄弟,这兄弟的那份乳汁也被他吸去了;于是这兄弟一直很病弱,从来不曾做到问心无愧。

241

作品和艺术家。——这位艺术家只有强烈的虚荣心,别无其他:结果,他的作品仅是一枚放大镜,递给别人用来端详他。

245

选择中的颂扬。——艺术家挑选他的题材:这是他的颂扬方式。

298

叹息。——我在路上捕获了这个见解,迅速地用最现成的拙劣文字把它固定住,使它不再离我飞走。可是,这样一来,它就死在这些枯燥的文字上了,在其间悬挂飘摇——当我端详它时，我无法明白，当初捕获这鸟儿时，我何以那样快活。

299

我们应该向艺术家学习什么。——我们有什么方法，可以使事物美丽，诱人，令人渴慕，倘若它们并非如此？——而我认为，它们本身从来不是如此的！在这里，我们可以向医生学点东西，例如他把苦药稀释，或者往混合罐里加酒和糖。但是，更可以向艺术家学习，他们生来就是不断地要玩这种发明和技巧的。从事物远离，直到不再看见它的许多东西，而为了仍然看见它，又必须幻入许多东西；或者只看事物的一角，好像在一个剪孔里看；或者将它们如此安排，使它们部分地移位，只能作远景的透视；或者透过有色玻璃或在夕阳返照中观看它们；或者给它们罩上一层不太透明的表皮：我们应当向艺术家学习这一切，而在其余方面应当比他们更聪慧。因为在艺术停止和生活开始之处，他们这种精微的能力通常便也停止了；可是我们却要成为我们生活的诗人，首先是在最细小最平常的事情上！

302

最幸福者的危险。——有精微的感官和精微的趣味；习惯

快乐的科学(节录)

于把精选的最优秀的精神产品当作日常食物；陶然于一颗强健、果敢、无畏的心灵；以沉静的眼光和坚定的步伐走过人生，始终准备面对最意外事件如同准备过节，而且满怀对未发现的世界和海洋、人和神的渴望；倾听每种明朗的音乐，仿佛其中有勇敢的男子汉、士兵和航海者恬然于短暂的休憩和娱乐，并且在片刻的至深享受中为眼泪和幸福者紫色的忧伤所征服；谁不愿意这一切成为他的财富，他的境界啊！这便是荷马的幸福！便是为希腊人创造了他们的众神——不，为自己创造了他的众神的那个人的境界！然而毋庸讳言：一个人心灵中有着这种荷马的幸福，便也是太阳下最容易痛苦的造物！仅是以这等代价，他才换得了生存之波浪迄今冲洗到岸边的最珍贵的珠贝！拥有了这样的珠贝，人对痛苦就愈来愈敏感，终于是太敏感了：一点微小的烦恼和嫌恶就足以使荷马厌倦生命。他未能解出少年渔夫向他提出的一个愚蠢的小谜语！是的，小谜语是最幸福者的危险！

329

闲暇与优游。——像美国人那样的拜金，是一种印第安式的、印第安血统所特有的野蛮；而他们工作的令人窒息的匆忙——新大陆真正的恶习——业已开始通过传染而鼓励欧洲野蛮化，在欧洲传播了一种极为奇怪的无精神性。人们现在已经羞于安静;长久的沉思几乎使人产生良心责备。人们手里拿着表思想,吃午饭时眼睛盯着商业新闻,——人们像一个总是"可能耽误"了什么事的人那样生活着。"宁肯随便做点什么,胜于一事不做"——这条原则也是一根绳索,用来缢死一切教养和一切高级趣味,很显然,一切形式都因工作者的这种匆忙而毁灭了,甚至形式的感觉,感受动作旋律的耳朵和眼睛,也毁灭了。其证据存在于如今到处提倡的粗笨的明确性之中,存在于人与人之间一旦想真诚相处时所面临的种种情形之中,存在于同朋友、女人、亲戚、孩子、教师、学生、长官、王公的交往之中,——对于礼仪,委婉的情谊,交谈的一切 esprit(风趣),总之,对于一切 otium(闲适),人们不再有时间和精力了。因为,逐利的生活不断地迫使他竭精惮虑,置身于经常的伪装、欺骗或竞争之中。现在,用比别人少的时间做成一件事,才是真正的道德。所以,只有很少几个钟头可以允许人真诚;可是,在这几个钟头里,人已经疲倦,不只想"放松"自己,而且想四肢摊开地躺直,甚不雅观。现在人们按照这种嗜好写自己的书信,其风格和精神将不断成为真正的"时代标志"。如果还有对社会和艺术的娱乐,那也只是工作疲劳的奴隶替自己准备的一种娱乐。唉,我们的有教养者和无教养者的"快乐"多么容易满足!唉,对一切快乐如何愈来愈怀疑!工作愈益成为唯一使人问心无愧的事情;求快乐的意向业已自称为"休养的需要",开始自羞自惭。人们在野餐时倘若给人撞见了，就要解释一番："这对于健康是必要的。"是的，不用多久，就会走到如此之远，人们倘若对于一种 vita contemplativa（求沉思生活）——这意味着与思想和朋友偕游——的意向让步，将不无自蔑和内疚。——罢了！从前与此相反：工作使人内疚。一个好出身的人不得不工作时，要把他的工作隐藏起来。奴隶工作时受到这种感觉的压抑：他在做某种可鄙的事——"做"本身就是某种可鄙的事。"唯有在 otium（闲适）和 bellum（优美）之中才有尊贵和光荣"：古代的偏见如此回响！

339

Vita femina（女性的生命）。——要欣赏一件作品的极致的美，任何知识和任何善良愿望都无能为力；这需要最稀有的幸运的机遇，云翳一度为我们从山巅移开，太阳照耀其上。我们不但必须恰好站在合适的位置上来观看，我们的心灵也必须恰好从其高处移去了屏障，还需要一种外来的表达和譬喻，好像是为了获得一个支点，保持住自身的力量。可是，这一切很少同时凑齐，以至于我要相信，一切美好事物，不论是作品、事业、人和自然，其顶峰对于多数人乃至最优秀的人来说，至今仍是被隐藏和遮蔽着的：——倘若向我们显露，它向我们只显露一次！——希腊人祈求："一切美的事物出现两次三次！"——唉，他们有充分的理由向

——

众神如此呼吁,因为非神圣的现实或者根本不给我们美的事物,或者只给一次!我要说,世界上美的事物过于丰富,尽管如此,美的时刻和美的事物的显露仍然稀少,非常稀少。然而,也许这便是生命最强的魔力:她罩着一层美之可能性的金缕面纱,允诺着也抗拒着,羞怯有嘲讽,同情有引诱。是的,生命是一个女子!

367

首先怎样区分艺术品。——凡思想,诗歌,绘画,乐曲,乃至建筑和雕塑,不是属于独白艺术,就是属于面对证人的艺术。那种表面上的独白艺术,一切祈祷诗,其中包含着对上帝的信仰,也应算作面对证人的艺术:因为对于一个虔信者来说,并不存在孤独,——是我们无神论者首先做出了这个发明。若要辨别一个艺术家的全部观点,我不知道还有比这更深刻的区别:他是否用证人的眼睛来看他正在创作的艺术品(看"自己"),抑或是"忘掉了世界":一如这是每种独白艺术的本质因素,——独白艺术基于遗忘,它是遗忘的音乐。

368

玩世不恭者的话。——我对瓦格纳音乐的反对,是生理上的反对。为何要乔装在美学形式之下呢？我的"事实"是，当这音乐开始作用于我，我就不再轻松呼吸了；我的脚立刻因为这音乐而不驯，暴动——脚需要的是节拍，舞蹈，行进，它从音乐中首先要求的是好的步行、迈进、跳跃、舞蹈所洋溢的那种兴奋。——起来抗议的岂不还有我的胃？我的心脏？我的血液循环？我的内脏？我在这时岂非不知不觉地嘶哑了？——我这样自问：我的整个躯体究竟想从音乐得到什么？我相信，是它的舒展作用：一切动物性机能仿佛因轻盈、勇猛、恣肆、自信的节律而加速了；铁和铅的人生仿佛因美好温柔的金的和声而镀了金。我的忧愁要躲在完美性这隐蔽处和深渊里休养：为此我需要音乐。戏剧与我何干！它的道德狂喜的痉挛，使"民众"感到满足的，与我何干！演员的全部表情姿势的戏法与我何干！……可以猜到，我本质上是反对剧场的，——而瓦格纳则相反，本质上是剧场人物和演员，是史无前例的最狂热的戏子，当他作为音乐家时同样如此！……顺便说说，瓦格纳的理论是："戏剧是目的，音乐始终只是戏剧的手段。"他的实践则相反，自始至终，"姿态是目的，戏剧和音乐始终只是姿态的手段。"音乐成为戏剧姿态和演员派头清晰化、强化、内在化的工具；而瓦格纳戏剧不过是寻求许多戏剧姿态的一个场合！除了其余一切本能，他还有一个大演员的指挥本能，在所有一切事情上均如此，如上所述，作为音乐家也是如此。——我曾经相当费力地向一位正直的瓦格纳信徒说明这一点；我还有理由补充说："请你对自己稍微诚实些：我们并非在剧场里！在剧场里，人们仅仅作为群众是诚实的，作为个人却自欺欺人。当人们走进剧场时，便把他们的自我留在家里，放弃发言权和选择权，放弃自己的趣味，甚至放弃当他们在自己的四壁之内面对上帝和他人时所具有并运用的那种勇敢。没有人把他对艺术的最纯净的官能带进剧场，连为剧场工作的艺术家也不这样做。在那里，人是民众，公众，畜群，女人，法利塞人，选举动物，民主主义者，邻人，随从。在那里，最个人的良知输给了'最大多数'的平均化魔力。在那里，愚蠢像淫欲和传染病一样发生作用。在那里，'邻人'统治着。在那里，人化为邻人……"（我忘记讲述这位开明的瓦格纳信徒对于我的生理上的反对的回答了："那么，实际上不过是您对于我们的音乐来说还不够健康吧？"）

369

我们的两个方面。——我们岂不应该承认，我辈艺术家，在我们身上有着巨大的分歧，一方面是我们的趣味，另一方面是我们的创造力，二者以一种奇怪的方式各行其是，不断各行其是，各有着自己的生长，——我是说，二者有着完全不同的衰老、年轻、成熟、熟透、腐烂的程度和 tempi（速度）？譬如，一位音乐家在一生中能创造出许多东西,恰与他身上那任性的听众之耳、听众之心所珍重、嗜好、偏爱的东西相冲突:——他还未尝意识到这种冲突呢!如同一种近乎精确而规则的经验所表明的,一个人能够凭他的趣味轻易超过他的力量的趣味,而且他的力量并不因此而麻痹或在产生上受阻;但是相反的情形也可能发生,——而我要提醒艺术家注意的正是这一点。一个不倦的创造者,一个广义的"母亲"类型的人,一个这样的人,他除了他精神上的受孕和抚育之外便一无所知,一无所闻,他全然没有工夫思考自己和自己的作品,也全然没有工夫进行比较,他不再有训练他的趣味的愿望,而只是马虎地将它遗忘,也就是任其随遇而安,自生自灭,——一个这样的人也许会产生出作品来,这些作品远非他的判断力可及:以至于他关于这些作品和关于自己只说些蠢话,——愚蠢地说和想。在我看来,这在多产的艺术家身上几乎是常规——没有人比做父母的更不了解自己的孩子——举一个重大的例子,这甚至也适用于整个希腊的诗人世界和艺术家世界:他们从来不"知道"他们所做的……

370

什么是浪漫主义?——人们也许记得,至少我的朋友中会有人记得,我从前迷误甚深,估价太高,总是作为期望者向这现代世界冲击。我之理解——谁知道由于什么个人经验？——19世纪悲观主义哲学，就好像它是思想的较高力量的表征，无所畏惧的勇敢的表征，人生凯旋丰满的表征，其实这些特征属于 18世纪，属于休谟①、康德、孔狄亚克②和感觉论者的时代；以至于在我看来，悲剧认识似乎是现代文化的真正奢侈，是它的一种最昂贵、最显赫、最危险的挥霍，然而无论如何，由于现代文化的过于丰富，又是它的一种可允许的挥霍。同样地，我认为德国音乐正是德国灵魂的一种酒神式强力的表达：我相信在其中听到了地震，一种自古积压的原始力量随着这隆隆震声终于得到释放——而并不顾恤从来称作文化的一切因此摇摇欲坠。可以看到，我当时无论是对于哲学悲观主义，还是对于德国音乐，均未认清构成其真正性质的东西——它们是浪漫主义。什么是浪漫主义？每种艺术。每种哲学，都可以看作服务于生长着、战斗着的生命的药剂和辅助手段，它们始终是以痛苦和痛苦者为前提的。然而，有两种痛苦者：一种是苦于生命的过剩的痛苦者，他们需要一种酒神艺术，同样也需要一种悲剧的人生观和人生理解；另一种是苦于生命的贫乏的痛苦者，他们借艺术和认识寻求安宁，平静，静谧的海洋，自我解脱，或者迷醉，痉挛，麻痹，疯

---

① 休谟(David Hume, 1711—1776)，英国哲学家、经济学家。
② 孔狄亚克(Bonnot de Condillac, 1715—1780)，法国哲学家。

狂。与后者的双重需要相适合的，是艺术和认识中的全部浪漫主义，曾经和继续与之相适合的是叔本华和瓦格纳，我这是举出最著名最露骨的浪漫主义者的名字，当时我误解了他们——顺便说说，众所周知，这于他们无损。生命最丰裕者，酒神式的神和人，不但能直视可怕可疑的事物，而且欢欣于可怕的行为本身以及一切破坏、瓦解、否定之奢侈；在他身上，丑恶荒唐的事情好像也是许可的，由于生殖力、致孕力的过剩，简直能够把一切沙漠造就成果实累累的良田。相反，最苦难者，生命最贫乏者，在思想上和行动上大多需要温柔、平和、善良，可能的话还需要一个上帝，它真正完全是病人的上帝，一个"救世主"；同样也需要逻辑，需要对人生的抽象理解——因为逻辑使人平静，提供信任感。简言之，需要某种温暖的抵御恐怖的密室，关闭在乐观的眼界之内。这样，我渐渐学会了理解伊壁鸠鲁，酒神式悲观主义者的这个对立面，同样也理解了"基督徒"，事实上仅是伊壁鸠鲁主义者的一个类型，两者实质上都是浪漫主义者。我的眼光愈来愈敏锐地洞察反推论的那种最艰难棘手的形式，大多数错误都是在其中造成的，——这就是由作品反推到作者，由行为反推到行为者，由理想反推到需要此理想的人，由每种思想方式和评价方式反推到在背后起支配作用的需要。——在考察一切审美价值时，我现在使用这个主要尺度：我在每一个场合均问"这里从事创造的是饥饿还是过剩"。另一种尺度从一开始就好像

——

要自荐——它醒目得多——这就是着眼于创作的动机究竟是对凝固化、永久化的渴望，对存在的渴望，抑或是对破坏、变化、更新、未来、生成的渴望。然而，只要加以深究，这两类渴望仍然显得含混不清，并且正是按照前面那种在我看来更佳的方案才能解释清楚。对破坏、变化、生成的渴望，可以是过于充沛的、孕育着未来的力量的表现（人所共知，我对此使用的术语是"酒神精神"这个词），但也可以是失败者、欠缺者、落伍者的憎恨，这种人破坏着，也必须破坏，因为常住者乃至一切常住、一切存在激怒着他，刺激着他——要理解这种情绪，人们不妨就近观察一下我们的无政府主义者。求永久的遗志同样应该有两种解释。一方面，它可以出于感谢和爱：——这种渊源的艺术永远是神化的艺术，也许热情奔放如鲁本斯，快乐嘲讽如哈菲兹。明朗慈爱如歌德，使万物披上荷马式的光辉和荣耀。另一方面，它也可以是苦难深重者、挣扎者、受刑者的那种施虐意志，这种人想把他最个人、最特殊、最狭隘的东西，把他对于痛苦的实际上的过敏，变成一种有约束力的法则和强制，他把他的形象，他的受刑的形象，刻印、挤压、烙烫在万物上面，仿佛以此向万物报复。后者在其最充分的表现形式中便是浪漫悲观主义，不论它是叔本华的意志哲学，还是瓦格纳的音乐：——浪漫悲观主义，这是我们文化命运中的最后的重大事件。（还可能有一种全然不同的悲观主义，一种古典悲观主义——我有这种预感和幻觉，简直摆脱不掉,好像成了我的所有物和专有物:不过"古典"这个词使我感到逆耳,它被用得太旧了,太圆滑了,变得面目全非了。我把那种未来的悲观主义——因为它正在到来!我看到它在到来!——命名为酒神悲观主义。)

373

"科学"之为偏见。——由于等级秩序规律的作用,学者只要还属于精神上的中产阶级,就根本不可能有真正伟大的问题和问号进入他们的视野:他们的勇气和他们的眼光都不够格,——特别是把他们造就成研究者的他们的需要,他们内心想使事物有这样那样性质的计划和愿望,他们的恐惧和希望,都太快地静息和满足了。例如,英国学究赫伯特·斯宾塞[1]异想天开,要划出一条理想的分界线、水平线,奢谈什么"利己主义与利他主义"的最终和解,这使我们这样的人几乎感到恶心:——在我们看来,人类倘若以这种斯宾塞式的前景为最终前景,就只配受蔑视,只配毁灭!不过,他心目中的最高希望,在另一些人看来只是一种令人厌恶的可能性,这是斯宾塞所不能预见到的一个问号……处于同样情况的是现在许多唯物主义的自然科学

—————————

① 斯宾塞(Herbert Spencer, 1820—1903),英国哲学家、社会学家。

家欣然接受的那种信念，即相信这样一个世界，它应当在人的思想和人的价值观念中有其等价物和尺度，相信一个"真理的世界"，人借着自己渺小的四方形的人类理性便可以一劳永逸地将它把握住——怎么？我们真愿意这样把人生贬低为一种计算的苦役和练习，贬低为数学家的蛰居斗室？人们尤其不该企图消除生存的多义性质：这是良好趣味的要求，我的先生们，这种趣味对于超出你们眼界的一切肃然起敬！有一种世界解释，它把你们的存在合理化，使你们能够所谓科学地（你们其实是指机械地吧？）研究和工作下去，这种世界解释除了数学、计算、度量、观察和掌握之外，其余一概不容许。如果以为只有这种解释是正确的，这是愚蠢和幼稚，倘若不是精神病和白痴的话。正确的解释岂非可能正好相反：正是生存最表面最外部的东西——它的外观、它的皮肤和感性特征——首先被人把握？甚至也许只有它们被人把握？一种你们所谓的"科学的"世界解释，永远是一切可能的世界解释中最愚蠢的即最无意义的一种。这是说给机械论者先生们听的，他们如今喜欢冒充哲学家，极其谬误地认为，力学是关于最初和最终规律的学说，全部人生都必须建立在力学的基础之上。然而，一个本质上机械的世界是一个本质上无意义的世界！假如评价一种音乐的价值，就看它有多少东西可以被点数、计算，可以纳入公式，——这样一种"科学的"音乐评价何等荒谬！从中能把握、理解、认识些什么！其中被当作

"音乐"的东西一钱不值。实在一钱不值！……

376

我们的慢时间。——所有艺术家和为"作品"生活的人、母亲类型的人都这么感觉：他们总是相信，在他们生命的每个段落（它往往由一部作品来划分）上，业已达到了目标，他们总是忍耐地接受死，怀着这种心情："我们在这方面是成熟了。"这并非疲倦的表现，——毋宁是某种秋日的明朗宽容的表现，往往是作品本身以及一部作品的成熟遗留给它的作者的。于是，生命速度放慢了，变稠厚了，呈蜜汁状——化为长长的延长符号，化为对这长长的延长符号的信仰……

查拉图斯特拉如是说（节录）

（1883—1885）

创造者之路

我的兄弟，你要到孤独中去吗？你要寻找属于你自己的路吗？请滞留片刻，听我之言。

"寻找的人容易迷失。一切孤独都是罪行。"群众如此说。而你久已属于群众。

群众的声音仍将在你的心中鸣响。而当你说"我不再和你们共有同一个良心"之时，那会是一种怨恨和疼痛。

看吧，这疼痛本身仍是生自同一个良心，这良心的余光仍闪烁在你的悲伤上。

然而，你愿走你的悲伤之路，那通向你自己的路吗？那么，请向我证明你这样做的权利和力量！

查拉图斯特拉如是说（节录）

你是一种新的力量和一种新的权利吗？一个初始的运动吗？一只自己转动的轮子吗？你也能迫使众星围绕你旋转吗？

唉，有如此多好高骛远的贪欲！有如此多虚荣之徒的痉挛！请向我证明你不是一个贪欲者和虚荣者！

唉，有如此多伟大的思想，它们的作为不超过一只风箱：它们吹鼓起来，变得更加空洞。

你称你是自由的？我愿听你的支配的思想，而不是你从轭下逃脱了。

你是有权从轭下逃脱的那种人吗？有一种人，他一旦抛弃了他的服役，也就抛弃了他的最后一点价值。

从何自由？这与查拉图斯特拉有什么关系！可是，你的眼睛应当明白告诉我：为何自由？

你能给你自己以你的恶和你的善，将你的意志如同法律高悬在你之上吗？你能做你自己的法官和你的法律的复仇者吗？

独自和自己法律的法官和复仇者相处是可怕的。那样，一颗星就被抛到了荒凉的空间里，孤寂的冰凉呼吸中。

今天你还在因许多人而受苦，你这卓尔不群的人，所以今天你还完全拥有你的勇气和你的希望。

但是，总有一天孤独会令你疲惫，总有一天你的骄傲会蜷缩，你的勇气会崩溃。总有一天你会喊道："我太孤单了！"

总有一天你会不再看到你的高贵之处，却十分亲近你的卑贱之处；你的崇高本身会像鬼魂一样让你害怕。总有一天你会喊道："一切皆虚幻！"

有那样一些情感，它们想要杀死孤独者；假使它们不成功，那么，它们自己就必须死去！可是你有能力做一个杀手吗？

我的兄弟，你可懂得"蔑视"这个词？可经受过你的那样一种正义感的折磨，对于蔑视你的人们也公正相待？

你迫使许多人重新认识你；他们把这视为你的冷酷。你走近他们，又从他们身旁走过，他们为此永远不会原谅你。

你越过了他们，但你登得越高，嫉妒的眼睛看你就越小。可是，最遭嫉恨的是飞行者。

"你们怎会愿意对我公正呢！"你必须说，"我替自己选择了你们的不公正作为我应得的份额。"

他们把不公正和污秽投向孤独者。可是，我的兄弟，倘若你想做一颗星，你就不可因此而少照耀他们！

提防正人君子！他们喜欢把发明了自己的道德的人钉在十字架上，——他们仇恨孤独者。

也提防圣洁的简单脑瓜！他们把不简单的一切都视为不圣洁的；他们也喜欢玩火——玩烧死异教徒的柴火堆。

也提防你的爱的袭来！孤独者太快地朝他遇到的人伸出手去。

对有些人你不可伸出手，只可伸出爪子，而且我希望，你的爪子也有利钩。

然而,你所能遇到的最厉害的敌人将永远是你自己;你在洞穴和森林里伏击你自己。

孤独者,你走着通向你自己的路! 你的路沿着你自己和你的7个魔鬼伸展!

对于你自己,你将是异教徒、女巫、预言者、傻瓜、怀疑者、不圣洁者、恶棍。

你必须愿意在你自己的火焰中焚烧你自己:倘若你不是首先变成灰烬,你如何想更新!

孤独者,你走着创造者之路:你要把你的7个魔鬼造就成一个上帝!

孤独者,你走着爱者之路:你爱你自己,所以你蔑视你自己,一如唯有爱者才蔑视。

爱者愿创造,因为他蔑视! 一个人不是恰恰必须蔑视自己所爱的东西,这样的人懂什么爱!

带着你的爱和你的创造走进你的孤独吧,我的兄弟;以后正义才会跛足随你而行。

带着我的泪走进你的孤独吧,我的兄弟。我爱那愿意超越自己而创造并且如此灭亡的人。——

查拉图斯特拉如是说。

瓦格纳事件

老
妇
和
少
妇

　　"你为何这么躲躲闪闪地在黄昏时潜行,查拉图斯特拉?你把什么小心翼翼地藏在了大衣下面?

　　"是别人送你的一件宝贝?或者是别人给你生的一个孩子?抑或你此刻正走在行窃的路上,你这恶人之友?"——

　　真的,我的兄弟,查拉图斯特拉说,是别人送我的一件宝贝,那便是我怀里揣着的一个小小的真理。

　　但它像婴儿一样不好管束;如果我不捂住它的嘴,它就会大叫。

　　今天我独自走着我的路,正是日落时分,我遇到了一个老妇,她对我的灵魂如此说:

"查拉图斯特拉对我们女人也说了许多话,但他从未对我们谈论女人。"

而我回答她:"关于女人的话只应该向男人去讲。"

"请也向我这个女人讲一讲吧,"她说,"我足够老了,马上就会忘掉。"

我听从了这个老妇,对她如此说:

女人身上的一切是一个谜,女人身上的一切只有一个答案,它叫作怀孕。

男人对于女人是一个手段,目的始终是孩子。但女人对于男人是什么呢?

真正的男人想要两样东西:危险和游戏。所以他想要女人,当作最危险的玩具。

男人应该被培养来打仗,女人应该被培养来慰劳战士,其余一切都是愚蠢。

太甜的果子——战士不喜欢。所以他喜欢女人;即使最甜的女人也还是苦的。

女人比男人更懂得孩子,但男人比女人更孩子气。

在真正的男人身上藏着一个孩子,这孩子想游戏。来吧,你们女人,替我找出男人身上的孩子来!

女人应当成为那样一件玩具,纯粹精致如宝石,闪射着尚不存在的一个世界的美德之光辉。

让一颗星的光辉闪烁在你们的爱之中！让你们的希望说："我喜欢生出超人！"

让你们的爱之中有勇敢！你们应当带着你们的爱冲向那使你们害怕的人！

让你们的爱之中有你们的光荣！女人一向不太擅长光荣。但这应当成为你们的光荣：爱人总是超过被人爱，永远不做第二者。

当女人爱时，男人应当畏惧，因为这时她牺牲了一切，其他一切事物对她都没有了价值。

当女人恨时，男人应当畏惧，因为男人的心地只是恶罢了，女人的心地却是坏的。

女人最恨谁？——铁对磁石如此说："我最恨你，因为你吸引我，但不够强大得能把我吸引到你身上。"

男人的幸福是：我要。女人的幸福是：他要。

"看啊，现在世界才变得完美了！"——每个女人都这么想，当她出于全身心的爱而服从的时候。

而女人必须服从，为她的肤浅寻找深刻。女人的性情是肤浅的，是一潭浅水上的动荡不宁的表层。

但男人的性情是深刻的，他的激流在地下的洞穴里轰鸣。女人感觉到了他的力量，却不理解它。——

这时老妇对我说："查拉图斯特拉讲了许多献殷勤的话，特别是为那些受用得起的年轻女人。

"很奇怪，查拉图斯特拉很少结识女人，谈论起她们来却头头是道！情况所以看来如此，是因为在女人身上没有什么不可能的事情吗？

"现在请收下一个小小的真理作为谢礼！我于它毕竟是足够老了！

"请把它包好，捂住它的嘴，否则它会大叫，这个小小的真理。"

"女人，把你的小小的真理给我吧！"我说。于是老妇如此说：

"你去女人那里吗？不要忘记鞭子！"——

查拉图斯特拉如是说。

高超的人

我的大海的深处是宁静的，谁能猜到它隐藏着戏谑的巨怪！

我的深处波澜不惊，但它因漂游的谜和大笑而闪烁。

今天我看见一个高超的人，一个庄重的人，一个精神的忏悔者，呵，我的灵魂如何为他的丑陋而发笑！

挺胸凸肚，宛如正在鼓气的人，他如此站在那里，这高超的人，而且嗒然无言。

悬挂着丑陋的真理，他的猎获物，满裹着褴褛的衣衫；还有许多棘刺粘在他身上——但我未尝看见一朵玫瑰。

他还没有学会笑和美。这猎人阴郁地从知识之林归来。

他与野兽搏斗之后回家来，但仍有一头野兽从他的严肃中瞥视——一头未制服的野兽！

他始终像一只虎站在那里，一只欲暴跳的虎；但我不喜欢这些紧张的灵魂，我的趣味敌视所有这些退隐者。

而你们对我说，朋友，趣味和口味是无可争论的？但全部人生就是趣味和口味的争论！

趣味，这同时是重量、天平和权衡；可悲呵，想要没有重量、天平和权衡的争论而生活的一切活人！

这高超的人，当他倦于他的高超之时，那时他的美才会开始，——那时我才愿意欣赏他，才觉得他合口味。

只有当他躲开自己，他才能跳越过他自己的影子——而且，当真！跳进他的阳光中。

他在阴影里坐得太久了，这精神忏悔者的脸颊变苍白了；他几乎在他的期待中饿死了。

他的眼中还有着蔑视；他的嘴角还藏着厌恶。虽然他现在休憩了，但他还不是休憩在阳光下。

他应当效法公牛；他的幸福应当散发大地的气息，而不是散发蔑视大地的气息。

我愿看见他如同一匹白牛，鼓鼻欢吼，拖犁前进。他的欢吼当赞美一切尘世的事物！

他的脸色仍然阴沉，手的阴影投于其上。他的眼神仍然暗淡。

——

他的行为仍是他身上的阴影：手遮蔽了行动者。他仍未克服他的行为。

我诚然喜欢他的公牛的颈背，但我也想看到天使的眼睛。

他还必须忘却他的英雄意志。对我来说，他应当是一个高贵的人，而不只是一个高超的人——苍天自己会举起他来，这失去意志的人！

他已征服猛兽，他已解开谜语。但他还应该拯救他的猛兽和谜语，他还应该把它们化为天上的稚子。

他的知识还不会微笑，还没有摆脱嫉妒：他的汹涌热情还没有在美之中变得宁静。

真的，不应在饱足中，而应在美之中，他的渴望才得以沉寂！优美属于宽宏大量的胸怀。

以臂盖脸：英雄应当如此休息，他也应当如此克服他的休息。

但正是对于英雄来说，美是万事中最难的事。一切强烈的意志都不可获得美。

差之毫厘，在这里便是失之千里。

肌肉放松，意志无羁而站立：这于你们是最困难的，你们高超的人！

当强力变得仁慈并下降为可见之时，我称这样的下降为美。

我对谁也不像对你那样要求美，你强有力的人。你的善良当是你最后的自我征服。

我信任你的一切恶，所以我想要你的善。

真的，我常常笑那些衰弱的人，他们自以为善，因为他们有跛足！

你应当追求柱石的道德，它愈是高耸，就愈是美丽、雅致，但内部也愈是坚硬、负重。

是的，你高超的人，有一天你也应当是美的，并且临镜自赏你的美。

那时候，你的灵魂将因神圣的渴求而颤栗；在你的虚荣中也将有崇敬！

这便是灵魂的奥秘：英雄离弃了它，然后在梦中，在它近旁便出现了——超英雄。

查拉图斯特拉如是说。

纯洁的知识

昨晚，当月亮升起时，我猜想它要生一个太阳。它如此硕大臃肿地躺在地平线上。

但它是一个装作怀孕的说谎者；我宁愿相信月亮是男人而不是女人。

然而，它也不太像男人，这胆怯的夜游者。真的，它心怀鬼胎地窃行在屋顶上方。

因为它贪婪而又嫉妒，这月亮僧侣，贪恋着大地和情人们的一切快乐。

不，我不喜欢它，这屋顶上的雄猫！那在半闭的窗户周围潜行的一切都和我格格不入！

查拉图斯特拉如是说(节录)

它虔诚而沉默地悄行在星毯上，——但我不喜欢一切不伴随着马刺叮哨的阒然无声的男人的步履。

每个诚实的人走路都有声响；猫儿却悄悄溜过地面。看，月亮猫儿似的来了，鬼鬼祟祟。——

我把这个譬喻给你们多感的伪善者，给你们，"纯粹的求知者"！我称你们为——贪婪者！

你们也爱大地和尘世：我看透了你们！——但在你们的爱之中有羞愧和良心不安，——你们就像那月亮！

你们的精神而非你们的内脏被说服了蔑视尘世，内脏是你们身上最顽强的东西！

而现在，你们的精神羞愧了，因为它只是你们内脏的意愿，它因这羞愧而躲躲闪闪地走小道。

"这于我是最高尚的，"你们爱说谎的精神如此对自己说，"无欲地静观人生，不像狗一样拖着垂涎的舌头。"

"以静观为幸福，意志寂灭，无自私的执着和贪欲——形同槁木，却有着月亮般沉醉的眼睛！"

"这是我最喜爱的，"被诱惑者如此诱惑自己，"像月亮那样爱大地，仅仅用眼光玩赏它的美。"

"我称这为纯洁的知识：对万物一无所求，但愿像一面百目镜映照它们。"——

哦，你们多感的伪善者，你们贪婪者！你们的欲望自觉有

——

瓦格纳事件

罪,所以你们现在要诽谤欲望!

真的,你们不是作为创造者、生育者、满怀生成之喜悦者爱大地!

无辜在哪里?在有着生育意志的地方。谁欲超越自己,我看他就有最纯洁的意志。

美在哪里?在我须以全意志意欲的地方;在我愿爱和死,使意象不只保持为意象的地方。

爱和死:永远一致。求爱的意志:这也就是甘愿赴死。我对你们怯懦者如此说!

而现在你们想把你们卑怯的窥望称作"静观"!怯懦的眼光所及,就名之曰"美"!哦,你们高贵名字的亵渎者!

这应当是对你们的诅咒,你们纯洁者,纯粹的求知者:你们永远不育,即使你们硕大臃肿地躺在地平线上!

真的,你们满嘴高贵的言词,我们难道应该相信,你们的心也满溢,你们说谎者?

然而**我的**言词是卑微、轻蔑、卷曲的:我喜欢拾取你们掉在餐桌下的残屑。

我始终能用它们——向伪善者讲述真理!是的,我的鱼刺、蚌壳和针叶要——把伪善者的鼻子刺痒!

你们和你们宴席四周的空气混浊:你们贪婪的思想、你们的谎骗和隐私弥漫在空气里!

查拉图斯特拉如是说(节录)

首先要敢于相信自己——自己和自己的内脏！谁不相信自己，必永远说谎。

你们给自己戴上神圣的面具，你们"纯洁者"。你们的令人憎恶的毒蛇爬到面具后面。

真的，你们欺骗，你们"静观者"！查拉图斯特拉一度也上了你们神圣外表的当；他没有看出盘在其后的毒蛇。

我曾经以为在你们的游戏里看到了一颗神圣的心灵，你们纯粹的求知者！我曾经以为没有比你们的艺术更好的艺术！

距离掩盖了毒蛇的污秽和恶劣的气味，蜥蜴的狡猾在那里到处贪婪潜行。

可是我走**近**了你们，这时白昼降临于我——现在也降临于你们，——月亮的爱到尽头了！

看吧！它暴露了，惨白地站住——在曙光之前！

然后她，那燃烧者，来了，——**她**对大地的爱来了！全部太阳之爱都是无辜的，都是创造的渴望！

看吧，她多么急切地渡海而来！你们没有感觉到她的爱的焦渴和灼热的呼吸吗？

她欲吮吸海，把海的深处饮向自己的高处：这时海的渴望涌起千座乳峰。

它欲被太阳的焦渴亲吻和吮吸；它欲成为空气，高天，光的道路，光本身！

———

瓦格纳事件

真的，我像太阳那样爱人生和一切深邃的海。

而我就把这叫作知识：一切深处应当上升——到我的高处！——

查拉图斯特拉如是说。

诗
人

　　"自从我更了解了肉体，"查拉图斯特拉对他的一个弟子说，"我觉得精神只不过还好像是精神罢了，而一切所谓'永恒'也仅仅是一种譬喻。"

　　"我已经听你这样说过一回，"这弟子回答，"那回你还补上一句：'但诗人说谎太多。'为什么你说诗人说谎太多呢？"

　　"为什么？"查拉图斯特拉说，"你问为什么？我不是那种可以向他问为什么的人。

　　"我的经历是昨天的吗？我经历我的意见的论据已经很久了。

　　"倘若我也要保存我的论据，我岂非必须是一只记忆桶了？

"即使保存我的意见，在我看来已经是太多了，有些鸟儿从其中飞走了。

"有时我也在我的鸽棚里发现一只我陌生的飞禽，当我的手触摸它时，它颤抖了。

"然而，查拉图斯特拉对你说过什么？说诗人说谎太多？——但查拉图斯特拉也是一个诗人。

"现在你相信他是在这里说真理吗？你为什么相信？"

这弟子回答："我信仰查拉图斯特拉。"但查拉图斯特拉摇头且微笑了。

他说：信仰并不使我幸福，特别是对我的信仰。

但且假定某个极其严肃的人说，诗人说谎太多，那么，他是对的，——**我们说谎太多**。

我们所知太少，是坏学生，所以我们必须说谎。

我们诗人谁没有在自己的酒里掺水？在我们的地窖里制造出了许多有毒的混合物，许多难以描绘的事情在那里做成了。

因为我们所知甚少，所以我们衷心喜欢精神贫乏的人，尤其是少女。

我们甚至渴望倾听老妪们夜晚的絮叨。我们把这叫做我们心中的永恒女性。

仿佛有一条特别的秘密通道通往知识，但对于求知者来说已经掩埋了，所以我们信仰人民及其"智慧"。

但一切诗人都相信：谁静卧草地或幽谷，侧耳倾听，必能领悟天地间万物的奥秘。

倘有柔情袭来，诗人必以为自然在与他们恋爱：

她悄悄俯身他们耳畔，秘授天机，软语温存，于是他们炫耀自夸于众生之前！

哦，天地间如许大千世界，唯有诗人与之梦魂相连！

尤其在苍穹之上，因为众神都是诗人的譬喻，诗人的诡诈！

真的，我们总是被诱往高处——那缥缈云乡，我们在其上安置我们的彩色玩偶，然后名之神和超人：——

所有这些神和超人，它们诚然足够轻飘，与这底座相称！

唉，我是多么厌倦一切可望而不可即的东西！唉，我是多么厌倦诗人！

当查拉图斯特拉这样说时，他的弟子怒而不言。查拉图斯特拉也沉默了，他凝目内视，宛如凝视遥远的远方。最后，他叹息而深深吸气。

然后他说：我属于今天和昨天，但我身上也有属于明天、后天乃至遥远将来的东西。

我厌倦了诗人，无论旧的还是新的。我觉得他们都是肤浅的，都是浅海。

他们想得不够深，所以他们的情感也不深沉。

———

一点儿淫欲，一点儿无聊：这便是他们最好的沉思。

他们的竖琴之声，在我听来像是幽灵的喘息和脚步，他们知道什么音乐的热情！——

我觉得他们也不够纯洁，他们全都搅浑他们的池塘，使之显得深邃。

他们喜欢以此而自荐为调解者，然而，在我看来，他们始终是骑墙者，混合者，非驴非马，太不纯粹！——

唉，纵然我把我的网投入他们的海里，欲捕捉鲜鱼；可是，我捞起的始终是老朽的神的头。

这样，大海以石头供应饥者。他们自己大约出身于海。

的确，人们在他们身上找到了珍珠，于是他们愈发像海蚌了。我在他们那里找到的不是灵魂，而是咸的黏液。

他们还从大海学习它的虚荣：大海不是孔雀中的孔雀吗？

即使在最丑陋的水牛面前，孔雀也张开它的尾巴，未尝倦于炫耀它的灿烂锦屏。

水牛对之不屑一顾，它的灵魂爱沙滩，更爱丛林，最爱沼泽。

美、大海、孔雀羽毛与它何干！我向诗人说这譬喻。

真的，他们的心灵就是孔雀中的孔雀，虚荣的大海！

诗人的心灵需要观众，哪怕观众是水牛！——

但我厌倦了这种心灵，而我看到它厌倦自己的时候也正在到来。

我看到诗人已经发生变化，反省自己。

我看到从诗人中成长起来的精神忏悔者正在到来。

查拉图斯特拉如是说。

片
断

人必须用雷霆和烟火向迟钝而昏睡的灵魂说话。

但美却柔声细语，它只是悄悄潜入最清醒的灵魂。

今天我的盾向我微颤倩笑；这是美的神圣的笑和震颤。

你们道德家，今天我的美嘲笑你们……

——摘自《道德家》一节。

我漫步在人之中，如同漫步在未来的碎片之中：那是我瞭望到的未来。

我把碎片、谜和可怕的偶然搜集聚合为一体，这便是我的全部创作和追求。

倘若人不也是诗人、猜谜者、偶然的拯救者，我如何能忍受做人！

——摘自《拯救》一节。

呵，孤独！你是我的家，孤独呵！我在陌生的蛮人中落荒太久了，所以我不能不泪水汹涌地回到你这里。

现在你只是像慈母一样抚摩我，现在你像慈母一样对我微笑，只是对我说："从前是谁像一阵风似的离开了我？——

"——谁在临别时喊道：我与孤独相处太久了，所以我忘却了沉默！你现在大约学会**沉默**了吧？

"哦，查拉图斯特拉，我知道一切：你在众人中间比与我同处更加**寂寞**，更是孤身一人！

"寂寞是一回事，孤独又是一回事：你现在懂得**这一点**了吧！

"你在人群中将永远是荒凉陌生的：

"——即使他们爱你，你也仍感荒凉陌生：因为他们首先要你格外**爱惜**他们！

"而在这里，你是在自己的家里；你在这里可以倾诉一切，论证一切，这里无人羞于隐秘的、执著的情感。

"这里万物爱抚地走向你的言谈，向你谄媚，因为它们想骑在你的背上驰骋。这里你骑在每种譬喻上驰向每种真理。

"这里你可以诚实坦率地向万物说话；真的，在它们听来，这是怎样的赞美，倘若一个人直接与万物交谈！……"

——

呵,孤独!你是我的家,孤独呵!你的声音多么温柔甜蜜地向我倾谈!

我们不互相盘问,我们不互相抱怨,我们彼此开诚布公,开门见山。

因为在你那里,一切都敞开而澄明;这里光阴也以更轻捷的足奔跑。时间在黑暗中比在光明中是更沉重的负担!

这里一切存在的语言和语言宝库向我突然打开;这里一切存在都想变成语言,一切生成都想从我学习言谈。

——摘自《归家》一节。

我的聪慧的渴望如此迸发出欢喊和大笑,这渴望诞生于高山,真是一种野性的智慧!——我的飒飒展翅的伟大渴望。

它常常带我扶摇直上,遨游四方,在大笑之中。我颤悠悠地飞翔,如一支箭穿越过浸透阳光的狂喜。

——飞到梦想不到的遥远的未来,飞到比画家们所憧憬的更炎热的南方,那里诸神裸舞,以一切衣服为羞;

(我是在用譬喻说话,像诗人一样佶屈聱牙。真的,我惭愧我仍然不能不是一个诗人!)

那里一切生成在我看来都像是诸神的舞蹈和诸神的任性,世界重获自由,返朴归真;

宛如众神的一种永恒的自我逃避和自我寻觅,宛如众神的

查拉图斯特拉如是说(节录)

欢快的自我冲突，自我和解，自我恢复；

那里一切时间在我看来都像是对瞬间的欢快嘲弄，那里必然就是自由，它欢快地戏弄着自由的螫针……

——摘自《旧榜和新榜》一节。

你们创造者，你们更高贵的人！必须分娩者受苦；已经分娩者不净。

试问女人：分娩并非因为这使人快乐。痛苦使母鸡和诗人咯咯。

你们创造者，你们身上有许多不净。你们不得不做母亲，致使如此。

一个新生儿：啊，多少新的污秽也来到了世上！走开吧！已经分娩的人应当洗净他的灵魂！

——摘自《更高贵的人》一节。

自我批判的尝试①（1886）

一

　　这本成问题的书究竟缘何而写，这无疑是一个头等的、饶有趣味的问题，并且还是一个深刻的个人问题——证据是它写于激动人心的1870—1871年普法战争时期，但它又是不顾这个时期而写出的。正当沃尔特（Woerth）战役的炮声震撼欧洲之际，这本书的作者，一个沉思者和谜语爱好者，却安坐在阿尔卑斯山的一隅，潜心思索和猜谜，结果既黯然神伤，又心旷神怡，记下了他关于希腊人的思绪——这本奇特而艰难的书的核心，现在这篇序（或后记）便是为之而写的。几个星期后，他身在麦茨（Metz）城下，仍然放不开他对希腊人和希腊艺术的所谓"乐天"的疑问；直到最后，在最紧张的那1个月，凡尔赛和谈正在进行之际，他也和自己达成了和解，渐渐从一种由战场带回的疾病中痊愈，相信自己可以动手写《悲剧从音乐精神中的诞生》一书

自我批判的尝试

了。——从音乐中？音乐与悲剧？希腊人与悲剧音乐？希腊人与悲观主义艺术作品？人类迄今为止最健全、最优美、最令人羡慕、最富于人生魅力的种族，这些希腊人——怎么？偏偏他们必须有悲剧？而且——必须有艺术？希腊艺术究竟何为？……

令人深思的是，关于生存价值的重大疑问在这里究竟被置于何种地位。悲观主义一定是衰退、堕落、失败的标志，疲惫而羸弱的本能的标志吗？——在印度人那里，显然还有在我们"现代"人和欧洲人这里，它确实是的。可有一种强者的悲观主义？一种出于幸福，出于过度的健康，出于生存的充实，而对于生存中艰难、恐怖、邪恶、可疑事物的理智的偏爱？也许竟有一种因过于充实而生的痛苦？一种目光炯炯但求一试的勇敢，渴求可怕事物犹如渴求敌手，渴求像样的敌手，以便考验一下自己的力量，领教一下什么叫"害怕"？在希腊最美好、最强大、最勇敢的时代，悲剧神话意味着什么？伟大的酒神现象意味着什么？悲剧是从中诞生的吗？另一方面，悲剧毁灭于道德的苏格拉底主义、辩证法、理论家的自满和乐观吗？——怎么，这苏格拉底主义不会是衰退、疲惫、疾病以及本能错乱解体的征象吗？后期希腊精神的"希腊的乐天"不会只是一种回光返照吗？反悲观主义的伊壁鸠鲁意志不会只是一种受苦人的谨慎吗？甚至科学，我们的科学——是的，全部科学，作为生命的象征来看，究竟意味着什么呢？全部科学向何处去，更糟的是，从何而来？怎么，科学精神也许只是对悲观主义的一种惧怕和逃避？对真理的一种巧妙的防卫？用道德术语说，是类似于怯懦和虚伪的东西？用非道德术语说，是一种机灵？哦，苏格拉底，苏格拉底，莫非这便是你的秘密？哦，神秘的冷嘲者，莫非这便是你的——冷嘲？

二

当时我要抓住的是某种可怕而危险的东西，是一个带角的问题，倒未必是一头公牛，但无论如何是一个新问题。今天我不妨说，它就是科学本身的问题——科学第一次被视为成问题的、可疑的东西了。然而，这本血气方刚、大胆怀疑的书，其任务原不适合于一个青年人，又是一本多么不可思议的书！它出自纯粹早期的极不成熟的个人体验，这些体验全都艰难地想要得到表达；它立足在艺术的基础上——因为科学问题不可能在科学的基础上被认识。也许是一本为那些兼有分析和反省能力的艺术家写的书（即为艺术家的一种例外类型，人们必须寻找、但未尝乐意寻找这种类型……），充满心理学的新见和艺术家的奥秘，有一种艺术家的形而上学为其背景，一部充满青年人的勇气和青年人的忧伤的青年之作，即使在似乎折服于一个权威并表现出真诚敬意的地方，也仍然毫不盲从，傲然独立。简言之，尽管它的问题是古老的，尽管它患有青年人的种种毛病，尤其是

"过于冗长","咄咄逼人",但它仍是一本首创之作,哪怕是从这个词的种种贬义上说。另一方面,从它产生的效果来看(特别是在伟大艺术家理查德·瓦格纳身上,这本书就是为他而写的),又是一本得到了证明的书,我的意思是说,它是一本至少使"当时最优秀的人物"满意的书。因此之故,它即已应该得到重视和静默;但尽管如此,我也完全不想隐瞒,现在我觉得它多么不顺眼,事隔 16 年后,它现在在我眼中是多么陌生,——而这双眼睛对于这本大胆的书首次着手的任务是仍然不陌生的,这任务就是:用艺术家的眼光考察科学,又用人生的眼光考察艺术……

三

再说一遍,现在我觉得,它是一本不可思议的书,——我是说,它写得很糟,笨拙,艰苦,耽于想象,印象纷乱,好动感情,有些地方甜蜜得有女儿气,节奏不统一,无意于逻辑的清晰性,过于自信而轻视证明,甚至不相信证明的正当性,宛如写给知己看的书,宛如奏给受过音乐洗礼、一开始就被共同而又珍贵的艺术体验联结起来的人们听的"音乐",宛如为艺术上血缘相近的人准备的识别标记,——一本傲慢而狂热的书,从第一页起就与"有教养"的芸芸众生(Profanum Vulgus)无缘,更甚于与"民众"无缘,但如同它的效果业已证明并且仍在证明的那样,它又必定善于寻求它的共鸣者，引他们走上新的幽径和舞场。无论如何，在这里说话的——人们的好奇以及反感都供认了这一点——是一个陌生的声音，是一位"尚不认识的神"的信徒，他暂时藏身在学者帽之下，在德国人的笨重和辩证的乏味之下，甚至在瓦格纳之徒的恶劣举止之下；这里有一颗怀着异样的、莫名的需要的灵魂，有一种充满疑问、体验、隐秘的回忆，其中还要添上狄奥尼索斯的名字，如同添上一个问号；在这里倾诉的——人们疑惧地自言自语道——是一颗神秘的、近乎酒神女祭司的灵魂一类的东西，它异常艰难，不由自主，几乎决定不了它要表达自己还是隐匿自己，仿佛在用别人的舌头讷讷而言。这"新的灵魂"本应当歌唱，而不是说话！我没有勇气像诗人那样，唱出我当时想说的东西，这是多么遗憾，我本来也许能够这样做的！或者，至少像语言学家那样，——然而，在这个领域中，对于语言学家来说，差不多一切事物仍然有待于揭示和发掘！特别是这个问题，这里提出一个问题，——而只要我们没有回答"什么是酒神因素"这个问题，希腊人就始终全然是未被理解和不可想象的……

四

是的，什么是酒神精神？——这本书提出了一个答案，——在书中说话的是一个"知者"，是这位神灵的知己和信徒。也许我现在会更加审慎、更加谦虚地谈论像希腊悲剧的起源这样一个困难的心理学问题。根本问题是希腊人对待痛苦的态度，他们的敏感程度，——这种态度是一成不变的，还是有所变化的？——是这个问题：他们愈来愈强烈的对于美的渴求，对于节庆、快乐、新的崇拜的渴求，实际上是否生自欠缺、匮乏、忧郁、痛苦？假如这是事实——伯里克利（或修昔底德①）在伟大的悼辞中已经使我们明白了这一点——那么，早些时候显示出来的相反渴求，对于丑的渴求，更早的希腊人求悲观主义的意志，求悲剧神话的意志，求生存基础之上一切可怕、邪恶、谜样、破坏、不祥事物的观念的意志，又从何而来呢？悲剧又从何而来呢？也许生自快乐，生自力量，生自满溢的健康，生自过度的充实？那么，从生理学上看，那种产生出悲剧艺术和喜剧艺术的疯狂，酒神的疯狂，又意味着什么呢？怎么，疯狂也许未必是蜕化、衰退、末日文化的象征？也许有一种——向精神病医生提的一个问题——健康的神经官能症？民族青年期和青春的神经官能症？神与公山羊在萨提儿身上合二为一意味着什么？出于怎样的亲身体验，由于怎样的冲动，希腊人构想出了萨提儿这样的酒神醉心者和原始人？至于说到悲剧歌队的起源，在希腊人的

---

① 修昔底德（Thukydides，公元前460—前396年），古希腊历史学家，《伯罗奔尼撒战争史》的作者。

躯体生气勃勃、希腊人的心灵神采焕发的那几个世纪中,也许有一种尘世的狂欢?也许幻想和幻觉笼罩着整个城邦,整个崇神集会?怎么,希腊人正值年富力壮之时,反有一种求悲剧事物的意志,反是悲观主义者?用柏拉图的话说,正是疯狂给希腊带来了最大的福祉?相反,希腊人正是在其瓦解和衰弱的时代,却变得愈益乐观、肤浅、戏子气十足,也愈益热心于逻辑和世界的逻辑化,因而更"快乐"也更"科学"了?怎么,与一切"现代观念"和民主趣味的成见相抵牾,乐观主义的胜利,占据优势的理性,实践上和理论上的功利主义(它与民主相似并与之同时),会是衰落的力量、临近的暮年、生理的疲惫的一种象征?因而不正是悲观主义吗?伊壁鸠鲁之为乐观主义者,不正因为他是受苦者吗?——可以看出,这本书所承担的是一大批难题,——我们还要补上它最难的一个难题!用人生的眼光来看,道德意味着什么?……

五

在致理查德·瓦格纳的前言中,艺术——而不是道德——业已被看作人所固有的形而上活动;在正文中,又多次重复了这个尖刻的命题:只是作为审美现象,人在世上的生存才有充足理由。事实上,全书只承认一种艺术家的意义,只承认在一切现象背后有一种艺术家的隐秘意义，——如果愿意，也可以说只承认一位"神"，但无疑仅是一位全然非思辨、非道德的艺术家之神。他在建设中如同在破坏中一样，在善之中如同在恶之中一样，欲发现他的同样的快乐和光荣。他在创造世界时摆脱了丰满和过于丰满的逼迫，摆脱了聚集在他身上的矛盾的痛苦。在每一瞬间获得神的拯救的世界，乃是最苦难、最矛盾、最富于冲突的生灵之永恒变化着的、常新的幻觉，这样的生灵唯有在外观中才能拯救自己：人们不妨称这整个艺术家的形而上学为任意、无益和空想，——但事情的实质在于，它业已显示一种精神，这种精神终有一天敢冒任何危险起而反抗生存之道德的解释和意义。在这里，也许第一回预示了一种"超于善恶之外"的悲观主义，在这里，叔本华所不倦反对并且事先就狂怒谴责和攻击的"观点反常"获得了语言和形式，——这是一种哲学，它敢于把道德本身置于和贬入现象世界，而且不仅仅是"现象"（按照唯心主义术语的含义），也是"欺骗"，如同外观、幻想、错觉、解释、整理、艺术一样。这种反道德倾向的程度，也许最好用全书中对基督教所保持的审慎而敌对的沉默来衡量，——基督教是人类迄今所听到的道德主旋律之最放肆的华彩乐段。事实上，对于这本书中所教导的对世界的纯粹审美的理解和辩护而言，没有比基督教义更鲜明的对照了，基督教义只是道德的，只想成为道德的，它以它的绝对标准，例如以上帝存在的原理，把艺术、每种艺术逐入谎言领域，——也就是将其否定、谴责、判决了。在这种必须敌视艺术的思想方式和评价方式背后，我总还感觉到一种敌视生命的东西，一种对于生命满怀怨恨、复仇心切的憎恶：因为全部生命都是建立在外观、艺术、欺骗、光学以及透视和错觉之必要性的基础之上。基督教从一开始就彻头彻尾是生命对于生命的憎恶和厌倦，只是这种情绪乔装、隐藏、掩饰在一种对"彼岸的"或"更好的"生活的信仰之下罢了。仇恨"人世"，谴责激情，害怕美和感性，发明出一个彼岸以便诽谤此岸，归根到底，一种对于虚无、末日、灭寂、"最后安息日"的渴望——这一切在我看来，正和基督教只承认道德价值的绝对意志一样，始终是"求毁灭的意志"的一切可能形式中最危险最不祥的形式，至少是生命病入膏肓、疲惫不堪、情绪恶劣、枯竭贫乏的征兆，——因为，在道德（尤其是基督教道德即绝对的道德）面前，生命必不可免地永远是无权的，因为生命本质上是非道德的东西，——最后，在蔑视和永久否定的重压之下，生命必定被感觉为不值得渴望的东西，为本身无价值的东西。道德本身——怎么，道德不会是一种"否定生命的意志"，一种隐秘的毁灭冲动，一种衰落、萎缩、诽谤的原则，一种末日的开始吗？因而不会是最大的危险吗？……所以，当时在这本成问题的书里，我的本能，作为生命的一种防卫本能，起来反对道德，为自己创造了生命的一种根本相反的学说和根本相反的评价，一种纯粹审美的、反基督教的学说和评价。何以名之？作为语言学家和精通词义的人，我为之命名，不无几分大胆——因为谁知道反基督徒的合适称谓呢？——采用一位希腊神灵的名字：我名之为酒神精神。

六

人们可明白我这本书业已大胆着手于一项怎样的任务了吗？……我现在感到多么遗憾：当时我还没有勇气（或骄傲？）处处为如此独特的见解和冒险使用一种独特的语言，——我费力地试图用叔本华和康德的公式去表达与他们的精神和趣味截然相反的异样而新颖的价值估价！那么，叔本华对悲剧是怎么想的？他在《作为意志和表象的世界》第 2 卷中说："使一切悲剧具有特殊鼓舞力量的是认识的这一提高：世界、生命并不能给人以真正的满足，因而不值得我们依恋。悲剧的精神即在其中。所以它引导我们听天由命。"哦，酒神告诉我的是多么不同！哦，正是这种听天由命主义当时于我是多么格格不入！——然而，这本书有着某种极严重的缺点，比起用叔本华的公式遮蔽、损害酒神的预感来，它现在更使我遗憾，这便是：我以混入当代事物而根本损害了我所面临的伟大的希腊问题！在毫无希望之处，在败象昭然若揭之处，我仍然寄予希望！我根据德国近期音乐便开口奢谈"德国精神"，仿佛它正在显身，正在重新发现自己——而且是在这样的时代：德国精神不久前还具有统治欧洲的意志和领导欧洲的力量，现在却已经寿终正寝，并且在建立帝国的漂亮借口下，把它的衰亡炮制成中庸、民主和"现代观念"！事实上，在这期间我已懂得完全不抱希望和毫不怜惜地看待"德国精神"，也同样如此看待德国音乐，把它看作彻头彻尾的浪漫主义，一切可能的艺术形式中最非希腊的形式；此外它还是头等的神经摧残剂，对于一个酗酒并且视晦涩为美德的民族来说具有双重危险，也就是说，它具有双重性能，是既使人陶醉、又使人糊涂的麻醉剂。——当然，除了对于当代怀抱轻率的希望并且作过不正确的应用，因而有损于我的处女作之外，书中却也始终坚持提出伟大的酒神问题，包括在音乐方面：一种音乐必须具有怎样的特性，它不再是浪漫主义音乐，也不再是德国音乐，——而是酒神音乐？……

七

——可是，我的先生，倘若您的书不是浪漫主义，那么世界上还有什么是浪漫主义呢？您的艺术家形而上学宁愿相信虚无，宁愿相信魔鬼，而不愿相信"现在"，对于"现代""现实""现代观念"的深仇大恨还能表现得比这更过分吗？在您所有的对位法音乐和声音诱惑之中，不是有一种愤怒而又渴望毁灭的隆隆声，一种反对一切"现在"事物的勃然大怒，一种与实践的虚无主义相去不远的意志，在发出轰鸣吗？这意志似乎喊道："宁愿无物为真，胜于你们得理，胜于你们的真理成立！"我的悲观主义者和神化艺术者先生，您自己听听从您的书中摘出的一些句子，即谈到屠龙之士的那些颇为雄辩的句子，会使年轻的耳朵和心灵为之入迷的。怎么，那不是1830年的地道的浪漫主义表白，戴上了1850年的悲观主义面具吗？其后便奏起了浪漫主义者共通的最后乐章——灰心丧气，一蹶不振，皈依和膜拜一种旧的信仰，那位旧的神灵……怎么，您的悲观主义著作不正是一部反希腊精神的浪漫主义著作，不正是一种"既使人陶醉、又使人糊涂"的东西，至少是一种麻醉剂，甚至是一曲音乐、一曲德国音乐吗？请听吧：

"我们想象一下，这成长着的一代，具有如此大无畏的目光，怀抱如此雄心壮志；我们想象一下，这些屠龙之士，迈着坚定的步伐，洋溢着豪迈的冒险精神，鄙弃那种乐观主义的全部虚弱教条，但求在整体和完满中'勇敢地生活'，——那么，这种文化的悲剧人物，当他进行自我教育以变得严肃和畏惧之时，岂非必定渴望一种新的艺术，形而上慰藉的艺术，渴望悲剧，如同渴望属于他的海伦一样吗？他岂非必定要和浮士德一同喊道：

我岂不要凭眷恋的痴情，

带给人生那唯一的艳影？"

　　"岂非必定？"……不，不，决不！你们年轻的浪漫主义者：并非必定！但事情很可能如此告终，你们很可能如此告终，即得到"慰藉"，如同我所写的那样，而不去进行任何自我教育以变得严肃和畏惧，却得到"形而上的慰藉"，简言之，如浪漫主义者那样告终，以基督教的方式……不！你们首先应当学会尘世慰藉的艺术，——你们应当学会欢笑，我的年轻朋友们，除非你们想永远做悲观主义者；所以，作为欢笑者，你们有朝一日也许把一切形而上慰藉——首先是形而上学——扔给魔鬼！或者，用酒神精灵查拉图斯特拉的话来说：

　　"振作你们的精神，我的兄弟们，向上，更向上！也别忘了双腿！也振作你们的双腿，你们好舞蹈家，而倘若你们能竖蜻蜓就更妙了！

　　"这顶欢笑者的王冠，这顶玫瑰花环的王冠：我自己给自己戴上了这顶王冠，我自己宣布我的大笑是神圣的。今天我没有发现别人在这方面足够强大。

　　"查拉图斯特拉这舞蹈家，查拉图斯特拉这振翅欲飞的轻捷者，一个示意百鸟各就各位的预备飞翔的人，一个幸福的粗心大意者：——

"查拉图斯特拉这预言家,查拉图斯特拉这真正的欢笑者,一个并不急躁的人,一个并不固执的人,一个爱跳爱蹦的人,我自己给自己戴上了这顶王冠!

　　"这顶欢笑者的王冠,这顶玫瑰花环的王冠:我的兄弟们,我把这顶王冠掷给你们!我宣布欢笑是神圣的:你们更高贵的人,向我学习——欢笑!"(《查拉图斯特拉如是说》第4部)

瓦格纳事件

——一个音乐家的问题

（1888）

前言

我松了一口气。我在这篇文章里扬比才①而抑瓦格纳,这并非只是恶意。我借连篇戏言说出的事情可不能一笑了之。与瓦格纳决裂,对于我乃是一种命运;此后重又喜欢上什么,对于我乃是一种胜利。也许没有人更危险地与瓦格纳精神紧密相联,没有人更强硬地与之短兵相接,没有人更庆幸与之分道扬镳。一段漫长的历史!——想要用一个词来形容这段历史?——倘若我是道德家,谁知道我会怎样来命名它?也许**叫**

---

① 比才(Bizet,1838—1875),法国音乐家,歌剧《卡门》的作者,生前未受应有之重视。

自我克服。——但哲学家不喜欢道德家……他也不喜欢漂亮字眼……

一个哲学家对自己的起码要求和最高要求是什么？在自己身上克服他的时代，成为"无时代的人"。那么，他凭什么去进行他最艰难的斗争？就凭那使他成为他的时代的产儿的东西。好吧！和瓦格纳一样，我是这个时代的产儿，也就是说，是**颓废者**。不同的是，我承认这一点，并且与之斗争。我身上的哲学家与之斗争。

最使我竭思殚虑的问题，事实上就是颓废问题——我有这样做的理由。"善与恶"不过是这一问题的变种。只要看一看衰退的征象，就可以理解道德——就可以理解，在它最神圣的名称和价值公式下面隐藏着什么：**蜕化**的生命，求毁灭的意志，极度的疲惫。道德**否定**生命……我必须有一种自我约束，以完成这样一个任务——**反对**我身上的一切疾病，包括瓦格纳，包括叔本华，包括整个现代"人性"。——对于时代的、合时宜的一切，全然保持疏远、冷淡、清醒；作为最高的愿望，有一双**查拉图斯特拉**的眼睛，从遥远的地方俯视人类万象——并**看透**自己……为这样一个目的——何种牺牲、何种"自我克服"、何种"自我否定"会不值得？

我的最伟大经历是一种**痊愈**。瓦格纳纯粹是我的疾病。

对于这种疾病，我并非没有感激之心。当我在本文中坚持瓦格纳是**有害**的这个命题时，我并不想否认，尽管如此，他对于一种人却是不可缺少的——便是对于哲学家。一般人没有瓦格纳也许过得去；哲学家却不能随便缺少瓦格纳。他应当是他的时代的不安的良心——为此他必须具备他的时代的最佳知识。然而，他到哪里去为现代心灵的迷宫寻找一个比瓦格纳更懂行的向导，更雄辩的心理学家呢？现代特性借瓦格纳之口说出它**最知心**的话，它既不隐瞒它的善，也不隐瞒它的恶，它忘掉了一切自惭自羞。反之，倘若弄清楚瓦格纳身上的善和恶，也就差不多估算出了现代事物的**价值**。——倘若今天一位音乐家说："我恨瓦格纳，可我再也受不了别的音乐了"，我对此完全理解。但是，我也同样会理解一位哲学家，倘若他声明："瓦格纳**集中体现了**现代特性。一个人必须首先是瓦格纳之徒，这无济于事……"

一

　　昨天我——您会相信吗？——第 20 遍听比才的杰作。我又是聚精会神，我又是乐而忘返。我的急躁竟被战胜，真令我惊异。这样一部作品怎样地使人完善！此时一个人自己也变成了"杰作"。——只要一听《卡门》，我便比任何时候更真切地觉得自己是个哲学家，是个好哲学家：那样耐心，那样幸福，那样充满印度味儿，那样**坐得住**……一坐五个钟头：神圣的第一阶段！——可允许我说，比才的管弦乐几乎是我尚能忍受的唯一管弦乐了？那**另**一种管弦乐，如今最时兴的，瓦格纳的管弦乐，蛮横、做作又"清白无辜",与此同时诉诸现代心灵的三种官能——我觉得那种瓦格纳的管弦乐是多么有害!我称它为西罗科风①。我出了一身臭汗。**我的好天气算完了。**

在我看来,比才的音乐是完美的。它轻盈、柔顺、彬彬有礼地来临。它亲切可爱,它不使人**淌汗**。"善是轻盈的,一切神物以纤足疾步":我的美学的第一原理。这种音乐是调皮、精巧、听天由命的;它同时仍然大众化——它具有一个种族的而非一个个人的精巧。它丰富。它准确。它建造,组织,完成。它以此与音乐中的节外生枝,与"无休止的旋律"形成鲜明对照。人们可曾在舞台上听到过更痛苦的悲叹?而且,这悲叹是如何表现的呵!没有皱眉蹙额!没有弄虚作假!没有堂皇风格的**谎言**!——最后:这种音乐把听众当作聪明人,甚至当作音乐家——它在这一点上也与瓦格纳相反,无论何时,后者始终是世界上**最无礼**的天才(瓦格纳简直像是强迫我们——他喋喋不休地重复一件事,直到我们绝望——直到我们相信)。

再说一遍:当这位比才向我倾诉时,我就成了一个较好的人。也是一个较好的音乐家,一个较好的**听众**。一般来说,人还能更好地倾听吗?——我把我的耳朵埋到这音乐**下面**去,我听到的正是它的动机。我仿佛觉得,我参与了它的诞生——在这

———————————————

① 西罗科风,欧洲南部的一种闷热带雨的风。

场历险中，我临危颤慄，我又欣喜于这幸运的遭遇，比才对它也可不承担干系。——而且，真是奇怪！我根本没有希求它，或者没有**意识到**我其实多么渴望它。因为当时有全然不同的思想掠过我的头脑……可曾有人发现，音乐**解放**精神，为思想添上双翼？一个人愈是音乐家，就愈是哲学家？——抽象概念的灰色苍穹如同被闪电划破；电光明亮足以使万物纤毫毕露；伟大的问题伸手可触；宛如凌绝顶而世界一览无遗。——我正是在给哲学的激情立一界说。——问题**已得解决**，答案不期而至，如一小阵冰和智慧的雹雨……我身在何处？——比才使我多产。一切善使我多产。对于善，我没有别的感激方式，我也没有别的**证明方式**。

　　二

　　这部作品也在拯救；瓦格纳不是唯一的"拯救者"。人们借它而诀别**阴湿**的北方，诀别一切瓦格纳式理想的迷雾。单凭情节就把我们从这迷雾中救了出来。在梅里美①那里，情节即已具有激情中的逻辑，直接的线索，严格的必然性；它具有热带的一切特征，尤其是空气的干燥和景物的澄澈（limpidezza）。这里

————————

① 比才的歌剧《卡门》根据梅里美的同名小说改编。

瓦格纳事件

的气候在各个方面都迥然不同。这里有另一种感性、另一种敏感、另一种明朗在说话。这种音乐是明朗的;但并不是法国的或德国的明朗。它的明朗是非洲式的;它的头上笼罩着厄运,它的幸福短暂,突如其来,无须宽恕。我羡慕比才,因为他有这种敏感的勇气,这种敏感迄今为止在欧洲有教养的音乐中尚无法表现——这种南方的、褐色的、燃烧的敏感……它的幸福的金色午后多么宜人! 我们极目眺望:我们可曾见过更**平滑如镜**的大海? ——而摩尔人的舞蹈又多么令人恬静! 在它充满情欲的忧伤中,甚至我们的贪得无餍也如何一度懂得了餍足! ——最后,这爱情,这复归于**自然**的爱情! 并非一个"上流社会的少女"的爱情! 并无森塔式的多愁善感! 而是一种如同命运、如同**宿命**一样的爱情,嘲讽,天真无邪,残酷——而**自然**正在其中! 这爱情,它的手段是战争,它的本质是两性间**殊死的仇恨**! ——我不知道还有什么地方,造就爱情之本质的悲剧性幽默得到如此有力的表达,赋有如此可惊的形式,如同在这部作品结尾处唐·豪塞①的最后一声呼喊中那样:

> "是的! **我杀死了她,**
>
> **我杀死了我崇拜的卡门!**"

------

① 唐·豪塞(Don Josè),《卡门》中男主角,因嫉妒而杀死他所爱的卡门。

——对爱情的这样一种理解（与哲学家相称的唯一理解）是罕见的：它使一部艺术作品独步于千百部作品之上。因为一般说来，艺术家的做法与世人一样，甚至更糟——他们**曲解**爱情。连瓦格纳也曲解了它。他们自以为在爱情中是无私的，因为他们为了另一个人的利益，常常违背他们自己的利益。但是，他们为此却要**占有**这另一个人……在这里，甚至上帝也不例外。他与"我爱你，这与你何干"相去甚远——倘若人们不再爱他，他就变得可怕了。人们凭借 L'amour（爱）的大话自视为神和人，但是——爱是一切情感中最自私的情感，所以，当它受到伤害时，它是最不宽容的［原文为法文］。（B. 贡斯当）

三

您已经看到这种音乐多么有力地**改善**我了吗？——完全像陆地包围内海一样被音乐包围着［原文为法文］：我有这一公式的根据（《善恶的彼岸》第二章）。复归于自然，健康，明朗，青春，美德！——而我终究是一个最堕落的瓦格纳之徒……我曾经有能力严肃地对待瓦格纳……啊，这个老魔术师！他向我们要了些什么花招！他的艺术端给我们的第一样东西就是一枚放大镜：人们往里瞧，人们不相信自己的眼睛了——一切都变大了，**瓦格纳自己也变大了**……一条多么机灵的响尾蛇！他一生向我们摇响"献身""忠诚""纯洁"这些大字眼，带着对贞洁的赞美，他从**腐败**的世界里溜了回来！——而我们对之深信不疑……

　　——但是您不听我的？您宁要瓦格纳的**问题**，不要比才的问题？我也不低估瓦格纳的问题，它有它的魔力。拯救的问题甚至是个令人肃然起敬的问题。瓦格纳对任何问题都不像对拯救问题想得这样深：他的歌剧是拯救的歌剧。他的任何一个角色都总想着得救：时而是一个小男人，时而是一个小女子——这是**他**的问题。——而他多么奢侈地变换着他的主题！多么罕见、多么意味深长的转移！倘若不是他，谁又能教诲我们：贞洁带着偏爱拯救有趣的罪人（在《汤豪塞》中）？或者永世流浪的犹太人一旦结婚，就能得救，**安居乐业**（在《漂泊的荷兰人》中）？或者年老的风尘女子宁愿从童男得救（例如孔德里①）？或者年轻的歇斯底里病人喜欢被她们的大夫拯救（例如在《罗恩格林》中）②？或者美丽少女**最**喜欢通过一位骑士得救，那骑士是个瓦格纳之徒（在《名歌手》中）？或者已婚女子也喜欢通过一位骑士得救（例如伊索尔德）？或者"年老的神"在道德上处处陷于

① 孔德里，瓦格纳歌剧《帕西法尔》中女主角。
② 此句由英译者 J. N. Kennedy 据上下文意思补。见《尼采全集》英文版第 8 卷第 6 页。

窘境之后,终于通过一位自由思想家和非道德主义者得救(在《指环》中)? 您对这最后一点深义尤为惊叹! 您理解它吗? 我——谨防自己去理解它……人们从上述作品中还能得出别的教诲,对此我宁愿证明,不想反驳。一个人可以被瓦格纳式的芭蕾舞引向绝望——并且引向德行(仍见《汤豪塞》)! 倘若不是适时地上床,会有最糟糕的后果(仍见《罗恩格林》)。一个人决不应该确切地知道,自己究竟是同谁结婚(仍见《罗恩格林》)。——《特里斯坦和伊索尔德》颂扬一个完美的丈夫,他在某一个场合只有一个问题:"可是你们为什么不早些把这告诉我? 没有比这更简单的了!"回答是:

> "我不能告诉你;
>
> 而你所问的,
>
> 你决不会经历。"

《罗恩格林》包含一个禁止研究和发问的声明。瓦格纳以此为基督教的观念"你应当并且**必须相信**"辩护。科学态度乃是最高、最神圣的罪行……《漂泊的荷兰人》鼓吹一种庄严教条:女人能稳住——用瓦格纳的方式表达即"拯救"——最不安稳的人。在这里我们不妨提一个问题。假定这是真的,难道因此就是值得向往的吗? ——被一个女人崇拜和**稳住**的"永世漂泊的

瓦格纳事件

犹太人"会有什么结果呢？他仅仅停止了永世漂泊；他结婚，他
与我们不再有任何关系。——转入现实中：艺术家和天才（他
们就是"永世漂泊的犹太人"）的危险就在于女人，**女崇拜者**是
他们的克星。在感到自己被当作神对待时，没有一个人性格坚
强得足以不被毁灭——不被"拯救"，他立刻就**屈尊俯就**女人
了。——男人在一切永恒的女性面前是怯懦的，小女子们知道
这一点。——女人的爱情，在许多场合，也许特别是在最负盛名
的事例中，只是一种比较精致的**寄生性**，是在一个异己的灵魂
里，有时甚至在一个异己的肉体里为自己筑巢——唉！"屋主
人"的花费总是多么昂贵！

　　歌德在老处女般伪善的德国的命运是众所周知的。在德国
人眼里，他始终是不正派的，他仅仅在犹太女人中获得了由衷的
钦佩。席勒，用伟大字眼震荡德国人耳膜的"高贵的"席勒——
他才合他们的心意。他们责备歌德什么呢？《维纳斯山》；还有
他创作了《威尼斯警句诗》。克洛普斯托克①就已经向他作过道
德说；有一个时期，赫尔德在谈到歌德时喜欢用普里阿普斯②这
个词。甚至《威廉·迈斯特》也被视为堕落和"道德败坏"的征
象。这"驯畜栏"及其主角的"毫无价值"使得尼布尔③之流大发

---

① 克洛普斯托克（Klopstock，1724—1803），德国诗人。
② 普里阿普斯（Priapus），希腊罗马神话中男性生殖力和阳具之神。
③ 尼布尔（Niebuhr，1776—1831），德国历史学家。

雷霆,最后他终于发出一声浩叹,在他笔下,比特罗尔夫①也许会如此悲歌:"一颗伟大的心灵损折了自己的翅膀,**他舍弃崇高的事情**,却在远为低贱的事情中寻求匠意,还有什么比这更令人痛心。"……然而,上流社会的少女尤其愤怒,德国的所有小宫廷、形形色色的道学家在歌德面前,在歌德的"肮脏灵魂"面前画十字。——**这**一历史支配着瓦格纳的音乐。他**拯救**歌德,这是不言自明的;不过是以这种方式:他同时精明地站在上流社会的少女一边。歌德得救了:一席祈祷拯救了他,一个上流社会的少女**超度了他……**

——歌德对瓦格纳会怎样想呢?——歌德曾经向自己提出一个问题:威胁着一切浪漫主义者的危险、浪漫主义者的厄运是什么?他的回答是:"因为反复咀嚼道德悖理和宗教悖理而窒息。"简言之:《帕西法尔》。——哲学家还为之补充一个结束语。**神圣**或许是民众和女人尚能看到的仅有的较高价值,是为一切天性近视的造物而设的理想的地平线。然而,对哲学家来说,任何地平线都是一种纯粹的误解,是在**他们**的世界——**他们**的危险,**他们**的理想,**他们**的希望——**开始**的地方关上了大门……说得客气些:哲学不是为多数人准备的,它需要圣洁[原文为法文]。

---

① 比特罗尔夫,《汤豪塞》中人物。

四

　　——我再谈谈《指环》的故事。理应在这里谈。它也是一个拯救的故事,不过这回得救的是瓦格纳自己。——瓦格纳有半辈子之久相信**革命**,不过是像随便哪个法国人那样相信它。他在神话的古奥字迹中寻找它,他相信在**齐格弗里德**身上找到了典型的革命家。——"世上的一切不幸从何而来?"瓦格纳问自己。然后他像一切革命思想家那样答道:来自"旧的契约"。用德语说,就是来自风俗,法律,道德,公共机构,来自旧世界、旧社会建立于其上的一切事物。"如何消灭世上的不幸? 如何废除旧社会?"唯一的途径是向"契约"(传统、道德)宣战。**齐格弗里德是这样做的**。他早就开始这样做了,非常之早:他的出生已经是对道德的宣战——他是通奸和乱伦的产儿……这一激烈特征的创造者**不是**神话传说,而是瓦格纳;他在这一点上**修改**了神话传说……齐格弗里德一如其开始,继续向前:他只听从第一个冲动,他抛弃了一切传统,一切崇敬,一切畏惧。凡是不合他意的,他一律打倒。他无礼地顶撞一切神灵。但是,他的主要事业却是**解放妇女**——"拯救布仑希尔德"……齐格弗里德和布仑希尔德;自由恋爱的圣礼;黄金时代的出现;古老道德之神界的黄昏——**灾祸消弭了**……瓦格纳的船只长时间兴致勃勃地行驶在这条航道上。毫无疑问，瓦格纳在这条航道上寻找**他**的最高**目标**。——结果如何？很不幸。船触礁了；瓦格纳搁浅了。这暗礁便是叔本华哲学；瓦格纳搁浅在一种**相反**的世界观上了。他在音乐中播下了什么？乐观主义。瓦格纳羞愧了。而且是这样一种乐观主义，叔本华为之使用了一个恶毒的形容词——**卑鄙的**乐观主义。他又一次羞愧。他久久地冥思苦想，他的处境似乎是绝望的……最后，一条出路在他面前隐约显现：使他遭难的这暗礁，倘若他把它看作目标，潜在的目的，他的航行的真正意义，会怎么样呢？在这里**遭难**——这也是一种目标。触礁沉舟之时，航行就完成了［原文为拉丁文］……而他就把《指环》翻译成叔本华的语言。一切都走样了，一切都崩溃了，新世界像旧世界一样糟糕——**虚无**，这印度的喀耳刻①在招手……布仑希尔德，照原来的意图应当用一支歌来同自由恋爱的光荣告别，许给世界一个社会主义的乌托邦，那里"一切都会好起来"，现在却有别的事情要做了。她必须先学习叔本华；她必须把《作为意志和表象的世界》第四卷改写成韵文。**瓦格纳得救了**……不开玩笑，这是一种得救。瓦格纳受之于叔本华的恩惠真是不浅。唯有颓废**哲学家**才使颓废艺术家获得了**真身**。

---

① 喀耳刻（Circe），希腊神话中的美丽的女仙，善巫术，住在地中海一小岛上，蛊惑旅人，将他们变成牲畜。曾把奥德修斯的同伴变成猪。

五

现在来谈谈**颓废艺术家**。我对这个问题是严肃的。当这颓废者损害我们的健康并且损害我们的音乐时,我不能袖手旁观!说到底,瓦格纳是一个人吗?难道他不更是一种疾病?凡他接触之物,他都使之患病——**他使音乐患病了**——

一个典型的颓废者,他在他堕落的趣味中觉得自己是不可缺少的,他用这种趣味占有一种更高的趣味,他善于把他的堕落表现为法则,表现为进步,表现为价值的实现。

人们却毫不抵抗。他的诱惑力大得惊人,他周围香烟缭绕,对他的误解被标榜为"福音"——受他诱惑的绝对不只是精神贫乏之辈!

我喜欢开一下窗子。空气!更多的空气!

在德国,人们在瓦格纳问题上欺骗自己,我对此并不感到奇怪。若不如此,那倒会使我感到奇怪了。德国人替自己塑造了一个瓦格纳,以便对之顶礼膜拜。他们从来不是心理学家,他们得益于他们的误解。可是,在巴黎,人们在瓦格纳问题上也欺骗自己!那里的人几乎仅仅是心理学家,再不是别的!还有在圣彼得堡!那里的人能够领悟巴黎人也不能领悟的事物!瓦格纳想必与欧洲的整个颓废势力血缘何等相近,以致后者感觉不到他是个颓废者了！他属于后者：他是它的主角，它最伟大的名字……人们把他抬到天上，以此褒扬自己。——因为人们对他不作抵抗，这本身已是颓废的征象。本能衰弱了。人们被本应惧怕的东西吸引着，嗜好那将更快地置他们于死地的东西。——想要举个例子吗？只要考察一下贫血、痛风或糖尿病患者给自己制定的食谱（Regime）就可以了。素食者的定义：一种必须食用滋补性食物的人。**能够**把有害视为有害，禁戒有害之物，这是青春和生命力的标志。有害之物吸引精疲力竭者；蔬菜吸引素食者。疾病本身可以是生命的一种刺激剂，但是一个人于这种刺激剂必须足够健康！——瓦格纳加剧精疲力竭！所以他吸引衰弱者和精疲力竭者。噢，昔日大师之所以有响尾蛇式的幸福，正因为他总是看到"童子"朝他走来！

我预先提出这个观点：瓦格纳的艺术是病态的。他带到舞台上的问题（纯属歇斯底里患者的问题），他的痉挛的激情，他的过度亢奋的敏感，他那要求愈来愈刺激的佐料的趣味，被他美化为原则的他的反复无常，以及他的男女主人公的选择（他们被看作生理类型——一条病人肖像的画廊！）：这一切描绘出一种病象，这是毫无疑问的。瓦格纳是一个神经官能症患者［原文为法文］。如今，也许没有什么比蜕化的普洛透斯①性格更为人所熟悉了，

---

① 普洛透斯（proteus），希腊神话中变幻无常的海神。

至少没有什么比它更为人所精心研究了,它在这里蛹化为艺术和艺术家。我们的医生和生理学家可以在瓦格纳身上找到最有趣的、至少是十分完整的病例。既然没有什么比这种综合征、这种神经机制的迟暮和亢奋更为现代的了,那么,瓦格纳正是卓越的(par excellence)**现代艺术家**,现代的卡里奥斯特①。在他的艺术中,当今整个世界最必需的东西——精疲力竭者的三样主要刺激剂,**即残忍、做作和清白无辜**(痴呆),以最诱人的方式掺和起来了。

瓦格纳严重地败坏了音乐。他把音乐看作刺激疲惫神经的手段——因而他使音乐患病了。在那种振奋精疲力竭者、唤醒半死不活者的艺术中,他的贡献非同小可。他是催眠术大师,他能使公牛一样的壮汉躺倒。瓦格纳的**成就**——他的见之于神经从而见之于女人的成就——使得整个沽名钓誉的音乐界成了他的神秘艺术的追随者。而且不只是沽名钓誉的音乐界,还有聪明乖巧的音乐界……如今只有病态的音乐能赚钱;我们的大剧院靠瓦格纳过日子。

六

——我要让自己再乐一下子。我假设这样一种情形:瓦格

———

① 卡里奥斯特(Cagliostro),18 世纪西西里的炼丹术士和骗子。

纳的成就变得有血有肉,赋有形体,它打扮成与人为善的音乐理论家,混迹于青年艺术家之中。在您看来,他在那里会如何现身说法?

我的朋友,他会说,让我们关起门来说几句知心话。制作坏音乐比制作好音乐容易。怎么,倘若除此之外,这还是更有益的呢?更有效果,更令人信服,更振奋人心,更靠得住的呢?更**瓦格纳式的呢**?……美只属于极少数人[原文为拉丁文]。真糟糕!我们懂拉丁文,我们也许还懂我们的利益。美有美的难处:我们知道这一点。那么,美又何为?何不宁要伟大、崇高、宏伟,宁要令**群众**激动的东西?——再说一遍:成为宏伟是比成为美更容易的;我们知道这一点……

我们了解群众,我们了解剧院。坐在里面的最好的观众,那些德国青年,头上长角的齐格弗里德和其他瓦格纳之徒,需要崇高、深刻和雄伟。我们尚能勉为其难。坐在里面的另一些观众,那些有教养的白痴,渺小的自负之辈,永恒的女性,脑满肠肥的幸运儿,简言之,**民众**,也同样需要崇高、深刻和雄伟。这些人反正有同样的逻辑:"谁使我们躺倒,谁就是强大的;谁把我们举起来,谁就是神圣的;谁让我们忐忑不安,谁就是深刻的。"——让我们下定决心,我的音乐家先生们:我们要使他们躺倒,我们要举起他们,我们要让他们忐忑不安。我们尚能勉为其难。

——

瓦格纳事件

说到使人忐忑不安，我们的"风格"概念在这里便获得了它的出发点。决不要思想！没有什么比一个思想更丢丑的了！而要思想之前的状态，尚未诞生的思想之冲动，未来思想之许诺，世界在上帝创造它之前乃是混沌的重复……混沌使人忐忑不安……

大师的语言所表达的是：无限，但没有旋律。

其次，说到使人躺倒，这已经是属于生理学范围内的事情了。让我们首先来研究一下乐器。其中的一些甚至还诉诸内脏（用亨德尔的话说，它们**打开了大门**），另一些施魔法于脊髓。旋律的色彩在这里起决定作用，**旋律本身**却是无关紧要的。让我们在**这方面**精心制作！否则我们的劲儿往何处使？让我们在音响中独具特色，甚而臻于疯癫！倘若我们凭借音响来说教，人们便认为我们有智慧！让我们刺激神经，让我们狠狠敲打神经，让我们操纵雷电——把人击倒在地……

但是，**激情**尤其能使人躺倒。——我们要好生懂得激情。没有比激情更廉价的东西了！一个人可以放弃对位法的全部美德，可以完全不学无术——他却总是能够有激情！美是难的，让我们留神美！……还有**旋律**！让我们诅咒，我的朋友，让我们诅咒，倘若它与我们的理想格格不入，让我们诅咒旋律！没有比优美的旋律更危险的东西了！没有比它更确定无疑地败坏趣味的东西了！我的朋友，如果人们又重新喜欢上优美的旋律，我们就输了！⋯⋯

定理：旋律是非道德的。**证明**：帕莱斯特里那。**应用**：《帕西法尔》。缺乏旋律本身就是神圣的⋯⋯

而这便是激情的定义。或者说，激情是丑在等音［等音，同音高但音名不同，如升 C 与降 D。］上走钢丝。——我的朋友，我们要敢于成为丑的！让我们勇敢地搅动我们面前最令人厌恶的和声的泥浆！不要珍惜我们的双手！如此我们才能成为**自然的**⋯⋯

最后一个忠告！它也许概括了一切。——**我们做理想主义者！**——这即使不是最聪明的，也毕竟是我们所能做的最明智的事。要提高别人，自己必须是崇高的。让我们漫步云端，让我们渴慕无限，让我们在自己周围布满伟大的象征！**嗡嗡！咚咚！**——没有更好的忠告了。"崇高的胸怀"是我们的论据，"优美的情感"是我们的辩护人。美德公正地反对对位法。"倘若他自己不是善人，他又如何改善我们呢？"人类一贯如此推论。让我们这样来改善人类！——人们因此成为善人（人们甚至因此成为"经典作家"——席勒成了"经典作家"）。对于低级感官刺激、对于所谓美的追求使意大利人神经衰弱了，让我们坚持做德国人！甚至莫扎特对音乐的态度——瓦格纳为了安慰我们而向我们揭露！——也根本是轻浮的⋯⋯我们绝对不要用音乐来"疗养"，来"娱乐"，来"享受"。**我们绝对不要享受！**——倘若人们对艺术作享乐主义理解，我们就输了……这是最恶劣的18世纪……顺便说说，在这里没有什么比一顿**抱怨**更可取的了，口诛笔伐［原文为拉丁文］，这是体面的。——让我们选择这样的时刻，它便于暗中窥视，公开叹息，基督教式地叹息，使人得以共睹伟大的基督教的同情。"人类堕落了，谁能拯救他？**什么能拯救他**？"——我们不要回答。我们要谨慎。我们要克制我们那想要创立宗教的野心。但是没有人能够怀疑，**我们在拯救他**，唯有**我们**的音乐在拯救……（见瓦格纳的论文《宗教与音乐》）

七

够了！够了！我恐怕人们从我逗乐的描绘中仍将过于清楚地看出险恶的真相——艺术堕落的形象，以及艺术家堕落的形象。后者即一种性格的堕落，它或许可以用下述公式作权宜的表述：音乐家现在变成了戏子，他的艺术愈来愈作为一种**说谎**的才能展现开来。我将有一个机会（在我的主要著作①的一章中，该章标题为《艺术生理学》）更详细地指出，艺术向演戏的这

---

① 指《权力意志》，尼采生前未完成此书，一说他本人最后放弃了此书的写作计划。现在流传的《权力意志》一书由他妹妹编纂而成，书中无《艺术生理学》一章。该章事实上并未写出，只留下了提纲。

种总体转化如何肯定是生理退化的一种表现（更确切地说，是歇斯底里症的一种形式），而瓦格纳所开创的艺术则是一种个别的腐败和衰弱，例如，其外观的激动不安迫使其时时变换姿态。谁在瓦格纳身上仅仅看到畸形、任性和火爆脾气，仅仅看到偶然性，谁就是对他一无所知。他并不是一个"有缺陷的"、"遇险的"、"矛盾的"天才，如同人们似乎说过的那样。瓦格纳是某种**完成了**的东西，是一个典型的颓废者，他身上没有任何"自由意志"，却有着必然性的一切特征。如果说瓦格纳身上还有什么有趣的东西，那就是一种首尾一贯性，靠了它，一种生理疾患一步步依次顺理成章地演变为实践和程序，演变为原则的革新，演变为趣味的危机。

我这一回仅限于**风格**问题。——各种**文学颓废**的标志是什么？就是生命不复处于整体之中。词不可一世，脱离了句子，句子扩张而遮蔽了段落的意义，段落又以牺牲整体为代价而获得生命——于是整体不再成其为整体。然而，这是每种颓废风格的象征，永远是原子的混乱无序，意志的涣散，用道德的语汇说，便是"个体的自由"，扩展为一种政治理论，便是"一切人的**平等权利**"。生命、**同等**的活力、生命的蓬勃兴旺被压缩在最小的单位中，生命剩下**可怜**的零头。比比皆是瘫痪、艰难、僵硬或者敌对和混乱：上升到愈高的组织形式，二者就愈是触目惊心。整体根本不复存在，它被人为地堆积和累计起来，成了一种人工制品。

在瓦格纳那里,首当其冲的是一种幻觉,不是声音的幻觉,而是表情姿势的幻觉。为了后者,他才去寻找音调符号。倘若人们想要佩服他,就不妨看看他在这方面的工作情景:他如何分析和归纳,如何使这些符号生动,完成,变得一目了然。但是,他在这上面耗尽了力气,没有余力再做别的了。他的"展开"方式,他竭力把互不相干的东西串在一起的尝试,是何等可怜,何等狼狈,何等外行!他在这方面的艺术手法令人想起龚古尔兄弟①,他们与瓦格纳的风格一向接近,这般困境着实让人怜悯。瓦格纳把他在创造有机形态方面的无能化装为一种原则,在我们确认他根本不可能有风格的地方,他确立起一种"戏剧风格",这倒很符合瓦格纳毕生坚持的那种大胆习性:他在他缺乏能力的地方建立起原则(在这方面,顺便说说,老康德就完全不同,他爱好**另一种**大胆:凡属他缺乏一种原则的地方,他就为之设立人的一种"能力"……)。再说一遍,瓦格纳的可叹可爱之处仅仅在于发明细微末节,编造琐碎详情——人们完全有权支持他,宣布他在这方面是一级大师,是现代音乐中最伟大的工笔**画家**,他在微小空间里凝聚了无限的柔情和深义。他擅长色彩、

① 龚古尔兄弟,即爱德蒙·德·龚古尔(1822—1896)和于勒·德·龚古尔(1830—1870),法国著名作家。

若明若暗、灯光渐渐熄灭的神秘，这种华丽风格是如此娇弱，一个人领略之后便会觉得几乎其他一切音乐家都过于强壮了。——如果人们愿意相信我，就不要从今日瓦格纳取悦于他们的东西中提取瓦格纳的最高概念。这种东西是发明出来劝说群众的，如我之辈对它就像对一幅无耻之尤的壁画一样避之唯恐不及。《汤豪塞》序曲的那种刺激神经的蛮横与我们何干？《女武神》①的嘈杂又与我们何干？通过瓦格纳的音乐以及通过剧院得以流行的一切，都属于可疑的趣味，都是败坏趣味的。在我看来，《汤豪塞》进行曲俗不可耐；《漂泊的荷兰人》序曲是小题大做；《罗恩格林》序曲提供了第一个太令人难堪、太恰当的例子，证明音乐也被用来催眠（我不喜欢一切仅仅意在劝诱神经的音乐）。但是，除了催眠术师和彩画匠瓦格纳之外，还有一个藏着点儿细软珍宝的瓦格纳：我们最伟大的忧郁音乐家，秋波频送，温情脉脉，殷切宽慰，在这方面无人能望其项背，一种悲戚迟暮的幸福之音的大师……一本瓦格纳的悄悄话百科词典，全是 5 至 15 节拍的小品，全是**无人知晓**的音乐……瓦格纳想必拥有颓废者的美德——同情心……

---

① 《女武神》为歌剧《尼伯龙根的指环》的第二部。

瓦格纳事件

八

　　"好极了！可是，如果一个人碰巧不是音乐家，甚至碰巧不是颓废者，他又怎**会**被这颓废者败坏了自己的趣味呢?"——相反！一个人怎会**不这样**！您不妨试试看！——难道您不知道瓦格纳是什么人，不知道他是一个相当了不起的戏子? 不知道剧院里有一种更深**更强的**效果? 请您看看这些青年人——麻木，苍白，屏息凝神！ 这是瓦格纳之徒，他们不懂音乐——尽管如此，瓦格纳仍然支配了他们。瓦格纳的艺术用一百个大气压来压人，您只好弯腰，别无选择……戏子瓦格纳是一个暴君，他的狂烈情绪容不得任何鉴赏力、任何反抗——谁的表情姿势有说服力，谁就总是看到表情姿势，首先看到表情姿势！ 瓦格纳的激情叫人透不过气来，心情愈来愈紧张，达于极点，时间几乎消失，**延宕令人惊恐**！

　　瓦格纳究竟是一个音乐家吗? 无论如何，他**更**是别的什么：一个无与伦比的 histrio（演员），最大的戏子，德国前所未有的最惊人的戏剧天才，我们 par excellence（卓越的）**舞台大师**。他的位置不在音乐史上，而在别的地方，不应该把他同真正的大音乐家混淆起来。把瓦格纳与贝多芬**并提**，这是一种亵渎，对于瓦格纳本人也并不公正……他之作为音乐家，也脱不了他的本色：

他**变**为音乐家,他**变**为诗人,因为他身上的暴君、他的演员天才迫使他这样做。谁看不到瓦格纳身上占优势的本能,谁就对他一无所知。

就本能而言,瓦格纳**不是**音乐家。其证据是,他放弃了音乐中的一切规则,确切地说,一切风格,以便把音乐变成他所需要的戏剧词令,表现手段,强化表情姿势的手段,暗示手段,心理刻画手段。在这方面,我们可以承认瓦格纳是头等发明家和革新家——**他不可估量地扩大了音乐的表达能力**,他是音乐语言领域中的维克多·雨果。前提始终是首先承认,音乐也许**可以**不是音乐,而是语言,工具,ancilla dramaturgica(戏剧的奴婢)。如果不用剧场趣味、一种极其宽容的趣味来辩护,瓦格纳的音乐就纯粹是坏音乐,一般来说,是也许已经产生的最坏的音乐。假如一个音乐家不再能够数到 3,他就会变成"戏剧"音乐家,他就会变成"瓦格纳式"音乐家……

瓦格纳差不多揭示了,用一种仿佛被分解为**要素**的解体了的音乐,居然还能施展怎样的魔法。他这方面的意识非同小可,一如他那完全无需高级规则和**风格**的本能。要素就**足够**了——声响,动作,色彩,简言之,音乐的感性。瓦格纳从来不是作为音乐家,从某种音乐家的良知出发考虑问题。他追求效果,除了效果别无所求。而且他知道他应当在什么上面求得效果!——他在这方面毫不犹豫,就像席勒和一切剧场人物一样,他也和他们一样蔑视世界,他用来垫脚的这个世界!……一个人之所以是戏子,靠的是他有一种识见超出芸芸众生:举止足以乱真,却不可就是真。这个命题是塔尔玛①提出的:他戒除了全部戏子心理,他还戒除了(我毫不怀疑!)戏子的道德。瓦格纳的音乐从来不是真的。

——可是**人们以为它是真的**,于是万事大吉。

只要一个人未脱稚气,成为瓦格纳的信徒,就会认为瓦格纳富有,是一个典型的挥霍者,是音响王国里的大庄园主。就像法国人佩服雨果那样,人们佩服瓦格纳的"帝王气派"。后来,人们又出于相反的理由佩服这两个人,视为勤俭模范和持家能手,视为精明的店主。他们能够用几个铜板来象征一席宫廷盛宴,在这方面谁都望尘莫及。——瓦格纳之徒有着虔诚的胃,用大师为他们变戏法变出来的食物就能完全填饱。我们却自愧不如,我们是另一种人,无论在书籍中还是在音乐中都首先要求**货真价实的东西**,纯粹"象征的"宴席恐怕难以使我们满足。直言不讳地说,瓦格纳提供给我们的东西不足以一嚼。他的 recitativo(宣叙调)——一点儿肉,几根骨头,许多汤——我名之为 alla genovese("热那亚风味"):我根本不想借此来恭维热那

---

① 塔尔玛(Talma,1763—1826),法国演员、剧团经理,在表演风格、戏剧服装、舞台布景方面进行重大改革。

亚人，倒是想恭维古老宣**叙调**和 recitativo secco（**叙事壁画**）。至于谈到瓦格纳的"主题"，我就缺少这方面的任何烹调知识了。如果逼我说，我大约会承认它是理想的牙签，是摆脱**残羹剩菜**的机会。还有瓦格纳的"咏叹调"。——但我现在已经无话可说了。

九

在安排情节时，瓦格纳首先也是个戏子。他置于首位的是一个具有绝对可靠效果的舞台，一种具有表情姿势的**高浮雕**（hautrelief）效果的 actio（动作）①，一幕**令人震惊**的场面——他对此深思熟虑，并从中引申出性格来。其余一切都遵照一种并不奥妙的技术经济学由之推演出来。高乃依顾及观众，瓦格纳却不必顾及观众，真是地道的 19 世纪。瓦格纳想必能大致判断"必须做什么"，像今日其他每个演员那样断定：一系列刺激的

---

① 原注：人们始终用 Handlung（情节、行动）来翻译戏剧这个词，这对于美学乃是一个真正的不幸。在这方面不只是瓦格纳犯了错误；全世界都仍然执迷不悟，甚至包括本应理解得较好的语言学家们。古代戏剧表演出雄伟的**激情场面**——这恰好排斥了情节（情节隐藏在开场之前或者幕后）。戏剧这个词来源于多利亚人，按照多利亚人的用法，它表示古埃及僧侣语言中的"事件"、"历史"二词的意思。最古老的戏剧描绘地方传说和"圣史"，它们是宗教祭礼的根据（所以并无一种行动，只有一种遭遇：在多利亚人那里，δεαυ 根本不是指"行动"）。

瓦格纳事件

场面,一个比一个更刺激——在这中间,加上许多**精明**的笨拙。他孜孜以求的是保证他的作品的效果,他从第三幕开始,他用最后的效果来证明他的作品。以这样一种剧场理智为向导,就不会有心血来潮创作出一个剧本的危险。戏剧要求**严格**的逻辑,可是瓦格纳把什么当作逻辑呵!再说一遍,高乃依顾及观众,瓦格纳却**不必**顾及观众,真是地道的德国人!众所周知,剧作家竭尽全力,常常还呕心沥血处理的技巧问题是:赋予冲突及其解决以**必然性**,使它们只能有唯一的一种方式,使它们造成自由的印象(费力最小的原则)。然而,瓦格纳在这方面却漫不经心;但他确实使冲突及其解决费力最小。你不妨把瓦格纳的某个"冲突"放到显微镜下——我担保你会发笑。没有比《特里斯坦》的冲突更可笑的了,除非你举出《名歌手》的冲突。不要上当,瓦格纳**不是**戏剧家。他喜欢"戏剧"这个词,如此而已。他历来喜欢漂亮字眼。尽管如此,在他的文章里,"戏剧"这个词仍然是十足的误解(**以及**一种精明:瓦格纳面对"歌剧"这个词总是装出高傲的样子);大致就像"灵魂"一词在新约全书里是十足的误解一样。——在戏剧方面他够不上心理学家;他本能地回避说明心理动机——用什么办法?办法是:他总是在需要说明心理动机的地方发生过敏性反应……很时髦,不是吗?十足巴黎式的!十足颓废的!……顺便说说,瓦格纳事实上喜欢靠戏剧性虚构来解决的那种**冲突**完全是另一回事。我举个例子。我们来看看瓦格纳必须有女声这种情形。完整的一幕而没有女声——这怎么行！可是这些"女主角"暂时都是不自由的。瓦格纳在做什么？他在解放世界上最老的女子爱尔达①："上台，老奶奶！您必须唱！"爱尔达唱了。瓦格纳达到了目的。他又马上遣走了这老迈的女主人公。"您到底来干什么？走吧！您最好仍然去睡觉！"——**总之**：充满神话恐怖的场面，瓦格纳之徒看得**心惊肉跳**……

——"可是瓦格纳剧本的**内容**！它们的神话内容！它们的永恒内容！"——问题：怎样检验这些内容，这些永恒的内容？——化学家答道：把瓦格纳改编为世俗剧，现代剧——我们更残酷！改编为市民剧！那么，瓦格纳会成为什么？——在我们中间，我曾经试验过。不再有任何赏心悦目的东西，只配给**更年轻的**人讲瓦格纳，例如《帕西法尔》作为神学的候补教材，可以列入文科中学教程（这种教程对于**白痴**乃是不可缺少的）。多么令人吃惊！您会发现，瓦格纳的女主角们，只要脱去了英雄的兽皮，看上去全都和包法利夫人一个样！——反之，您也会发现，福楼拜**可以随心所欲**地把他的女主人公改编为斯堪的纳维亚或迦太基的神话人物，然后拿给瓦格纳做脚本。真的，大体而论，瓦格纳看来只对今天吸引着可怜的巴黎颓废派的问题感兴

---

① 爱尔达，歌剧《尼伯龙根的指环》第一部《莱茵的黄金》中人物，司智慧的女神。

趣,对别的问题均无兴趣。总是离医院近在咫尺! 十足的现代问题,十足的大都市问题! 您用不着怀疑! ……您可曾觉察(这属于观念联想),瓦格纳的女主角们都没有孩子? ——她们不能生育……瓦格纳怀着绝望的心情处理齐格弗里德的诞生问题,这种绝望表明,他在这一点上的感情多么具有现代特色。——齐格弗里德"解放妇女"——但是不抱传宗接代的希望。——最后,有一个令我们惶惑的事实:帕西法尔是罗恩格林的父亲! 他是怎么成为父亲的? ——莫非我们在这里不得不想起"贞洁创造奇迹"的名言……

瓦格纳曾经谈到贞洁名声的重要性[原文为拉丁文]。

十

关于瓦格纳的论著,还有一点要顺便说说:除了别的以外,它们还是一门精明课程。瓦格纳造的模式,可以到处套用——你带着耳朵去听吧。倘若我精明地表述出三个最有价值的公式,也许我有权要求公众感谢。

其一:凡瓦格纳无能之事,均属可鄙。

其二:瓦格纳还能成就许多,但他出于原则的严肃性而不愿为之。

其三:凡瓦格纳所能之事,无人可以模仿,他前无古人,他

应该后无来者……瓦格纳是神圣的……

这三个定理是瓦格纳文献的精髓；剩下的便是——"文学"。

——迄今为止，并非每一种音乐都须仰仗文献，仰仗文献的做法必有充足的理由。那么，瓦格纳的音乐是不是太难懂了？或者他害怕相反的情形，怕它们太容易听懂——怕它们**不够难**？——事实上，他一辈子在重复一句话：他的音乐不仅仅意味着音乐！有更多的意味！有无限的大得多的意味！……"**不仅仅是音乐**"——没有一个音乐家会这么说。再说一遍，瓦格纳不能从整体出发创作，他完全不作选择，他必须制作零件，"动机"，表情姿势，公式，成倍地制作，成百倍地制作，他在音乐中仍然是个修辞学家——所以，他原则上**必须**突出"意味着什么"。"音乐永远只是一种手段"：这是他的理论，一般来说，这尤其是他唯一可能的实践。但是，没有一个音乐家会这么想。——

瓦格纳必须写文章，以便劝说全世界认真地、深刻地领会他的音乐，"因为它们有无限的**意味**"；他一辈子是"理念"的注释者。——爱尔莎意味着什么？但不容置疑：爱尔莎是"不自觉的**民族精神**"（"由于这一认识，我不可避免地变成了一个彻底的革命者"）。

我们来回想一下，在黑格尔和谢林蛊惑人心的时代，瓦格纳还年轻；他猜测和探究过唯有德国人才认真对待的东西——"理念"，想要表述某种暧昧、飘忽、充满预感的东西；在德国人看来，明朗是一种异端，是对逻辑的背叛。叔本华毫不留情地揭露

瓦格纳事件

了黑格尔和谢林时代的不诚实——毫不留情，但也不公正：他自己，这老朽的悲观主义的伪币制造者，一点儿也不比他赫赫有名的同时代人诚实。我们别玩弄道德了：黑格尔是一种**趣味**……而且不仅是一种德国的趣味，还是一种欧洲的趣味！——一种瓦格纳所理解的趣味！——一种他自以为胜任的趣味！一种他使之万古长存的趣味！——他完全照搬到音乐中——他替自己发明了一种"有无限意味"的风格，——他成了**黑格尔的继承人**……音乐成了"理念"……

可是人们多么理解瓦格纳！——这些黑格尔的崇拜者，今日又成了瓦格纳的崇拜者；他们甚至在瓦格纳的学校里写黑格尔式的作业！——德国青年对他尤其心领神会。"无限"和"意味"这两个词就已经使他们心满意足，使他感到无比幸福。瓦格纳用来征服青年的不是音乐，而是"理"——是他的艺术的难以捉摸，它在成百种象征背后玩的捉迷藏游戏，它的五彩缤纷的理想，这些因素把青年引诱到了瓦格纳身边；是瓦格纳的诡谲的天才，他的故弄玄虚，他的虚张声势，恰好是黑格尔当年用来引诱青年的同一伎俩！——他们置身于瓦格纳的浮夸、臃肿和独断之中，感到十分自在，于是便"得救"了。他们颤抖着倾听，在他的艺术中，**伟大的象征**如何带着温和的雷声从雾蒙蒙的远方逐渐显示；倘若远天暂时还灰暗、可厌、寒冷，他们也并不气恼。毕竟他们全体，如同瓦格纳本人一样，是和坏天气、德国的天气同出一源的！浮旦是他们的神，但浮旦是坏天气之神……这些德国青年，就他们现在的素质来说，他们是有道理的。他们岂能像我们另一种人，**我们这些海鸟**一样，在听瓦格纳音乐时感到若有所失，怀念着 la gaya scienza（快乐的科学）；轻捷的足；玩笑，火焰，妩媚；大逻辑；星星的舞蹈；热情洋溢的心灵；南方颤慄的光线；**平滑如镜**的海洋——完美……

十一

——我已经说明，瓦格纳的位置在何处——**不在音乐史上**。尽管如此，他在音乐史上有何意义？**音乐中的戏子热**：一个值得深思、也许还值得担忧的事件。在这个公式中："瓦格纳加李斯特①。"——音乐家的正直、音乐家的"真诚"从来不曾受到如此严峻的考验。谁都明白：巨大的成就、群众的拥护不再属于真诚的人——为了获得它们，一个人必须是戏子！——维克多·雨果和理查德·瓦格纳——他们具有同一种意义：凡文化衰落之处，凡群众掌握着决定权之处，真诚就成为多余的，有害的，受冷落的。难有戏子还能唤起**巨大的**兴奋。——因此，正在开始一个戏子的**黄金时代**——戏子的，及其一切同类的。瓦格

---

① 李斯特（Franz Liszt，1811—1886），匈牙利钢琴家、作曲家。

纳吹吹打打地向一切精于朗诵、表演、演奏的艺术家进军;他首先说服乐队指挥、舞台布景师和剧场歌手。也没有忘记乐队队员——他"拯救"他们摆脱无聊……瓦格纳倡导的运动甚至扩展到了认识领域:全部从属学科都受到浸染而渐渐脱离了几世纪的经院哲学。我举个例子,在这里特别赞扬一下里曼①在韵律学方面的贡献,他是把标点法原理应用于音乐的第一人(遗憾的是他采用了一个糟糕的词,称之为"短句构成法")。——我怀着感激之心指出,这些人是瓦格纳的崇拜者中最好的、最可敬的一部分——他们尊崇瓦格纳是有道理的。相同的本能把他们互相联结在一起,他们把他看作他们的最高典范,自从他以自己的热情感染他们之后,他们也倾心于强力、伟大的强力。也就是说,在某种情况下,瓦格纳的影响实际上是**有益的**。在这个领域里,还从来不曾有人如此认真地思考、展望和工作过。瓦格纳赋予所有这些艺术家以一个新的良心,他们现在向自己要求并且做到的事情,他们从来没有向瓦格纳要求过——他们以前过于谦虚,不可能这样要求。自从瓦格纳精神支配剧场以来,在剧场里占优势的是另一种精神了:人们刻意求难,吹毛求疵,甚少赞美——优秀、卓越被视为当然。鉴赏力不再是必需的;也不需要

---

① 里曼(Hugo Riemann, 1849—1919),德国音乐学家,他的和声学著作被认为是现代音乐理论的基础。

好嗓子。人们只用嘶哑的声音唱瓦格纳,这更有"戏剧"效果。甚至天赋也被拒之门外了。瓦格纳的理想、颓废的理想要求不惜一切代价做到 espressivo(富于表情),它和天赋是格格不入的。需要的仅仅是**德行**——我是指驯顺、自动机械、"自我克制"。不要鉴赏力,不要好嗓子,不要天赋;瓦格纳的舞台只要一样东西——日耳曼人!……**日耳曼人**的定义:服从加长腿……瓦格纳热和"帝国热"同时消退,这是意味深长的,两者证实同一个道理:服从加长腿。——不可能更好地服从,也不可能更好地命令了。瓦格纳的乐队指挥们特别配得上一个时代,后世将心有余悸地称这个时代为**古典战争时代**。瓦格纳善于指挥;所以他也是伟大的导师。他指挥,就像一种针对自己的无情意志,一种加于自己的毕生信条那样。瓦格纳也许是艺术史上最伟大的自我克制的范例(甚至阿尔菲耶里①,一向是与他气质最接近的人,也相形见绌。一个都灵人的注解)。

十二

  承认我们的演员比任何时候都更值得尊重,并不等于低估

---

① 阿尔菲耶里(Conte Alfieri,1749—1803),意大利悲剧诗人,通过创作悲剧来促进意大利民族精神的复兴。

了他们的危害性……但是，谁还能怀疑，我所希望的究竟是什么？——就是我的愤懑、我的忧虑、我对艺术的爱使我在这里启齿提出的三个要求：

其一：剧场不应当支配艺术。

其二：演员不应当引诱真诚的艺术家。

其三：音乐不应当成为说谎的艺术。

弗里德里希·尼采

——最后这些话的严肃性允许我在这里透露一篇未付印的
文章里的某些内容，它们至少可以使人们不再怀疑我对待这一问
题的严肃态度。文章的标题是：**《瓦格纳使我们付出多少代价》**。

追随瓦格纳代价甚高。即使在今天，这方面的阴郁情绪依然
存在。瓦格纳的成就和**胜利**也不能根除这种情绪。但是，在从前，
这种情绪如此强烈、可怕，如同一种阴暗的仇恨——几乎笼罩了瓦
格纳四分之三的生涯。他在我们德国人中遇到的反对未能得到足
够的估价和尊重。人们抵抗他如同抵抗一种疾病，并非理直气壮
（他们没有重新制止一种疾病），而是缩手缩脚，顾虑重重，快快不
乐，满心厌恶，怀着一种阴惨严肃的心情，仿佛在他身上有一种巨

大的危险正在悄悄蔓延。美学家诸君和他们一样出丑，从德国哲学的三个学派出发，用"如果"、"因为"和瓦格纳的原则打一场荒谬的战争——在瓦格纳看来，甚至在这些美学家们自己看来，问题全在于原则！——甚至在德国人的本能中，也有足够的理性，以禁止在这里侈谈任何"如果"、"因为"。当本能理性化之时，它被削弱了，因为它通过理性化而削弱了自己。如果有迹象表明，尽管不脱欧洲颓废的总体性质，德国人仍然有着一定程度的健康，对于危害和危险的迫近仍然有一种本能的嗅觉，那么，我宁愿不低估他们中间对于瓦格纳的这种**抑郁**的反对。它使我们尊敬，它甚至令人产生希望，法国人未必健康得足以经受这么多的消耗。德国人，历史上卓越的**姗姗来迟者**，如今是欧洲文化最落后的民族：这是他们的优点——他们正因此而相对是**最年轻**的民族。

追随瓦格纳代价甚高。德国人不久前才忘掉对他的畏惧——他们一有机会就想**向他示威**①。——人们可记得一种奇

---

① 原注：人们有一定理由寻问：瓦格纳究竟是一个德国人吗？要在他身上找到某种德国特征是很难的。他是一个了不起的学生，善于模仿许多德国东西——如此而已。他的本性是同迄今被感受为德国东西的一切格格不入的：更不必说德国音乐家了！——他的父亲盖尔是一个演员，一个盖尔差不多就已经是一头鹰了……迄今被当作"瓦格纳生平"流传的东西充其量只是约定的传奇（fable convenue）罢了。我承认我怀疑仅由瓦格纳自己证实的每一件事。他对有关自己的任何真相缺乏自豪，比谁都缺乏；像维克多·雨果一样，他始终在传记中忠于自己——他始终是个演员。译者注：瓦格纳的继父名盖尔（Geyer），在德语中为鸢的意思。

特的情境,那时一种逝去的情感终于又突然浮现？在瓦格纳的葬礼中,德国第一个瓦格纳协会,即慕尼黑的协会,向瓦格纳墓献了一个花圈,花圈上的**题词**立刻不胫而走。它大书特书:"拯救者得救了！"(Erl sung dem Erl ser!)人人都佩服创作这题词的巧妙灵感,人人都佩服瓦格纳的追随者们特有的鉴赏力;可是,许多人(真是难得！)替他们把题词作了一个小小的修改:"摆脱拯救者了！"(Erl sung vom Erl-ser!)——人们松了一口气。

追随瓦格纳代价甚高。让我们根据它对于文化的影响对它作一估量。瓦格纳的活动究竟长了谁的威风？它始终在助长什么？——首先是外行、艺术门外汉的狂妄无知。他们现在组织协会,他们想贯彻他们的"趣味",他们甚至妄图充当音乐和 rebus musicis et musicantibus(音乐效果之谜画)的裁判。其次,对于艺术事业中各种必要的严格认真训练愈来愈漫不经心;代之以天才信仰,戳穿来说,就是厚颜无耻的一知半解(其形式见之于《名歌手》)。最后,也是最糟糕的,是**剧场迷信**,愚蠢地相信剧场的优先权,相信剧场对于艺术的**支配权**……然而,应该成百次地直面奉告瓦格纳之徒,剧场曾是什么:它始终只是艺术的**下乘**,始终只是二等货,粗俗化的东西,适合于群众、为群众制造的东西！在这一点上,瓦格纳也毫无不同之处:拜洛伊特是大歌剧——而且从来不是好歌剧……剧场是趣味问题上的公共厕所,剧场是一种群众暴动,是**反对**良好趣味的公民投票……

瓦格纳事件正证明了这一点：他赢得了群众——他败坏了趣味，他甚至为歌剧败坏了我们的趣味！

追随瓦格纳代价甚高。它把精神弄成了什么？**瓦格纳解放了精神吗**？——他的特点是事事态度暧昧，处处模棱两可，总是向人劝说一些不确定的东西，不让人明白**为何**要这样劝说。因此，瓦格纳是伪造伟大风格的蛊惑者。在精神的事物中，容不得任何疲惫的、陈腐的、危害生命的、诽谤世界的东西，他的艺术却公然保护这些东西——这是黑暗的蒙昧主义，他给这蒙昧主义罩上一层理想的光辉。他迎合一切虚无主义的（佛教的）本能，把它仍乔装为音乐，他迎合一切基督教精神，一切颓废的宗教表现形式。留神听着：凡是从**贫瘠**生命的土地上生长起来的一切，种种所谓超验和彼岸的伪币制造，在瓦格纳的艺术中都得到了最巧妙的辩护——**不是用公式**，瓦格纳对于公式来说是太精明了——而是用对感官的诱惑，借助感官不断地使精神腐败而疲惫。这种音乐宛如喀耳刻……在这一点上，他的最后一部作品乃是他最伟大的杰作。《帕西法尔》作为诱惑的**大手笔**，将在诱惑的艺术中永垂不朽……我佩服这部作品，但愿是我创作了它；既然并非如此，**我便理解它**……瓦格纳从来不像垂暮之年这样富有灵感。在这部作品中，美与病态结合得如此天衣无缝，简直使瓦格纳以前的作品黯然失色——它们都好像是过于明朗，过于健康了。你们可明白，健康、明朗显得黯然失色，几乎像是一种反衬？……简直使我们成了**地道的傻瓜**……在阴郁僧侣的香烟缭绕中，从未有过一位更伟大的大师——从未有过一位同样的行家，如此擅长一切渺小的无限，一切令人颤栗和慷慨激昂的东西，一切出自幸福的陈词滥调的女权主义！——我的朋友，痛饮这杯艺术的琼浆吧！你们不可能找到一种更愉快的方式来麻痹你们的灵魂，来把你们的男子气掩埋入玫瑰花丛中……呵，这个老魔术师！这个头号乐师！他怎样以此向**我们**挑战呵！我们，自由的精神！他怎样顺从现代人的怯懦心灵，用魔女的声音娓娓劝诱呵！——对于知识从未有过这样一种**殊死仇恨**！——在这里，人必须是犬儒主义者，才能不受诱惑；在这里，人必须善于讽刺，才不至于顶礼膜拜。好吧，老蛊惑家！犬儒主义者警告你——cave canem（当心狗）……

追随瓦格纳代价甚高。我来考察一下长期受他感染的青年。最直接的、相对无辜的后果是败坏了趣味。瓦格纳之发生作用，犹如连续使用酒精饮料，使人麻醉，使人胃液增生。特殊的后果：节奏感变质。最后，我用希腊谚语称之为"搅动沼泽"的东西，被瓦格纳之徒称作节奏。观念的败坏要危险得多。青年成了怪胎——成了"理想主义者"。他们超越于科学之上；他们在那里居于大师的高位。而且，他们摆出一副哲学家的样子；他们给拜洛伊特报纸撰稿；他们以父亲、儿子和神圣大师的名义解决一切问题。不过，神经的败坏始终是最可怕的。深夜路过偌大一个城市，你到处会听见，乐器受到虐待，勃然大怒，其间混杂着野蛮的号啕。发生了什么事？——青年们正在崇拜瓦格纳……拜洛伊特与一座冷水疗法疗养院毫无二致。——发自拜洛伊特的标准电报：**业已后悔**。——瓦格纳对于青年来说是不好的；他对于女子来说是不祥的。用医生的方式试问，一个女瓦格纳之徒是什么呢？——在我看来，一个医生不可能足够严肃地向年轻女子提出这种良心抉择：**或此或彼**。——然而她们已经作出选择。一人不能事二主，倘若其中一主是瓦格纳的话。瓦格纳拯救了女人；女人为此替他建造了拜洛伊特。全是牺牲，全是贡品：若不给他什么，便不会有什么。女人为了大师而变贫穷了，她们大为感动，她们赤身裸体站在他面前。——女瓦格纳之徒是今日尚存的最妩媚的模棱两可；她们是瓦格纳事业的**化身**——他的事业以她们为象征而**获胜**了……呵，这个老强盗！他夺走了我们的青年，他甚至还夺走了我们的女人，把她们拖进他的洞穴……呵，这个老弥诺陶洛斯①！他已经使我们付出了多少代价！每年人们把一批最美丽的童女和童男送进他的迷宫，供他乔咽——每年全欧洲响彻一个声音："向克里特岛进贡！向克里特岛进贡！……"

---

① 弥诺陶洛斯，希腊神话中住在克里特岛上的半人半牛怪物，每年要吃雅典送来的 7 个童男、7 个童女，后被英雄忒修斯杀死。

瓦格纳事件

——看来，我的信是以一种误解为前提的。以某种方式表示了谢忱；我甚至还听出一种克制的快意。我宁愿在这里如同在许多事情中一样得到理解。——然而，自从一种新的动物，那帝国怪兽，著名的犀牛（Phinoxera），在德国精神的葡萄园里定居，我的话就不再被人理解了。《十字报》主动向我证实了这一点，不用说《中央文学报》了。——我为德国人写出了他们所拥有的最深刻的书，而德国人连其中一句话也没有读懂，便是充分的证据……当我在**这篇**文章中向瓦格纳挑战——同时也向一种德国"趣味"挑战，当我严词谴责拜洛伊特痴呆症，我绝对不是想以此向任何**别的**音乐家致敬。**别的**音乐家并不被看作瓦格纳的对立面。一般情况很糟。堕落是普遍的。病入膏肓。只要瓦格纳的名字仍然意味着**音乐的衰落**，如同贝尔尼尼的名字意味着雕塑的衰落那样，那么，他毕竟不是衰落的原因。他只是加快了衰落的**速度**罢了——诚然是以这种方式：使人们几乎是突然面对深渊和坠落，惊惧万分。他颓废得颇为天真，这是他的优点。他信仰颓废，他不在颓废的必然后果面前却步。而其他人则犹豫不决——这是他们的区别。岂有他哉！……我来列举一下瓦格纳和"别的"音乐家之间的共同点：组织力的衰退；滥用传统手法，却并无达到目的的**实际有效**的能力；对伟大形式的虚假模仿，而事实上今日没有人强大、骄傲、自信、**健康**得足以把握这种形式；在琐事末节中苟活；不顾一切地感情冲动；作为**贫瘠**生活之表现的精巧；总是用神经取代血肉。——我只知道一位音乐家，他如今还能写出一部**浑然一体**的序曲，然而他默默无闻①……与瓦格纳比较，如今使人出名的东西不是"好音乐"，而只是优柔寡断的、无足轻重的音乐——之所以无足轻重，是因为**只要整体出现**，这种半拉货就会报废。但瓦格纳是完整的；瓦格纳是完全的堕落；瓦格纳是堕落的勇气、意志、**信念**——原因又在约翰内斯·勃拉姆斯②！……他的幸运在于受德国人误解：

---

① 英译本注：这无疑是指尼采的朋友和崇拜者彼得·加斯特（Peter Gast）。
② 勃拉姆斯（Johannes Brahms，1833—1897），德国作曲家。

人们把他看作瓦格纳的对立面——人们**需要**一个对立面！——这没有造成**必要**的音乐，尤其是这造成了太多的音乐！——当一个人并不富裕的时候，他应当有足够的骄傲安于贫困！……勃拉姆斯在各处引起的无可否认的同情，且不考虑那种派别利益和派别成见，对于我久久是个谜；直到我终于近乎偶然地窥见，他是对某一类人产生了效果。他有一种无能为力的忧伤；他的创作**不是**出于充实，他**渴望**充实、撇开他模仿的东西、他从古代或当代异国伟大风格形式借用的东西不谈（他是一个临摹大师），那么，**渴望**始终是他最大的特色……形形色色的渴望者、不满足者对此心领神会。他太缺乏个性，太不是中心了……"无个性的"、跑龙套的角色对此同病相怜，——他们因此而喜欢他。他尤其是属于某类不满足的女子的音乐家。再往前50步，就会遇到女瓦格纳之徒（正像在勃拉姆斯50步之外能遇到瓦格纳一样），女瓦格纳之徒是一种更突出、更引人注目，尤其是**更优雅**的类型。只要勃拉姆斯悄悄耽于梦想或自哀自怜（在这一点上他是"现代"的），他就是令人感动的；一旦他**继承**古典音乐家，他就变得冷漠，他就和我们无关了……人们喜欢称勃拉姆斯为贝多芬的继承者，我不知道比这更加审慎委婉的话语了。——所以，如今在音乐中一切"伟大风格"的要求，**或者**是欺骗我们，或者是自我欺骗。这一抉择足以令人深思，它本身包含着对二者价值的决疑（Kasuistik）。"欺骗**我们**"：多数人的本能起而反抗——他们不愿受骗;我本人当然总是宁要这种类型而不要另一类型（"自我欺骗"）。这是我的趣味。——为了使"精神贫乏者"更容易听懂,这样表述:勃拉姆斯——**或者**瓦格纳……勃拉姆斯**不是**戏子。——可以把一大部分**其他**音乐家归入勃拉姆斯的概念中。——我对于那些摹仿瓦格纳的聪明的猴子无话可说,例如戈德马克①,人们应当把他的《示巴王后》带进动物园里去——演给自己看。——如今只有细微末节能够被做得尽善尽美,唯有在这方面还有诚实可言。——然而,在**最本质**的方面,音乐是无可救药了,无法摆脱它的命运,即:成为生理矛盾的表现——成为**现代**的东西。最好的课程,最负责任的训练,年老大师圈子中的亲密无间甚或隔离疏远——这一切只是治标的办法,严格地说,只是**虚幻**的办法,因为我们自身已经不具备这样做的前提,即亨德尔式的强壮种族,或罗西尼式的充溢野性。——并非什么人都**配有**任何一位教师的,这一点适用于整个时代。——当然不能排除这种可能:在欧洲某个地方尚有更强壮世代、更不合时宜的人的类型的**残余**;从那里出发,一种**姗姗来迟**的美和完满,即使对于音乐也仍翘首可期。在最好的情形下,我们尚能够经历到某种例外。照**常规**而论,腐败是主宰,腐败是宿命,没有上帝来拯救音乐。

---

① 戈德马克（Karl Goldmark，1830—1915），匈牙利音乐家,歌剧《示巴王后》是他的代表作。

跋

——任何涉及个人价值的问题总是把精神束缚在一个狭窄的天地里,现在,让我们从中摆脱出来,喘一口气。一个哲学家在如此长久地和"瓦格纳事件"打交道之后,需要洗洗手。——我来谈谈我对**现代**的理解。——每一个时代,在其力量的尺度中也都有这种尺度:它相信哪些道德,它禁止哪些道德。它或者具有上升生命的道德;那么,它就出于至深的本性反对衰落生命的道德。它或者自己就是衰落的生命——那么,它也需要衰落的道德,它憎恨仅以丰盈和力量的过剩证明自身合法的一切。美学与这一生物学前提有着不可分割的联系,有一种**颓废**美学,又有一种古典美学——"自在的美"如同整个理想主义一样,乃是头脑的编造物。——在所谓道德价值这个更狭窄的领域里，找不到比**主人道德**和**基督教**价值观念的道德更为巨大的对立了：后者生长于完全病态的土壤（福音书向我们详尽地展现了它的生理典型，陀思妥耶夫斯基的小说描写了这种典型），相反，主人道德（"罗马的"、"异教的"、"古典的"、"文艺复兴的"道德）则是发育良好的标志，上升生命的标志，作为生命原则的权力意志的标志。主人道德本能地**从事肯定**，基督教道德本能地**从事否定**（"上帝"、"彼岸"、"无我"是公开的否定）。前者将其丰满移交给事物——它神化世界，它美化世界，它**合理化**世界，后者将大千世界贫乏化、苍白化、丑化，它**否定**世界。"世界"在基督教那里是一个脏词。——观察世界的这**两种**对立的方式都是必然的，靠论据和反驳解除不了这两种看世界的方式。人们并不反驳基督教，人们并不反驳一种眼病。把悲观主义当作一种哲学来反对，真是迂腐得无以复加了。在我看来，"真实"和"不真实"这两个概念在光学（Optik）中毫无意义。——但人们一定会对此加以抵制，这是作假，是与生俱来的两面性，**想要**不把这种对立感受为对立：例如瓦格纳的意志，他是颇擅长这样的作假的。他一面觊觎着主人道德，**高贵**的道德（冰岛神话几乎是它最重要的证书），一面鼓吹"衰亡者福音"、拯救之**需要**的相反教条！……顺便说说，赴拜洛伊特节的基督徒的谦恭令我吃惊。我自己也许忍受不了出自一位瓦格纳之口的某些话。有一种观念，它不属于拜洛伊特……怎么？有一种为女瓦格纳之徒准备的、也许由女瓦格纳之徒创造的基督教——因为瓦格纳在晚年完全是 femini generis（女流之辈）？再说一遍，在我看来，今日的基督徒是过于谦恭了……如果瓦格纳是一个基督徒，那么，李斯特也许就是一个教父！——**得救**的需要，基督教全部需要的这一集中体现，同这些丑角毫不相干；它是颓废最诚实的表现形式，是在崇高的象征和实践中对颓废最坚定、最痛苦的认可。基督徒想**摆脱**自己。自我总是可憎的［原文为法文］。——相反，高贵的道德，主人道德，却扎根于对**自己**的胜利认可——它是生命的自我肯定、自我颂扬，它同样需要崇高的象征和实践，但仅仅"因为它的心灵过于充实"。一切美的艺术，一切**伟大**的艺术都属此列，二者的实质是感谢。另一方面，在它们之中，不能忽略对于颓废的一种本能反感，对于颓废征兆的一种讥讽和厌恶，这类情感差不多是它们的证据。高贵的罗马人觉得基督教是 foeda superstitio（丑恶的迷信）；我想起最后一位德国人有多么高贵的趣味，歌德对十字架有怎样的感受。人们徒劳地寻找更有价值、**更必然**的对立。①

---

① 原注：我的《道德的谱系》一书最早考察了"**高贵的道德**"与"**基督教道德**"的对立，在宗教认识史和道德认识史上，也许没有更为关键的转折了。这本书是我对于一切属于我的东西的试金石，它的幸运在于它只能被最深思熟虑的心灵接受，**其余人**则缺乏听它的耳朵。人们必须具有它对于事物的那种激情，而如今无人有这种激情……

瓦格纳事件

——但是，像拜洛伊特人这样的作假，在今天并不是例外。我们大家都熟悉基督教容克贵族的那种非审美的理解力。左右逢源而**毫无罪恶感**，撒谎而"心安理得"，毋宁说是典型的**现代**特征，人们差不多以此来定义现代性。现代人体现了生物学意义上的一种**价值矛盾**，他脚踩两只船，他同时说"是"和"否"。正是在我们的时代，作假翩翩降临人间，甚至化身为天才，而**瓦格纳**"生活在我们中间"，这又有什么奇怪呢？我不无根据地称瓦格纳为现代的卡里奥斯特……然而，与我们的认识和意愿相违背，在我们躯体中都有着同价值、词、公式、道德相对立的根源——从生理上看，我们是**虚伪的……诊断现代心灵**从何着手？快刀切入这种矛盾的本能，解开其对立的价值，解剖其中发生的**最富有教益的案例**。——瓦格纳事件对于哲学家乃是一个**难得的案例**，——可见这篇文章乃是受了感激之心的鼓舞……

偶像的黄昏（节录）

（1888）

格言与箭

17

这是一位艺术家，如同我所喜欢的艺术家，他的需求很有节制：他实际上只需要两样东西，他的面包和他的艺术，——panem et Circen（面包和喀耳刻）······

20

十足的女性搞文学就好像在犯一件小小的罪行，动手时和结束时环顾四周，看是否有人注意她，并且使得有人注意她······

偶像的黄昏（节录）

22

"恶人没有歌。"——为什么俄罗斯人有歌呢？

33

幸福所需要的东西是多么少！一支风笛的声音。——没有音乐的生活是一个错误。德国人甚至推想，上帝也在唱歌。

34

On ne peut penser et e'crire qu'assis（一个人只有坐下来才能思考和写作）。（福楼拜语）——我因此而拥有了你，虚无主义者！久坐是反对神圣精神的罪。只有散步得来的思想才有价值。

哲学中的「理性」

六

人们将感谢我，倘若我把一种如此根本、如此新的认识归纳成四个命题，以此帮助人们理解，并向相反的见解挑战。

第一命题。将"此岸"世界说成假象世界的那些理由，毋宁说证明了"此岸"世界的实在性，——另一种实在性是绝对不可证明的。

第二命题。被归诸事物之"真正的存在"的特征，是不存在的特征，虚无的特征，——"真正的世界"是通过同现实世界相对立而构成的：既然它纯属道德光学的幻觉，它事实上就是虚假的世界。

第三命题。虚构一个"彼岸"世界是毫无意义的，倘若一种诽谤、蔑视、怀疑生命的本能在我们身上还不强烈的话。在后一种场合，我们是用一种"彼岸的""更好的"生活向生命复仇。

第四命题。把世界分为"真正的"世界和"假象的"世界，不论是按照基督教的方式，还是按照康德的方式（毕竟仍是一个狡猾的基督徒的方式），都只是颓废的一个预兆，——是衰败的生命的表征……艺术家对外观的评价高于实在，并非对这一命题的异议。因为"外观"在这里又一次表示实在，只是在一种选择、强化、修正之中……悲剧艺术家不是悲观主义者，——他甚至肯定一切可疑可怕的事物，他是酒神式的……

一个不合时宜者的漫游

一

我不可能做的事。——塞内加①：或德行的斗牛士。——卢梭：或 inimpuris naturalibus（拉丁文：在自然的污秽中）回到自然去。——席勒：或萨金（sackingen）的道德喇叭手。——但丁：或在坟墓上作诗的鬣狗。——康德：或 cant（假正经），作为只能凭理性去了解的性格。——维克多·雨果：或荒谬之海上

---

① 塞内加（Seneca，约公元前 4—公元 65），古罗马辩论家、哲学家、政治家。

的法鲁斯岛①。——李斯特：或熟练的课程——关于女人。——乔治·桑②：或 lactea ubertas（丰富的牛乳），用德语说：具有"美丽风格"的乳牛。——米什莱③：或脱掉外衣的慷慨激昂……卡莱尔④：或悲观主义，作为放弃了的午餐。——约翰·斯图亚特·密尔⑤：或令人不快的清晰。——龚古尔兄弟：或与荷马作战的两个埃阿斯⑥。奥芬巴赫⑦的音乐。——左拉⑧：或"散发恶臭的乐趣"。

二

勒南⑨。——神学，或由"原罪"（基督教）造成的理性的毁灭。勒南的证词，他一旦冒险要作出更普遍类别的肯定或否定

---

① 法鲁斯岛（Pharus），在埃及亚历山大港附近，以其上灯塔闻名。
② 乔治·桑（George Sand，1804—1876），法国浪漫主义女作家，以许多风流韵事闻名。
③ 米什莱（Jules Michelet，1798—1874），法国最早的民族主义和浪漫主义历史学家之一。
④ 卡莱尔（Thomas Carlyle，1795—1881），苏格兰散文作家和历史学家。
⑤ 约翰·斯图亚特·密尔（John Stuart Mill，1806—1873），英国哲学家、经济学家、逻辑学家。
⑥ 埃阿斯（Ajax），希腊神话中两个同名英雄，以勇敢著称。
⑦ 奥芬巴赫（Jacques Offenbach，1819—1880），法国音乐家，原籍德国，一生创作了大量轻歌剧，代表作是《霍夫曼的故事》。
⑧ 左拉（Emile Zola，1840—1902），法国作家，法国自然主义文学奠基人。
⑨ 勒南（Ernest Renan，1823—1892），法国哲学家、历史学家和宗教学家。

之时，就立刻谨小慎微，四平八稳。例如，他想把 la science（科学）和 la noblesse（高贵）合为一体：但 la science 属于民主政体，这却是显而易见的。他毫无虚荣心地想要表现一种精神的贵族主义，但他同时又向相反的学说——卑贱者的福音——跪拜，而且不仅仅是跪拜……假如一个人骨子里仍然是基督徒、天主教徒乃至牧师，所有自由思想、现代观念、讽刺本领和左右逢源的随机应变又于事何补！勒南完全像耶稣会教士和忏悔神父一样，在诱惑方面颇有发明才能；他的精神不乏教士的那种准备好的微笑，——就像一切牧师一样，当他爱的时候，他才变得危险了。没有人能够像他那样用一种致命的方式崇拜……勒南的精神，一种使人神经衰弱的精神，对于贫困、患病、意志衰竭的法国更是一个厄运。

三

圣伯夫①。——毫无男子气；满怀对一切阳刚精神的渺小的怨恨。四处游荡，纤细，好奇，无聊，好探听，——根本是女性人格，具有女人的复仇欲和女人的官感。作为心理学家，是一个流言的天才；这方面的手段层出不穷；没有人比他更善于搀和毒药

---

① 圣伯夫（Sainte-Beuve，1804—1869），法国文学评论家。

和诔词。在至深的本能中极为粗鄙，与卢梭的愤懑一脉相承：所以是个浪漫主义者——因为在一切浪漫主义背后都有卢梭的复仇本能在嘟哝和渴求。一个革命者，但可惜被恐惧控制住了。在一切有力量的事物——公众舆论，科学院，法院，甚至 Port Royal（皇家服饰）——面前毫无自由。激烈地反对一切伟大人物和伟大事物，反对一切自信者。一个诗人和半女人，尚足以感觉到伟大的威力；不停地蠕动，就像那条著名的虫子，因为它老觉得自己被践踏。像一个没有准则、立场和脊椎的批评家，以不信教的世界主义者的口吻谈论种种事物，却没有勇气承认他不信教。像一个没有哲学、没有哲学洞察力的历史学家，——所以在一切重要问题上拒绝下判断，拿"客观性"遮掩自己。在一种更纤细、更有利的趣味占据支配地位的地方，他对万物的态度有所不同，在那里他确实有面对自己的勇气和乐趣，——在那里他是大师。——在某些方面，他是波德莱尔①的一个雏形。

五

G·艾略特②。——他们失去了基督教的上帝，从而相信现

---

① 波德莱尔（Charles Baudelaire, 1821—1867），法国现代派诗人。
② G·艾略特（G·Eilot, 1819—1880），英国女作家。

在必须更加坚持基督教的道德：这是一种英国的首尾一贯性，我们不想因之而责怪艾略特身上的道德小女子。在英国，为了每一次小小的摆脱神学的解放，人们必定作为道德狂热分子以可怕的方式重新给自己贴金。这是那里的人们付出的赔偿费。——对于我们另一种人来说，情况就不同了。如果一个人放弃了基督教信仰，那么，他因此也就把他对于基督教道德的权利弃之脚下了。基督教道德决不是自明的，必须不顾那些浅薄的英国头脑而不断地揭露这一点。基督教是一个体系，一种对于事物的通盘考虑过的完整的观点。倘若破除了其中的一个主要观念——对上帝的信仰，也就粉碎了这个整体，不再有任何必要的东西留在手中了。基督教的前提是，人不知道、也不可能知道对他而言孰善孰恶，他依赖上帝，唯有上帝知道。基督教道德是一个命令；它的根源是超验的；它超越于一切批评、一切批评权之外；唯有当上帝是真理之时，它才具有真理性，——它与对上帝的信仰同存共亡。——如果英国人事实上相信他们自发地、"本能地"知道孰为善恶，如果他们因而误以为不再必须有基督教作为道德的担保，那么，这本身也只是受基督教价值判断支配的结果，是这种支配的强大和深刻的表现，以致英国道德的根源被遗忘了，以致这种道德的存在权的严格条件性不再被感觉到了。对于英国人来说，道德还不是一个问题……

偶像的黄昏(节录)　　　　　　　　　　——

六

乔治·桑。——我读过《旅行书简》第一卷，就像卢梭写的一切东西，虚假，做作，咋呼，夸张。我受不了这种花里胡哨的糊墙纸风格；就如同受不了贱氓想显示慷慨情感的虚荣心一样。当然，最糟糕的还是女人用男子、用顽童举止来卖弄风情。——她在这么做时必定是多么冷静，这让人受不了的女艺人！她像钟表一样上紧发条——并且写作……冷静得像雨果，像巴尔扎克，像一切浪漫主义者，只要他们在创作！而她会如何自我欣赏地躺在那里，这条多产的写作母牛，她身上具有某些坏的德国素质，就像她的师傅卢梭一样，并且无论如何只有在法国趣味衰败时她才可能出现！——可是勒南崇拜她……

七

心理学家的道德。——不要制作廉价兜售的心理学！绝不为观察而观察！这会造成一种错觉，一种斜视，一种勉强而夸张的东西。抱着体验的愿望去体验，这是不行的。在体验时不允许凝视自己，否则每一瞥都会变成"邪魔的眼光"。一个天生的心理学家本能地提防为看而看；这一点也适用于天生的画家。

他从不"依照自然"而工作，——他让他的本能、他的 camera obscura（摄影机暗箱）去筛选、压榨"事件"、"自然"、"经历"……然后他才意识到一般的东西、结论、结果；他不会从个别事例中武断地抽象出什么。——倘若换一种做法，譬如说，像巴黎大大小小的小说家那样制作廉价兜售的心理学，会怎么样呢？这好像是在伏击现实世界，每晚带一把稀奇玩意儿回家去……但是，人们只看到最后的出产是——一堆乱涂乱写的东西，充其量是一件镶嵌细致、但仍保留其堆积、纷扰、俗艳的东西。其中，龚古尔兄弟做的事情最糟，他们不把三句话连在一起，尽管这三句话并不刺痛眼睛、心理学家的眼睛。——用艺术的观点看，自然不是样板。它夸张，它歪曲，它留下漏洞。自然是偶然物。"依照自然"研究，在我看来是一个坏的征象，它暴露了屈服、软弱、宿命论，——膜拜 petits faits（细枝末节）是一个完全的艺术家所不屑为的。看看有什么东西，这是另一种灵魂所做的事，是反艺术的、务实的灵魂所做的事。一个人必须知道他是哪种人……

八

论艺术家心理。——为了艺术得以存在，为了任何一种审美行为或审美直观得以存在，一种心理前提不可或缺：醉。首先须有"醉"以提高整个机体的敏感性，在此之前不会有艺术。

醉的如此形形色色的具体种类都拥有这方面的力量：首先是性冲动的醉，它是醉的最古老最原始的形式。同时还有一切巨大欲望、一切强烈情绪所造成的醉；酷虐的醉；破坏的醉；某种天气影响所造成的醉，例如春天的醉，或者因麻醉剂的作用而造成的醉；最后，意志的醉，一种积聚的、高涨的意志的醉。——醉的本质是力的提高和充溢之感。出自这种感觉，人施惠于万物，强迫万物向己索取，强奸万物，——这个过程被称作理想化。我们在这里要摆脱一种成见：理想化并非如通常所认为的，在于抽掉或排除细枝末节。把主要特征声势浩大地动员起来，这毋宁说是决定性的因素，以致其他特征这时便消失了。

九

在这种状态中，人出于他自身的丰盈而使万物充实：他之所见所愿，在他眼中都膨胀，受压，强大，负荷着过重的力。处于这种状态的人改变事物，直到它们反映了他的强力，——直到它们成为他的完满之反映。这种变得完满的需要就是——艺术。甚至一切身外之物，也都成为他的自我享乐；在艺术中，人把自己当作完满来享受。——诚然，还可以设想一种相反的状态，本能的一种特殊的反艺术家类型，——即这样一种类型，它使万物贫乏，黯然，患上痨病。事实上，历史充斥着这样的反艺术家，这样的生命饥馑者。这便是真正的基督徒的情形，例如是帕斯卡尔的情形：一个兼为艺术家的基督徒并不存在……请不要太天真，抬出拉斐尔或随便哪一些19世纪同种疗法的基督徒来反对我：拉斐尔说着肯定，拉斐尔从事肯定，所以拉斐尔不是基督徒……

十

我引入美学的对立概念，日神的和酒神的，二者被理解为醉的类别，究竟是什么意思呢？——日神的醉首先使眼睛激动，于是眼睛获得了幻觉能力。画家、雕塑家、史诗诗人是卓越的幻觉家。在酒神状态中，却是整个情绪系统激动亢奋：于是情绪系统一下子调动了它的全部表现手段和扮演、模仿、变容、变化的能力，所有各种表情和做戏本领一齐动员。本质的东西依然是变形的敏捷，是不能不做出反应（类似情形见之于某些歇斯底里病人，他们也是因每种暗示而进入每种角色）。酒神状态的人是不可能不去理会任何一种暗示的，他不会放过一个情绪标记，他具有最强烈的领悟和猜测的本能，犹如他握有最高度的传达技巧一样。他进入每个躯体，每种情绪：他不断变换自己。——音乐，如同我们今天所理解的，既是情绪的总激发，又是情绪的总释放，然而只是一个完满得多的情绪表现世界的残余，是酒神颂戏剧硕果仅存的一种遗迹。为了使作为特殊艺术的音乐成为可能,人们悄悄阻止一些官能,首先是肌肉的官能(至少相对如此,因为一切节奏在某种程度上都还是诉诸我们的肌肉):于是,人不再立刻身体力行地模仿和表演他所感觉的一切。然而,这毕竟是真正的标准酒神状态,无论如何是原初状态;音乐则是它以最相近的能力渐渐加工成的新产品。

十一

演员、伶人、舞蹈家、音乐家、抒情诗人在其本能上是一脉相通,原本一体的,但逐渐地专门化和分化了——直至竟然彼此冲突。抒情诗人和音乐家的联合,演员和舞蹈家的联合,持续最久。——建筑师既不表现酒神状态,也不表现日神状态:这里是伟大的意志行为,是移山的意志,是伟大意志的醉,这醉渴求着艺术。最强有力的人总是给建筑师以灵感:建筑师始终受到力的启发。建筑物应当显示出骄傲、对重力的胜利和权力意志;建筑风格是强力的一种能言善辩的形式,它时而循循劝诱,甚至阿谀逢迎,时而只是威严下令。具有伟大风格的建筑,表达了最高的力感和安全感。强力不再需要证明;它不屑于讨好;它严词作答;它不感到周围有见证;它生存着,对于与它对立之物的存在懵然无知;它立足于自身,宿命,法则中的一个法则:这便是伟大风格的自白。

———

十九

美与丑。——没有什么比我们对美的感觉更有条件，毋宁说更受限制的了。如果试图离开人对人的愉悦去思考美，就会立刻失去根据和立足点。"自在之美"纯粹是一句空话，从来不是一个概念。在美之中，人把自身树为完美的尺度；在精选的场合，他在美之中崇拜自己。一个物种舍此便不能自我肯定。它的至深本能，自我保存和自我繁衍的本能，在这样的升华中依然发生作用。人相信世界本身充斥着美，——他忘了自己是美的原因。唯有他把美赠与世界，唉，一种人性的、太人性的美……归根到底，人把自己映照在事物里，他又把一切反映他的形象的事物认作美的："美"的判断是他的族类虚荣心……一个小小的疑问或许会在怀疑论者耳旁低语：人认为世界是美的，世界就真的因此被美化了吗？人把世界人化了：仅此而已。然而，无法担保，完全无法担保，人所提供的恰好是美的原型。谁知道人在一位更高趣味的判官眼里是什么模样呢？也许是胆大妄为的？甚至也许是令人发笑的？也许是稍许专断的？……"啊，狄奥尼索斯，天神，你为何拉我的耳朵？"在拿克索斯的一次著名对话中，阿莉阿德尼①这样

----

① 希腊神话中克里特王弥诺斯的女儿，后嫁给酒神狄奥尼索斯。

偶像的黄昏(节录)

问她的哲学情人。"我在你的耳朵上发现了一种幽默,阿莉阿德尼,为何它们不更长一些呢?"

二十

没有什么是美的,只有人是美的:在这一简单的真理上建立了全部美学,它是美学的第一真理。我们立刻补上美学的第二真理:没有什么比衰退的人更丑了,——审美判断的领域就此被限定了。——从生理学上看,一切丑都使人衰弱悲苦。它使人想起颓败、危险和软弱无能;在它旁边,人确实丧失了力量。可以用功率计测出丑的效果。只要人在何处受到压抑,他就可估出某种"丑"的东西近在身旁。他的强力感,他的求强力的意志,他的勇气,他的骄傲——这些都随丑的东西跌落,随美的东西高扬⋯⋯在这两种场合,我们得出同一个结论:美和丑的前提极其丰富地积聚在本能之中。丑被看作衰退的一个暗示和表征:哪怕极间接地令人想起衰退的东西,都会使我们作出"丑"这个判断。每种枯竭、笨重、衰老、疲惫的征兆,每种身不由己,不论痉挛或瘫痪,特别是解体和腐烂的气味、颜色、形状,哪怕最终弱化为一个记号——这一切都引起同样的反应,都引起"丑"这个价值判断。在这里,一种憎恶之情油然而生:人憎恶什么呢? 毫无疑问,憎恶他的类型的衰落。他出于至深的族类本能而憎恶;在这憎恶中有惊恐,审慎,深刻,远见,——这是世上最深刻的憎恶。因为这,艺术是深刻的……

二十一

叔本华。——叔本华,这最后一个值得注意的德国人(——如同歌德、黑格尔和亨利希·海涅,他是一个欧洲事件,而不仅仅是一个本地事件,一个"民族"事件),对于心理学家来说是一个头等课题:他是一个恶作剧式的天才尝试,为了虚无主义地根本贬低生命,却把正相反对的判决,"生命意志"的伟大的自我肯定,生命的蓬勃形态,引出了场。他依次把艺术、英雄主义、天才、美、伟大的同情、知识、求真理的意志、悲剧都解释为"否定"或渴望否定"意志"的产物——除了基督教,这便是历史上有过的最大的心理学的伪币制造行为。仔细考察,他在这方面只是基督教解释的继承者,不过他尚知道把基督教所拒绝的东西,即人类伟大的文化事业,仍然在一种基督教的也就是虚无主义的意义上加以赞成(即作为通向"解脱"之路,作为"解脱"的前奏,作为激起"解脱"欲望的刺激剂……)。

二十二

我举一个例子。叔本华以一种忧伤的激情谈论美,——归根到底是什么？因为他在其中看到了一座人们在上面继续走下去或渴望继续走下去的桥梁……在他看来，它便是从"意志"的暂时解脱——它吸引人们追求永久解脱……尤其是他把它评价为使人摆脱"意志的焦点"即性欲的救星，——他在美之中看到生殖冲动被否定……奇怪的圣人！我怕自然会借随便哪个人之口来反驳你。在大自然里，声音、颜色、气味、有节奏的运动等等的美究竟为何存在？是什么促使美显现？——幸而反驳他的还有一位哲学家。不亚于神圣的柏拉图（叔本华自己这样称呼他）的一个权威认为另一种意见是正确的：一切美都刺激生殖，——这正是美的效果的 proprium（特性），从最感性的到最精神性的……

二十三

柏拉图走得更远。他带着一种无罪感——为了具有这种无罪感，一个人必须是希腊人而不是"基督徒"——说，如果没有如此美貌的雅典青年，就根本不会有柏拉图哲学：他们的流盼使哲学家的灵魂情意缠绵，荡漾不宁，直到它把一切崇高事物的种子栽入这片美丽的土壤里。又一个奇怪的圣人！——人们简直不相信自己的耳朵了，但要假定他们相信柏拉图。他们至少会猜到，在雅典，是以不同的方式，特别是公开的方式从事哲学的。没有什么比一个隐士编织概念的蛛网，比斯宾诺莎式的

amor intel lectualis dei(神的知性之爱)更不是希腊的了。按照柏拉图的方式,哲学毋宁可以定义为一场情欲的竞赛,对古老的性癫狂及其前提的一种深究和沉思……从柏拉图的这种哲学情欲里,最终生长出了什么呢? 希腊竞技的一种新的艺术形式——辩论术。——我还想起一个反对叔本华而支持柏拉图的事实:古典法国的全部高级文化和文学,都是在性兴趣的土壤上生长起来的。在其中人们随处可以寻找献殷勤、性感、性竞争、"女人",——决不会徒劳地寻找的……

二十四

L'art pour L'art(法文:为艺术而艺术)。——反对艺术中的目的之斗争,始终是反对艺术中的道德化倾向、反对把艺术隶属于道德的斗争。为艺术而艺术意味着:"让道德见鬼去吧!"然而,这种敌视仍然暴露了受成见的支配。如果把道德劝诫和人性改善的目的从艺术中排除出去,那么,不用多久就会产生一个后果:艺术完全是无目的、无目标、无意义的,简言之,为艺术而艺术——一条咬住自己尾巴的蛔虫。"宁肯全无目的,胜于有一个道德目的!"——纯粹的激情如此说。一位心理学家反问:全部艺术何为? 它不赞美吗? 它不颂扬吗? 它不选择吗? 它不提拔吗? 它以此加强或削弱某种价值评价……这只是雕虫小技?

只是细枝末节？艺术家的本能全然不参与其事？或者相反：这岂非艺术家之所能的先决条件？艺术家的至深本能岂非指向艺术，更确切地说，指向艺术的意义——生命？指向生命的热望？——是生命的伟大兴奋剂：怎么能把它理解为无目的、无目标的，理解为为艺术而艺术呢？——还有一个问题：艺术也表现生命的许多丑的、严酷的、可疑的方面，——它岂非因此也好像诟病生命了？——事实上，有的哲学家就宣扬艺术的此种意义：叔本华把"舍弃意志"说成艺术的全部目的，把"产生听天由命的情绪"奉为悲剧的伟大功用。——但是，我早已阐明，这是悲观主义者的光学，是"邪魔的眼光"——：必须诉诸艺术家本身。悲剧艺术家传达自身的什么？难道不正是在他所显示的可怕可疑事物面前的无所畏惧的状态？——这状态本身就是令人热望的；凡了解它的人，都对它怀有最高的敬意。他传达它，他不得不传达它，只要他是艺术家，一个传达的天才。面对一个强大的敌人，面对一种巨大的不幸，面对一个令人恐惧的问题，而有勇气和情感的自由——这样一种得胜的状态，被悲剧艺术家选中而加以颂扬。在悲剧面前，我们灵魂里的战士庆祝他的狂欢节；谁习惯于痛苦，谁寻求痛苦，英雄气概的人就以悲剧来褒扬他的生存，——悲剧诗人只是为他斟这杯最甜蜜的残酷之酒。

——

瓦格纳事件

二十六

当我们传达自己时，我们便不再充分地评价自己。我们真正的体验全然不是饶舌的。它们尽管愿意，也不能够传达自己。因为它们缺乏语词。当我们把某种体验形诸语词时，我们已经失落这种体验了。在一切言谈中都有一点儿蔑视。语言似乎只是为平均的、中庸的、可传达的东西发明的。说话者业已用语言使自己平庸化。——从聋哑人和别的哲学家的一种道德出发。

二十七

"这幅美丽的画像多么迷人！"……这个女文人，不满，激动，心灵和内脏一片荒凉，每时每刻怀着痛苦的好奇心倾听从她机体深处低声发出的命令：aut liberi aut libri（孩子或作品）。这个女文人，有足够的教养领悟自然的声音，哪怕它说的是拉丁语；另一方面又有足够的虚荣和愚蠢，哪怕在私下也用法语对自己说：je me verrai, je me lirai, jem extasierai et je dirai: Possible, que j'aie eu tant d'esprit?（我将观看我自己，我将朗读我自己，我将迷恋我自己并且我将说：也许我真有如此的聪慧吧？）……

偶像的黄昏(节录)

四十七

美非偶然。——即使一个种族或家庭的美，他们全部风度的优雅和亲切，也是人工造就的，是世代努力积累的结果。人必须为美奉献巨大的牺牲，必须为之做许多事，也放弃许多事（17世纪的法国在这两方面都令人赞叹），对于社交、住地、衣着、性满足必须有一个选择原则，必须爱美甚于爱利益、习惯、意见、懒散。最高原则：人独处时也不能"马马虎虎"。——精美的东西是过于昂贵的，而且下述规律始终有效：拥有它的人和谋求它的人不是同一个人。一切财产都是遗产，凡非继承来的，都是不完善的，都只是开端……在西塞罗时代的雅典，西塞罗对男人和少年的美丽远比对女人的美丽感到惊奇，可是，数百年间，当时的男性为此美丽付出了怎样的艰苦努力！——在这里，不要弄错了方法，仅仅训练感情和思想是无济于事的（德国教育的巨大误解就在于此，它全然是幻想的），人必须首先开导躯体。严格维持有意味的、精选的姿态，一种仅仅同不"马马虎虎"对待自己的人共处的约束力，对于变得有意味和精选是完全足够了：两、三代里，一切业已内化。决定民族和人类的事情是，文化要从正确的位置开始——不是从"灵魂"开始（这是教士和半教士的致命的迷信）：正确的位置是躯体、姿势、饮食、生理学，由之产生其余的东西……所以，希腊人始终是历史上第一个文化事件——他们懂得，他们在做必须做的事情；蔑视肉体的基督教则是人类迄今最大的不幸。

四十九

歌德——不是一个德国事件，而是一个欧洲事件：一个通过复归自然、通过上升到文艺复兴的质朴来克服18世纪的巨大尝试，该世纪的一种自我克服。——他本身有着该世纪的最强烈的本能：多愁善感，崇拜自然，反历史，理想主义，非实在和革命（革命仅是非实在的一种形式）。他求助于历史、自然科学、古代以及斯宾诺莎，尤其是求助于实践活动；他用完全封闭的地平线围住自己；他执著人生，入世甚深；他什么也不放弃，尽可能地容纳、吸收、占有。他要的是整体；他反对理性、感性、情感、意志的互相隔绝（与歌德意见正相反的康德，用一种最令人望而生畏的烦琐哲学鼓吹这种隔绝）；他训练自己完整地发展，他自我创造……歌德是崇尚非实在的时代里的一个坚定不移的实在论者：他肯定在这方面与他性质相近的一切，——他没有比那所谓拿破仑的实在论更伟大的经历了。歌德塑造了一种强健、具有高度文化修养、体态灵巧、有自制力、崇敬自己的人，这种人敢于把大自然的全部领域和财富施与自己，他强健得足以

偶像的黄昏（节录）

———

承受这样的自由；一种不是出于软弱，而是出于坚强而忍受的人，因为在平凡天性要毁灭的场合，他仍懂得去获取他的利益；一种无所禁忌的人，除了软弱，不管它被叫做罪恶还是德行……这样一个解放了的精神带着快乐而信赖的宿命论置身于万物之中，置身于一种信仰：唯有个体被抛弃，在全之中万物得到拯救和肯定——他不再否定……然而一个这样的信仰是一切可能的信仰中最高的：我用酒神的名字来命名它。

五十

可以说，在某种意义上，19世纪也是追求歌德作为个人所追求过的一切东西：理解和肯定一切，接纳每样东西，大胆的实在论，崇敬一切事实。何以总的结果却不是歌德，而是混乱，虚无主义的悲叹，不知何来何往，一种在实践中不断驱迫人回溯18世纪的疲惫的本能？（例如情感浪漫主义，博爱和多愁善感，趣味上的女性主义，政治上的社会主义。）莫非19世纪，特别是它的末叶，仅是一个强化的野蛮化的18世纪，即一个颓废世纪？那么莫非歌德不但对于德国，而且对于欧洲，仅是一个意外事件，一个美好的徒劳之举？——然而，如果从公共利益的角度来看伟人，就曲解了他们。一个人懂得不向伟人要求利益，也许这本身就属于伟大……

———

瓦格纳事件

五十一

歌德是使我肃然起敬的最后一个德国人，他大约感受到了我所感受到的三件事——我们对于"十字架"的意见也一致……常常有人问我，究竟为何要用德文写作，因为我在任何地方都不像在我的祖国这样糟糕地被人阅读。可是终究有谁知道，我是否还希望在今日被人阅读？——创造时间无奈其何的事物，为了小小的不朽而致力于形式和质料——我还从未谦虚得向自己要求更少。格言和警句是"永恒"之形式，我在这方面是德国首屈一指的大师；我的虚荣心是：用 10 句话说出别人用一本书说出的东西，——说出别人用一本书没有说出的东西……我已经给予人类它所具有的最深刻的书，我的《查拉图斯特拉如是说》，最近我还要给它最独立不羁的书①。

——————————

① 指《看哪，这人》一书。

偶像的黄昏（节录）

我感谢古人什么

一

最后，谈一谈那个我试图进入的世界，那个我也许发现了一个新的入口的世界——古代世界。我的趣味同宽容的趣味正好相反，在这里也和那种兼收并蓄的态度相去甚远：它一般不喜欢说"是"，宁肯说"不"，尤其喜欢什么也不说……这适用于整个文化，适用于书籍，——这也适用于地方和风景。根本只有极少数古书在我的生活里有其地位，最著名的不在其中。我对于

瓦格纳事件

风格以及作为风格的警句的感觉，是在接触萨卢斯提乌斯①时几乎刹那间觉醒的。我忘不了我尊敬的老师科森（Corssen），当他不得不给他最差的拉丁文学生打最好的分数时，他是多么惊奇——我突然成熟了。凝炼，辛辣，本钱尽可能富足，对"华美的词藻"以及"华美的感情"怀着冷酷的恶意——我在这上面猜透了自己。人们在我身上，包括在我的《查拉图斯特拉如是说》中，可以重新认出一种非常严肃的对于**罗马风格**、对于 aere perennius（比铜铁更持久）的野心。——在第一次接触贺拉斯时，我忘掉了世上其余的一切。至今我在任何诗人那里都未曾感受到初读贺拉斯的抒情诗时那种精微的喜悦。在某些语言里，这里所达到的东西是根本不可企求的。这种文字的镶嵌细工，其中每个字无论声响、位置还是内容都向左右迸发其力量，且震荡于全篇之中；这种使用最低限量的符号，却达到符号之最高表现力——这一切都是罗马的，倘若愿意相信我的话，也是卓越地高贵的。其余一切诗歌比较之下都是某种平俗的东西，——是一种纯粹的感情唠叨……

二

我未尝从希腊人那里受到过如此强烈的影响；坦白地说，对

———————

① 萨卢斯提乌斯（Sallustjus，公元前86—前35 或前34），古罗马政治家和历史学家。

于我们,他们不**可能**和罗马人一样。人们不向希腊人**学习**——他们的类别过于异样,他们又过于流动而不易发生命令和"经典"的作用。谁可曾向一个希腊人学习写作! 谁又可曾撇开罗马人而学习写作! ……请不要抬出柏拉图来反驳我。对于柏拉图,我是根本怀疑的,而且始终不去加入学者中流传的对**杂耍演员**柏拉图的惊叹。在这方面,古代最精细的鉴赏家毕竟站在我这一边。在我看来,柏拉图搅乱了风格的全部形式,所以他是风格的第一个颓废者,他的良心同发明了迈尼普斯①文体的犬儒学派有点相似。柏拉图的对话,辩证法的这种极其沾沾自喜和幼稚的品种,一个人必须从未读过好的法国作家,例如丰特奈尔,才会觉得它有魅力。柏拉图是令人厌倦的。——我对柏拉图的不信任是深入骨髓的:我发现他是如此远离希腊的一切基本本能,如此道德化,如此先于基督教而基督教气味十足——他把"善"这个概念视为最高概念——,和别的任何词比较,我宁愿用"高级诈骗"这个刺耳的词,或者,倘若人们更爱听,用"理想主义",来说明整个柏拉图现象。这个雅典人在埃及人那里上过学(或许是在埃及的犹太人那里? ……),人们为此付出了昂贵的代价。在巨大的基督教厄运中,柏拉图是那个被称为"理想"

---

① 迈尼普斯(Menippus),公元前 3 世纪古希腊犬儒派学家,创立了一种亦庄亦谐的文学风格,被称为迈尼普斯式讽刺。

的暧昧和蛊惑,它使古代的高贵天性有可能误解自己,踏上通往"十字架"之桥……而在"教会"这个概念里,在教会的组织、制度和实践里,又有多少柏拉图! ——我的修养,我的偏爱,我对一切柏拉图主义的治疗,始终是修昔底德。修昔底德,也许还有马基雅弗利的学说,因其毫不自欺的以及在**实在**中、而不是在"**理性**"中、更**不是**在"道德"中发现理性的绝对意愿,而与我血缘最近……"有教养的"青年在文科中学接受走向生活的训练,作为训练的报酬,他们得到了希腊可怜的理想虚饰,没有谁能像修昔底德那样彻底地治疗这种虚饰了。人们必须一行一行地琢磨他,如读他的文字那样明晰地读懂他的隐义,很少有如此满含隐义的思想家。**智者文化**,毋宁说,**实在论者文化**,在他那里获得了完满的表现:这个处在到处正爆发的苏格拉底学派的道德欺骗和理想欺骗之中的不可估价的运动。希腊哲学是希腊本能的衰退;修昔底德是古希腊人本能中那种强大的、严格的、坚硬的求实精神的伟大总结和最后显现。面对现实的**勇气**区分了像修昔底德和柏拉图这样的天性:柏拉图在现实面前是个懦夫——**所以**他逃入理想;修昔底德支配自己——所以他也支配事物……

三

在希腊人身上嗅出"美丽的灵魂"、"中庸"和别的完美性,譬如赞叹他们的静穆的伟大，理想的观念，高贵的单纯——我身上的心理学家保护我免于这种"高贵的单纯"，最后还免于 niaiserie allemande（德国的蠢话）。我看出他们的最强烈的本能，求强力的意志，我看出他们在这本能的狂暴威力面前颤抖，——我看出他们的全部公共机构都产生自一种防卫措施，以求互相更安全地面对他们身内的**炸药**。于是，内部的巨大紧张便以可怕的疯狂的敌意向外释放：城邦互相厮杀，如此每个城邦的公民在自己面前却得到了安宁。一个人必须成为强者：危险近在身旁，危机四伏。矫健灵活的躯体，希腊人固有的大胆的实在论和非道德主义，是一种**必需**，而不是"天性"。它是后来形成的，不是一开始就有的。而人们通过节庆和艺术也仅是想感到自己**占上风**，**显示**自己占上风，别无其他目的；在自己周围制造恐惧，是颂扬自己的手段……按照德国习惯，根据希腊哲学家来判断希腊人，例如把苏格拉底学派的庸俗特性当作理解希腊本质的启示！……哲学家诚然是希腊精神的颓废派，是对古老高贵趣味的反对（——反对垂死的本能，反对城邦，反对种族的价值，反对血统的权威）。苏格拉底的德行不过是说教，因为希腊人已经丢失了德行：敏感，怯懦，反复无常，人人都是喜剧演员，他们有太多的理由要听任道德向自己说教。无济于事，不过浮夸的辞藻和姿态多么适合于颓废派……

四

我是第一个人，为了理解古老的、仍然丰盈乃至满溢的希腊本能，而认真对待那名为酒神的奇妙现象，它唯有从力量的**过剩**得到说明。谁曾探究过希腊人，如同那位当今在世的最深刻的希腊文化专家，巴塞尔的雅可比·布克哈特①，那么，他就会立刻明白在这方面可以做点什么？布克哈特在他的《希腊人的文化》中安排了专门的章节，论述上述现象。倘若想知道相反的情形，不妨看看德国语言学家们在接触酒神现象时那近乎可笑的本能之乏弱。尤其是著名的洛贝克（Lobeck），以一条书蠹的可笑的自信爬进这神秘境界，并且说明自己把令人厌恶的粗率无知当作科学，——洛贝克竭尽全部才智弄明白了，原来所有这些奇妙现象毫无意义。事实上，巫师不过要向这些狂欢的参加者传达一些并非无价值的事情，例如，酒刺激欲望，人生活在果实的环境中，植物春华秋衰。至于说到狂欢的源泉，那秘仪、象征、神话的如此可惊的财富，完全通过口头泛滥于古代世界的，那么，洛贝克从中发现了在一定程度上变得更为机智的诱因。

---

① 布克哈特（Jacob Burckhardt，1818—1897），瑞士杰出的文化艺术史家，代表作为《文艺复兴时期的意大利文化》。

偶像的黄昏（节录）

他说:"希腊人,他们别无他事可做,于是就欢笑,跳跃,他们到处休憩,或者如同人有时也会感兴趣的那样,他们坐下来流泪和号啕。另一些人随后来到,试图为这触目的行为寻找一个随便什么理由;于是,无数的节日传说和神话形成了,用来解释这些风俗。另一方面,人们相信,现在一度发生在节日的诙谐举动必定也属于节日庆典,于是把它作为敬神的一个不可缺少的部分保存下来了。"——这是可鄙的空话,对这位洛贝克一刻也不能认真看待。当我们检查文克尔曼和歌德为自己所形成的"希腊的"这一概念,并且发现,它与生长出酒神艺术的那种要素——酒神祭——是不相容的,我们的感受就全然不同了。我其实不怀疑,歌德在原则上把这类东西从希腊心灵的可能性中排除出去了。结果,歌德不理解希腊人。因为只有在酒神秘仪中,在酒神状态的心理中,希腊人本能的根本事实——他们的"生命意志"——才获得了表达。希腊人用这种秘仪担保什么?永恒的生命,生命的永恒回归;被允诺和贡献在过去之中的未来;超越于死亡和变化之上的胜利的生命之肯定;真正的生命即通过生殖、通过性的神秘而延续的总体生命。所以,对希腊人来说,性的象征本身是可敬的象征,是全部古代虔敬所包含的真正深刻意义。生殖、怀孕和生育行为中的每个细节都唤起最崇高、最庄严的情感。在秘教中,痛苦被神圣地宣说:"产妇的阵痛"圣化了一般痛苦,——一切生成和生长,一切未来的担保,都以痛苦为条件……以此而有永恒的创造喜悦,生命意志以此而永远肯定自己,也必须永远有"产妇的阵痛"……这一切都蕴含在狄奥尼索斯这个词里:我不知道还有比这希腊的酒神象征更高的象征意义。在其中可以宗教式地感觉到最深邃的生命本能,求生命之未来的本能,求生命之永恒的本能,——走向生命之中,生殖,作为神圣的路……唯有基督教,怀着根本反对生命的怨恨,把性视为某种不洁之物:它把污秽泼在源头上,泼在我们生命的前提上……

五

酒神祭之作为一种满溢的生命感和力感,在其中连痛苦也起着兴奋剂的作用,它的心理学给了我理解悲剧情感的钥匙,这种情感既被亚里士多德误解了,更被我们的悲观主义者误解了。悲剧远不能替叔本华意义上的所谓希腊悲观主义证明什么,相反是对它的决定性的否定和抗议。肯定生命,哪怕是在它最异样最艰难的问题上;生命意志在其最高类型的牺牲中,为自身的不可穷竭而欢欣鼓舞——我称这为酒神精神,我把这看作通往悲剧诗人心理的桥梁。不是为了摆脱恐惧和怜悯,不是为了通过猛烈的渲泄而从一种危险的激情中净化自己(亚里士多德如此误解),而是为了超越恐惧和怜悯,为了成为生成之永恒喜悦本身——这种喜悦在自身中也包含着毁灭之喜悦……我借此又回到了我一开始出发的地方——《悲剧的诞生》是我的第一个一切价值的重估：我借此又回到了我的愿望和我的能力由之生长的土地上——我，哲学家狄奥尼索斯的最后一个弟子，——我，永恒轮回的教师……

看哪，这人（节录）

（1888—1889）

我
为
何
如
此
聪
明

三

营养的选择；气候和地点的选择；——一个人万不可失误的第三件事是他的休养方式的选择。在这里，他被许可的范围，即对他有利的范围，也是依据他 sui generis（心灵独特）的程度而愈益狭窄的。就我而言，一切阅读均是我的休养，因而均是使我摆脱我自己、让我优游于陌生的学科和灵魂中的事情，——是我不再严肃从事的事情。阅读恰好使我摆脱我的严肃而获得休养。当我潜心工作时，在我这里看不到一本书，我不允许任何人在我旁边说话甚或默想，而这就叫做阅读……你们可曾真正注意到，

看哪，这人（节录）　　　　　　　　　　　　　　　　　　——

当孕育迫使精神、归根到底迫使整个机体趋于高度紧张时，偶然事件以及每种外来刺激会产生极强烈的作用，成为极深重的"打击"？一个人应该尽量避免偶然事件和外来刺激；一定方式的自我封闭乃是精神孕育的第一本能和第一智慧。难道我会允许一个别人的思想偷偷逾墙入室？——而这就叫做阅读……在工作和丰收的时辰之后，便是休养的时辰：你们来吧，愉快的书籍，机智的书籍，聪颖的书籍！——难道这会是德国书籍吗？……且说半年前，我随手抓到了一本书。究竟是什么书？——维克多·勃罗查德（Victor Brochard）的杰作《希腊怀疑论者》（*Ies Sceptiques Grecs*），其中也出色地利用了我的《论第欧根尼·拉尔修》（*Laertiana*）①。怀疑论者，模棱两可的哲学家民族中唯一值得尊敬的类型！……通常我几乎总是求慰于同一些书，原则上数量很少，它们被证实恰恰是为我而写的书。读得多而杂也许不合我的天性，书斋令我生病。爱得多而杂同样不合我的天性。提防甚至仇视新书，比起 Largeur du coeur（容忍大度）以及别的邻人爱，更早化作了我的本能……归根到底，只有少数几个早先的法国人使我流连忘返：我只相信法国教养，而把其他一切欧洲自称为"教养"的一切看作误会，更不必说德国教养了。我在德国遇见

---

① 尼采在莱比锡大学读书时写的一篇论文。第欧根尼·拉尔修是公元 3 世纪中叶的哲学史家，编纂十卷本的《名哲言行录》，为后人留下了有关希腊罗马哲学的宝贵资料。

的高级教养的少数例子全都是法国血统,尤其是柯西玛·瓦格纳夫人(Frau Cosima Wagner),她绝对是我所听到过的趣味问题上的第一声部……我不是读,而是爱帕斯卡尔,爱他之作为基督教精神的最有教益的牺牲品,慢慢地被宰割,先是在肉体上,然后是在心灵上,这惨无人道的恐怖程式的整个逻辑;我在精神上——谁知道呢,或许也在肉体上——拥有一些蒙田(Montaigne)的恶作剧;我的艺术家趣味捍卫着莫里哀、高乃依和拉辛①的名字,而对莎士比亚这样粗暴的天才不无痛恨。但是,最后,这一切并不妨碍我也把最近的法国人看作可爱的友伴。我完全不知道,历史上有哪一个世纪,如此好奇又如此敏锐的心理学家济济一堂,像今日的巴黎那样。我试着列举出——因为其人数委实不少——保尔·布尔热、皮埃尔·洛蒂、吉普(Gyp)、梅雅克(Meilhac)、阿纳托尔·法朗士②、朱尔·勒梅特(Jules Lemaitre)等先生,或者,为了突出这强健种族中的一员,举出我特别喜欢的一位真正的拉丁人,居伊·德·莫泊桑③。我偏爱这一代人,我们私下说说,甚至包括他们的伟大导师们,这些导师全都被德国哲学败坏

---

① 莫里哀(Moliere,1622—1673),17世纪法国最伟大的剧作家。拉辛(Racine,1639—1699),法国伟大剧作家,对悲剧有深刻的理解。
② 布尔热(Paul Bourget,1852—1935),法国小说家、文学评论家。洛蒂(Pierre Loti,1850—1923),法国小说家。法朗士(Anatole France,1844—1924),法国作家,1921年获诺贝尔文学奖。
③ 莫泊桑(Guy de Maupassant,1850—1893),法国作家,主要成就为短篇小说。

了，例如泰纳①先生就被黑格尔败坏了，他对伟人和伟大时代的误解就源自黑格尔。德国伸展到哪里，就败坏哪里的文化。战争才"拯救"了法国精神……司汤达②，我的生命中最美好的邂逅之一——因为我生命中划时代的一切，都是来自邂逅，从来不是来自一种建议——他是完全不可估价的，包括他的有先见之明的心理学家的眼睛，他的善于把握事实的利爪，令人想到 ex ungue Napoleonem（最伟大事件的临近）。最后，但并非最不重要的，作为真诚的无神论者，法国的一个罕见的、绝无仅有的类型，——光荣的普罗斯佩·梅里美……莫非我竟至于嫉妒司汤达？他从我这里夺走了本应由我说出的最巧妙的无神论俏皮话："上帝唯一可原谅的地方是他并不存在。"……我本人在某处说过："迄今为止对生存的最大异议是什么？上帝……"

四

亨利希·海涅③为我提供了抒情诗人的最高概念。我在许多世纪的一切领域中徒劳地寻找着一种同样甜蜜而又热情的音

①　泰纳（Hippolyte Taine，1828—1893），法国思想家、文艺评论家和历史学家，19世纪法国实证主义的代表人物。
②　司汤达（Stendhal，1783—1842），法国作家，最著名的小说是《红与黑》。
③　亨利希·海涅（Heinrich Heine，1797—1856），德国诗人。

乐。他拥有那种神圣的恶意，舍之我就不能想象完美，——我估价一个人或一个种族的标准是，看他们如何本能地知道要结合着牧神去理解上帝。——而且他是怎样使用德语的呵！总有一天人们会说，海涅和我绝对是德国语言的头等艺术家——把纯粹德国人的德语成就远远地抛在了后面。我和拜伦的《曼弗雷德》必定有很深的亲缘关系：我在自己身上发现了所有这些深渊，——当我13岁时，我于这部著作即已成熟。对于那些在《曼弗雷德》面前敢于提起《浮士德》的人，我无话可说，只有报之一瞥。德国人不能胜任一切伟大概念，舒曼①就是证据。我本人出于对这个甜腻腻的撒克逊人的痛恨，曾经给曼弗雷德写过一段反序曲，汉斯·冯·彪罗②说，他从未见过与此相似的乐谱：这是对欧忒耳珀③的渴念。——当我寻求我对于**莎士比亚**的最高公式时，我找到的始终是：他塑造了恺撒这个典型。一个人是不能猜透这种典型的——他或者就是它，他或者不是它。这位大诗人**只能**发掘他的亲身经历——以致他后来不能再忍受他的作品了……当我望了一眼我的查拉图斯特拉，我在屋子里踱蹀了半个钟头，再也控制不住难以忍受的悲恸的抽搐。——我

---

① 舒曼（Robert Schumann，1810—1856），德国作曲家，中年时精神失常，死于精神病院。
② 彪罗（Hans von Bttlow），19世纪德国著名指挥家。
③ 欧忒耳珀（Euterpe），希腊神话中司音乐的女神。

看哪，这人（节录）　　　　　　　——

不知道还有比读莎士比亚更令人心碎的事情了：一个人何以必须如此受苦，以致不能不做一个小丑！——人们**理解**哈姆雷特了吗？不是怀疑，而是**确信**，会逼人发狂……可是要有这体会，一个人必须深刻，成为深渊。哲学家……我们都害怕真理……

五

谈到我的生命的休养，我在这里不能不赞一词，以表达我对那在我的一生中最深沉最亲切地使我复元的事情的谢忱。这无疑就是和理查德·瓦格纳的亲密交往。我可以轻易放弃我的人间关系的零头；但没有什么代价可以使我从我的生命中缴出特里伯辛（Tribschen）的日子，那信任而明朗的日子，有着微妙的意外——有着**深邃的瞬间**……我不知道别人和瓦格纳一起有何感觉；不曾有过一朵云影掠过**我们的**天空。——因此我再次返回法国——对于瓦格纳派以及其余 et hoc genus omne（诸如此类的人物），我不屑置辩，只是轻蔑地一撇嘴角，这些人满以为瓦格纳与己同类，借此信念而向他致敬……依我至深的天性，我和一切德国的东西如此格格不入，以至于只要接近一个德国人，就足以阻碍我的消化，和瓦格纳的初次接触乃是我生命中第一回扬眉吐气：我感到，我尊敬他如同尊敬**异国**，如同尊敬一切"德国德行"的对立面和对之有血有肉的抗议。——我们，在五十年代的瘴气中度过了童年的我们，对于"德国的"这个概念必不可免地是悲观者；我们除了做革命者别无可能——我们不能容忍伪君子高高在上的情景。无论这伪君子如今怎样乔装变色，他是纡金拖紫，抑或披盔挂甲，于我全然一样……好吧！瓦格纳是一位革命者——他逃离了德国人……作为艺人，一个人在欧洲除了巴黎便无家可归。瓦格纳艺术的前提，那五种艺术官能的精致，对于 nuances（细微差别）的把握，心理的病态，只有在巴黎才能找到。任何别处都不会有对于形式问题的狂热，对于 mise en scene（舞台调度）的认真——巴黎人的认真是 par excellence（卓越的）。在德国，人们对于活跃在一位巴黎艺术家灵魂中的那种巨大野心甚至形不成概念。德国人是驯顺的——而瓦格纳却根本不是驯顺的……然而，关于瓦格纳何所归属，谁是他最近的亲属，我已经说得够多了（见《善恶的彼岸》第二卷）：这就是法国后期浪漫派，那个腾云驾雾的艺术家类型，例如德拉克罗瓦①，柏辽兹②，具有一种疾病的、不治之症的性格**基础**，是**表情**的公开热中者，彻头彻尾的明星……一般来说，谁是瓦格纳的第一个自觉的追随者？夏尔·波德莱尔，他最先理解了德拉克罗瓦，是一个典型的颓废派，整个艺人家族都在他身上重新认识了

① 德拉克罗瓦（Delacroix, 1798—1863），法国浪漫主义画家，印象主义和现代表现主义的先驱。
② 柏辽兹（Hector Berlioz, 1803—1869），法国作曲家、音乐评论家和指挥。

看哪，这人（节录）　　　　　　　　　　——

自己——他或许还是其中最后一人……我决不原谅瓦格纳的是什么？就是他**屈尊俯就**德国人——他成了德国国民……德国伸展到哪里，就败坏了哪里的文化。

六

细想起来，没有瓦格纳的音乐，我就不可能忍受住我的青年时代。因为我已经**被判决为**一个德国人。当一个人想摆脱一种无法忍受的压迫时，必须有麻醉品。好吧，我必须有瓦格纳。瓦格纳是一切德国事物的 par excellence（卓越的）抗毒剂——我不否认他也是毒剂……自从听到《特里斯坦》钢琴片断的那一刹那起——多谢冯·彪罗先生——我就成为一个瓦格纳派了。我看瓦格纳以前的作品都在我之下——还太平庸，太“德国气”……可是今天我还在寻找一部作品，与《特里斯坦》有着同样危险的魅惑力，同样可怕而甜蜜的无穷意味——我在一切艺术中徒劳地寻找着。只要响起《特里斯坦》的第一个音符，列奥纳多·达·芬奇的全部奇特都失去了魔力。这部作品绝对是瓦格纳的 non plus ultra（顶峰），他的《名歌手》和《指环》已是从顶峰跌落了。变得更健康——这在瓦格纳这样的天性反是一种**退步**……生逢其时，并且恰好生在德国人中间，以求**成熟**于这部作品，我以为是头等的幸运：我身上的心理学家的好奇心走得如此之远。对于从未病得足以沉溺于这种"地狱之狂欢"的人来说，世界是贫乏的，应当准许甚至命令在这里运用一种秘仪形式。——我认为，我比任何人更了解瓦格纳的奇伟怪诞，除了他无人能展翅飞抵的狂喜的五十重天；况且我足够强壮，可以使最可疑最危险的事物于我有益，并且变得更为强壮，所以我称瓦格纳为我的生命的大恩人。使我们结成亲缘的是，比起本世纪人们所能忍受的痛苦来，我们受苦更深，而且互从对方受苦，这将使我们的名字永远重新连结在一起；在德国人中间，瓦格纳必定是一个纯粹的误解，我也必定如此，且将永远如此。——我的日耳曼同胞，你们首先得受两百年的心理学和艺术的训练！……然而这一课是没法补上的了。

看哪，这人（节录）

我
为
何
写
出
如
此
杰
作

四

　　我还要一般地谈谈我的**风格之艺术**。用符号以及这些符号的节拍**传达**一种状态，一种内在的激情之紧张——这是每种风格的意义，由于我的内在状态异常繁多，我就具有风格的多种可能性——一般来说，乃是一个人所曾掌握过的最多样化的风格之艺术。一种风格若能真实地传达内在状态，不错用符号、符号的节拍以及**表情**（一切修辞都是表情的技巧），便是**好**的风格。我的本能在这方面是不会错的。——**自在的**好风格是十足的愚蠢，是纯粹的"理想主义"，如同"**自在之美**""**自在之善**""**自在之**

物"一样……前提始终是要有听取的耳朵——有懂得并且配得上这种激情的人，有可以向之传达的人。——例如，我的《查拉图斯特拉如是说》目前还在寻找这样的人——唉！它还将久久地寻找！——人必须配得上受它的考验……在那个时辰到来之前，不会有人理解我耗费在这本书中的技巧；也不曾有人致力于如此崭新的、闻所未闻的、真正首创的艺术手段。在德语中能够有这样的东西，这一点一直有待证明，我本人从前对此也坚决否认。在我之前，人们不知道，用德语能够做成什么——一般来说用语言能够做成什么。伟大节奏的技巧，修辞的伟大风格，以表达高尚的超人的激情之澎湃起伏，首先被我发现了；凭借《七印记》(《查拉图斯特拉如是说》第三卷最后一节)这样的颂诗，我翱翔在迄今所谓诗歌之上 1000 英里。

看哪，这人(节录)

《悲剧的诞生》

一

要公正对待《悲剧的诞生》(1872)，就必须忘掉一些事情。它是靠了它的错误发生影响甚至使人着迷的——这错误便是它对瓦格纳主义的利用，似乎瓦格纳主义是一种**向上的**征象。正因为如此，这部作品成了瓦格纳生活中的一件大事，从此以后，伟大的希望系于瓦格纳的名字。即使在今天，只要提起《帕西法尔》，人们还要提醒我：对于这一运动的**文化价值**作出如此高度评价，这种意见之占上风，我是负有罪责的。——我时常发现这部作品被引作《悲剧从音乐精神中的诞生》：人们只注意瓦格纳的艺术、意图和使命的新公式——却忽略了隐藏在这部作品之基础中的真正价值。《希腊精神与悲观主义》：这是一个毫不含糊的标题，即首次说明了希腊人是如何清算悲观主义的——他们靠什么**战胜了**悲观主义……悲剧恰好证明，希腊人**不是**悲观主义者：叔本华在这里如同他在所有问题上一样弄错了。——用局外人眼光看，《悲剧的诞生》显得很不合时宜，难以想象，它是在沃尔特战役的炮声中**开头**的。我在麦茨城下，在寒冷的九月之夜，在护理病人的服务中，沉思了这些问题；人们不妨相信，这部作品有五十年的历史了。它对政治是冷淡的——今天人们会说是"非德国的"，它散发着令人厌恶的黑格尔气味，只在某些公式中，它夹带着叔本华的报丧者气息。一种"理念"——酒神因素与日神因素的对立——被阐释为形而上学；历史本身被看作这种"理念"的展开；这一对立在悲剧中被扬弃而归于统一；在这种光学下，从未彼此照面的事物突然相遇，互相照亮和**阐明**……例如歌剧和革命……书中有两点决定性的创新，第一是对希腊人的**酒神**现象的理解——为它提供了第一部心理学，把它看作全部希腊艺术的根源；第二是对苏格拉底主义的理解，苏格拉底第一次被认作希腊衰亡的工具，颓废的典型。"理性"**反对**本能。"理性"无论如何是摧残生命的危险的力量！——全书对基督教保持深深的敌意的沉默。基督教既非日神的，也非酒神的；它否定一切审美价值——《悲剧的诞生》所承认的唯一价值；它在至深的意识中是虚无主义的,反之,酒神的象征却达到了**肯定**的极限。基督教教士一度被喻为"阴险的侏儒族类"、"地下族类"……

二

这一个起点是无比奇特的。我凭借我最内在的经验**发现了**历史所具有的唯一譬喻和对应物——正因此我第一个理解了奇异的酒神现象。同时我视苏格拉底为颓废者,以此毫不含糊地证明,我的心理把握决不会陷入任何道德过敏的危险——视道德本身为颓废的征象,乃是一个创新,是认识史上头等的独特事件。凭借这两个见解,我如何高出于乐观主义和悲观主义的可怜的肤浅空谈之上!我首先看出真正的对立——看出**蜕化的**本能带着隐秘的复仇欲转而反对生命(其典型形态是基督教,叔本华哲学,在某种意义上还有柏拉图哲学,全部唯心主义),反对生于丰盈和满溢的**最高肯定**的公式,无条件的肯定,甚至肯定痛苦,甚至肯定罪恶,甚至肯定生存之一切可疑和异常的特征……对于生命的这种最终的、最快乐的、最热情洋溢的肯定,不但是最高的智慧,而且是**最深刻**的智慧,得到了真理和科学的最有力的证明和维护,凡存在者,无物要抛弃,无物为多余——基督徒和别的虚无主义者所摈斥的生存之方面,在价值系列中所占据的地位,甚至要无限地高于颓废的本能所赞许、所**称道**的东西。

——

瓦格纳事件

要理解这一点,必须有勇气以及作为勇气之前提的力的充溢:因为人是严格按照勇气所**许可**前进的程度,严格按照力的尺度,而接近真理的。强者必须认识和肯定现实,恰如弱者出于虚弱而必定怯懦并且逃避现实——此谓"理想"……他们没有认识的自由:颓废者**离不开**欺骗——这是他们的保存条件;——谁不但理解"酒神的"这个词,而且由这个词而理解自己,他就用不着去反驳柏拉图、基督教或叔本华——他能嗅到那**腐味**……

三

最近我还在《偶像的黄昏》中表明,我如何借此而找到了"悲剧的"这个概念,找到了关于何为悲剧心理的终极知识。"肯定生命,哪怕是在它最异样最艰难的问题上;生命意志在其最高类型的**牺牲**中,为自身的不可穷竭而欢欣鼓舞——我称这为酒神精神,我把这看作通往**悲剧**诗人心理的桥梁。**不是**为了摆脱恐惧和怜悯,不是为了通过猛烈的宣泄而从一种危险的激情中净化自己(亚里士多德如此误解);而是为了超越恐惧和怜悯,为了**成为**生成之永恒喜悦**本身**——这种喜悦在自身中也包含着毁灭的喜悦……"在这个意义上,我有权把自己看作第一个**悲剧哲学家**——也就是悲观主义哲学家的极端的对立者和相反者。在我之前,没有人把酒神精神变为一种哲学激情:尚缺乏**悲剧智**

慧——甚至在苏格拉底前两百年的希腊大哲学家身上，我也是徒劳地寻找此种智慧的征兆。唯有对于赫拉克利特，我有所保留，与他接近，我的心情比在其他任何地方更觉温暖和愉快。肯定流逝和**毁灭**，酒神哲学中的决定性因素，肯定矛盾和战争，**生成**，以及彻底否定**"存在"**概念——我在其中不能不认出迄今为止与我最相像的思想。"永恒轮回"的学说，即万物之无条件的和无限重复的循环的学说，终究可能也已经为赫拉克利特所教导过。至少那几乎所有根本观念都从赫拉克利特继承而来的斯多葛派有此种学说的迹象。

四

一个宏伟的希望从这论著中说话。我终究没有任何理由放弃对于音乐的一种酒神式未来的希望。让我们放眼一百年以后，设想一下我对两千年来的反自然和人类耻辱的进攻业已成功。那新的生命党，着手于最伟大的使命，培养人类更高的品种，其中包括无情地毁灭一切堕落者和寄生者，将使大地上**生命之丰盈**重新成为可能，从而使酒神境界也必定重新高涨。我预期着一个**悲剧**时代：一旦人类具备一种觉悟，进行最艰苦却也最必要的战争，**并不因此**痛苦，肯定生命的最高艺术，即悲剧，就要复活了……

《查拉图斯特拉如是说》

三

在 19 世纪末叶，可有谁清楚地知道强盛时代的诗人们称什么为**灵感**？倘若没有，我愿来说说。——一个人稍微有一点迷信，恐怕就不会拒绝在事实上想象一下，自己成为某些极强大力量的纯粹化身、纯粹传声筒、纯粹媒介。启示的概念就是描述这种情况的，其含义是，使一个人深深震撼颤栗的某种东西，突然以一种不可言说的准确和精细变得**可见**可闻。人倾听，而并不寻求；人接受，而并不追问谁在给予；一种思想犹如电光突然闪亮,带着必然性,毫不犹豫地获得形式——根本不容我选择。一种喜悦,其巨大的紧张有时通过泪水的汹涌而得舒缓,人此时步态踉跄,时而疾行,时而踟蹰;一种不完全的出神状态(Ausser-sich-sein)却又清晰地意识到有无数微妙的震颤和波动流遍全身;一种至深的幸福,痛苦和阴郁在其中并非作为对立面,而是作为条件,作为产物,作为如此光辉灿烂中**必有的**色彩起作用;一种节律关系的本能,它绷紧了形式的广阔空间——长度,对于扩展的节律的需要,几乎是衡量灵感力量的尺度,是对于灵感的压力和紧张的一种平衡……万物最高程度地显现了,这是不由自主的,却又好像是一种自由情感、绝对、强力、神性的狂飚突起……最奇特的是形象和譬喻不期而至;人不再明白孰为形象,孰为譬喻,一切都以最迅捷、最正确、最单纯的表达方式呈现自己。看来是真的,用查拉图斯特拉的话来说,事物好像自动前来,甘愿充当譬喻。("这里万物爱抚地走向你的言谈,向你谄媚,因为它们想骑在你的背上驰骋。这里你骑在每种譬喻上驰向每种真理。这里一切存在的语言和语言宝库向你突然打开;这里一切存在都想变成语言,一切生成都想从你学习言谈。")这便是**我**对灵感的体会,我不怀疑,必须倒退几千年,才能找到一个能向我说这话的人:"这也是我的体会。"

作为艺术的权力意志

（《权力意志》第 3 卷第 4 章）

794

我们的宗教、道德和哲学是人的颓废形式。

相反的运动：艺术。

795

艺术哲学家。艺术的更高概念。一个人能否站在离别人如此遥远的地方来塑造他们呢？（——预习：第一，做一个自我塑造者，一个隐居者：第二，像迄今为止的艺术家那样，在某种质料方面，做一个小小的完成者。）

796

在**没有**艺术家的情形下所出现的艺术品，譬如说，像一个机体，一个组织（普鲁士军官团，耶稣会教团）。艺术家在何种程度上仅仅是一个初级阶段。

世界犹如一件自我生育的艺术品。

797

"艺术家"这种现象最容易一目了然，从那里去窥视强力、自然等等的基本本能！甚至宗教和道德的基本本能！

"游戏"，无何可用——恰恰是充溢着力量的人的理想，是"稚气"。神的稚气，嬉戏着的儿童。

798

日神状态，酒神状态。艺术本身就像一种自然的强力一样借这两种状态表现在人身上，支配着他，不管他是否愿意；或作为驱向幻觉之迫力，或作为驱向放纵之迫力。这两种状态在日常生活中也有所表现，只是比较弱些：在梦中，在醉中。

但是，即使在梦和醉之间，也存在着同样的对比，两者都在我们身上释放艺术的强力，各自所释放的却不相同：梦释放视觉、联想、诗意的强力，醉释放姿态、激情、歌咏、舞蹈的强力。

799

在狄奥尼索斯的醉之中有性欲和情欲,阿波罗的方式中也不乏这些。在这两种状态之中必定还有一种节奏的差异……某种醉感的极端平静(确切地说,时间感和空间感的变缓)特别反映在最平静的姿势和心灵行为的幻觉之中。古典风格本质上表现着平静、单纯、简洁和凝炼,——最高的强力感集中在古典范型之中。拙于反应,一种高度的自信,无争斗之感。

800

醉感——它实际上同力的过剩相应——在两性动情期最为强烈:新的器官,新的技能,色彩,外形;——"美化"是高涨的力的结果。美化是得胜的意志的表现,是加强了的协调的表现,是所有强烈欲求已达和谐的表现,是分毫不爽地垂直的重力的表现。逻辑和几何的简洁是力量高涨的结果,反过来这种简洁的感觉又提高了力量感……发展的顶点是伟大的风格。

丑意味着某种型式的颓败、内心欲求的冲突和失调,意味着组织力的衰退,按照心理学的说法,即"意志"的衰退。

那种人们称之为醉的快乐状态,不折不扣是一种高度的强力感……时间感和空间感改变了：天涯海角一览无遗，简直像头一次得以尽收眼底；眼光伸展，投向更纷繁更辽远的事物；器官变得精微，可以明察秋毫，明察瞬息；未卜先知，领悟力直达于蛛丝马迹，一种"智力的"敏感；强健，犹如肌肉中的一种支配感，犹如运动的敏捷和快乐，犹如舞蹈，犹如轻松和快板；强健，犹如强健得以证明之际的快乐，犹如绝技、冒险、无畏、置生死于度外……人生的所有这些高潮时刻相互激励；这一时刻的形象世界和想象世界化作提示满足着另一时刻：就这样，那些原本也许有理由互不相闻的种种状态终于并生互绕、相互合并。例如，宗教的陶醉与性的兴奋（两种深刻的感情，几乎总是奇妙地关联着。什么能取悦于所有虔信的妇女，无分老少？答案是：一个圣人，有着美丽的大腿，仍然年轻，仍然童贞）。悲剧的残酷与怜悯（通常也相互关联着）……春意，舞蹈，音乐，——无非是异性的互相显耀，——而且还有那种浮士德式的"春心无限"。

艺术家倘若有些作为，都一定禀性强健（肉体上也如此），精力过剩，像野兽一般，充满情欲。假如没有某种过于炽烈的性欲，就无法设想会有拉斐尔……创作音乐也还是制造孩子的一种方式；贞洁不过是艺术家的经济学，无论如何，艺术家的创作力总是随着生殖力的终止而终止……艺术家不应当按照本来的面目看事物，而应当看得更丰满，更单纯，更强健，为此在他们自己的生命中就必须有一种朝气和春意，有一种常驻的醉意。

瓦格纳事件

801

　　在某些状态中,我们置光彩和丰盈于事物,赋予诗意,直到它们反映出我们自身的丰富和生命欢乐;这些状态是:性冲动;醉;宴饮;春天;克敌制胜;嘲弄;绝技;残酷;宗教感的狂喜。三种因素是主要的,即性冲动、醉和残酷,它们都属于人类最古老的节庆之快乐,也都在原初的"艺术家"身上占据优势。

　　反过来,当显示了光彩和丰盈的事物迎面而来,我们身上的动物性的存在就以上述那一切快感状态所寓的那些区域的兴奋来作答,而动物性的快感和欲望的这些极其精妙的细微差别的混合就是审美状态。审美状态仅仅出现在那些能使肉体的活力横溢的天性之中,Primum mobile(第一推动力)永远是在肉体的活力里面。清醒的人、疲倦的人、精疲力尽的人、干巴巴的人(例如学者)绝对不能从艺术中感受到什么,因为他没有艺术的原动力,没有内在丰富的逼迫——谁不能给予,谁也就无所感受。

　　"完满":——在那些状态中(特别是在性爱中)天真地透露出了至深的本能通常尊崇为最高、最令人向往、最有价值的东西,透露出了本能类型的上升运动;而本能实际上也就在力争这种境界。完满是本能的强力感的异常扩展,是丰富,是冲决一切堤防的必然泛滥。

802

艺术使我们想起运动活力的状态；它一方面是旺盛的肉体活力向形象世界和意愿世界的涌流喷射，另一方面是借助崇高生活的形象和意愿对动物性机能的诱发；它是生命感的高涨，也是生命感的激发。

丑在何种程度上也具有这种威力？是在这种程度上：它多少还是在传达艺术家获胜的精力，而他已主宰了这丑和可怖；或者是在这种程度上：它在我们身上稍稍激发起残忍的快感（在某些情况下甚至是自伤的快感，从而又是凌驾我们自身的强力感）。

803

对艺术家来说，"美"之所以是至高无上的东西，那是因为在美里面对立被制服了，强力的最高标志就是胜于对立面，而且毫无紧张之感：暴力不再必要，一切都如此轻松地俯首听命，而且带着友好不过的神态顺从——这使得艺术家的权力意志欢欣鼓舞。

804

美和丑的生物学价值。那使我们在审美活动中本能地反感的东西，就是被人类长期经验证明为有害的、危险的和可疑的东西：突然说话的审美本能（例如厌恶）包含着一个判断。在同样的程度上，美属于有用、有益、提高生命等生物学价值的一般范畴之列，然而是这样——极为长久以来提示着、联系着有用事物和有用状态的种种刺激给我们以美感，即强力感增长的感觉（所以，不仅仅是事物，而且还有伴随着这些事物的感觉或者其象征）。

因此，美和丑被看作有条件的，即要从我们最基本的自我保存的价值着眼。舍此而要设定美的东西和丑的东西是毫无意义的。没有什么美，就像没有什么善和真。在特定场合，它又同某种特定类型的人的保存条件有关，从而，和异常的人、超人相比，群氓就会在另一类东西上感到美的价值。

这是近景光学（Vordergrunds-Optik），它只对切近的后果加以考察，而美（还有善，还有真）的价值就从它产生。

一切本能判断就一系列因果链条来看都是目光短浅的，它们建议，什么事情有需要即刻去办。理智主要是一种阻止对本能判断作出即时反应的制动装置，它止步，它权衡再三，它看到较长远的因果链条。

关于美和丑的判断是目光短浅的（它们总有个理智同自己相对立），但是在最高程度上又是可信赖的，它们诉诸我们的本能；就在那里，本能最快地作出决定，断然说出自己的是或否，而这时理智还不曾得发一言。

最通常的美的肯定（Die scheonheits-Bejahungen）是互相激励的。审美本能一旦工作起来，结晶在"这一个美"周围的还有许许多多其他来路不同的完满。要保持客观是不可能的，要摆脱解释、赋予、充实、诗化的力量也是不可能的（最后这种力量是美的肯定本身的维系）。看见一位"美貌的女子"……

因此，第一，美的判断是目光短浅的，它仅仅看到最近的后果；

第二，它赋予那个激发它的对象以一种魔力，这种魔力是以各个美的判断之间的联想为条件的，却与那个对象的本质完全无关。把一个事物感受为美的，这必然是一种错觉（顺便说说，正因为如此，从社会的观点看，恋爱的结婚是一种最不理智的结婚）。

805

关于艺术的发生。制造完满和发现完满，这是负担着过重的性力的大脑组织所固有的（和情人一起消磨的黄昏美化了最细小的偶然事件，生活被美化为一连串精美的事物，"不幸的爱情之不幸，其价值高于一切"）。另一方面，每种完满的和美的东西，其作用犹如对那种热恋状态及其看待世界的方式的一种无意识的回忆。每种完满，事物的完整的美，接触之下都会重新唤起性欲亢奋的极乐。（从生理学角度看：艺术家的创造本能和精液流入血液的份额……）对艺术和美的渴望是对性欲癫狂的间接渴望，他把这种快感传导给大脑。通过"爱"而变得完美的世界。

806

乔装打扮的肉欲：第一，作为理想主义（"柏拉图式"），常见于青年人，造成这样一种凹面镜映像，情人显得与众不同，是一种镶嵌，一种夸张，一种美化，环拥着万物的一种无穷；第二，在爱情宗教中："一个英俊少年"，"一位佳丽"，无论如何是神圣的，是心灵的新郎和新娘；第三，在艺术中，作为一种"装饰的"力量，就像一个男人看一个女人时简直要把人间一切优点都当礼物送给她一样，艺术家的肉欲也把他一向还尊重和珍视的一切赋予一个对象，他就这样地完成一个对象（把它"理想化"）。女人意识到男人对于女人的感觉，就迎合这种理想化的努力，于是浓妆淡抹，翩行宛舞，巧思纤想；与此同时，她练得羞怯、蕴藉和矜持——

出于一种要增加男人的理想化余地的本能。（尽管女性的本能异常精细，羞怯仍然绝不意味着有意的虚伪：她猜到，正是天真的真实的羞耻（die Schamhaftigkeit ①）对男人诱惑最甚，促使他过高评价女人。女人因此而天真——出于本能的精细，这本能把天真无邪的用处晓喻给她。故意闭着眼睛不去自省……无论什么场合，只要无意识使得矫饰更有作为，矫饰就变成无意识的。）

807

陶醉真是无所不能，这被称作"爱情"的陶醉，这还不止于爱情的陶醉！对此人人都有切身的体会。只要一个男人来到近旁，一个少女的肌肉力量就会增加，这一点可以用仪器测量出来。在两性更接近的关系中，例如在舞会上或在其他社交场合，这种力量一发增加到可以成为真正神力的地步，最后人们不信赖他的眼睛和他的表了！在这里当然要考虑到，就像每一种快速运动一样，跳舞本身已经为整个血管、神经和肌肉组织带来一种陶醉了。在这种情况下，就要计算双重陶醉的联合作用。有时候有点儿疯狂是多么聪明！……有一些事实，人是从来不可向自己承认的；就此而言，人是女人，就此而言，人具有女性的全

———

① 此词兼有"羞耻"和"贞洁"之意。

部 pudeur(羞耻心)……在那里跳舞的这些年青人,显然已超然物外,他们不过是在同仅可触知的理想跳舞,而且他们甚至看见理想们围绕自己而坐——那些母亲们①!……得以引证《浮士德》的场合……当她们有点儿疯狂的时候,这些尤物呵,看起来真是无比地动人,而她们自己也清清楚楚呢!正因为她们清楚这一点,她们甚至变得更讨人喜欢了!最后,她们的装束也激励着她们;她们的装束是她们的第三项小小的陶醉:她们信奉她们的裁缝就像是信奉她们的上帝,——而谁又会去反对她们的这个信仰!这个信仰造福于人!而自我欣赏是健康的!自我欣赏可以预防伤风。可曾有一个知道自己衣着华丽的漂亮女人伤风过吗?从来不曾有过!我甚至设想,她即使几乎一丝不挂也不会伤风。

808

想要得到醉的变形力量究竟有多大的最令人惊叹的证明吗?"爱情"就是这证明,在世界的一切语言和一切缄默之中,这东西都被称作爱情。在这里,醉是这样来处置现实的:在恋爱者的意识里,真实的动机消隐了,别的什么东西似乎取代了它的位置,——喀耳刻的所有魔镜的颤动和闪光……在这一点上,

---

① 即《浮士德》中的"坤元",故下面有引证《浮士德》之说。

作为艺术的权力意志

人和动物并无区别；精神、善和诚实尤其无所区别。谁精明，谁就被精明地愚弄；谁粗鲁，谁就被粗鲁地愚弄。但是，爱，甚至对上帝的爱，"拯救灵魂"的神圣的爱，归根到底都是一码事：这是一种冠冕堂皇地把自己理想化的狂热，一种巧妙地编造关于自己的谎言的醉态……而当一个人恋爱的时候，他一定善于向自己撒谎，撒关于自己的谎：他似乎面目一新了，更强壮、更丰富、更完美了，他是更完美了……在这里，我们发现艺术是一种生物机能，我们发现它被置入"爱"的天使般的本能之中，我们发现它是生命的最强大动力，——因此，甚至在撒谎这一点上，艺术也是非常合乎目的的……可是，如果我们在它的欺诳力量上停留下来，我们就错了。它的作为不止于相像，它甚至改变价值。而且并非仅仅是说它改变价值感：恋爱者是更有价值的，是比较强有力的。在动物身上，这种状态产生出新的武器、色素、颜色和外形，特别是新的运动、新的节奏、新的声音和引诱。在人身上，事情并无不同。他的整个组织比以往更丰富了，比不恋爱时更有力、更完备了。恋爱者成了挥霍者，他富裕得足以这样做。他现在胆大妄为，成了冒险家，成了一个宽宏大量、纯洁无邪的天真汉。他又信奉上帝了，他信奉德行了，因为他信奉爱。除此之外，这个幸福的白痴增添了翅膀和新的能力，甚至艺术之门也为他敞开了。如果我们从借音和字抒情的作品里删去了那种内在狂热的暗示，那么，抒情诗和音乐还剩下些什么呢？……

为 L'art pour l'art(艺术而艺术)多半是在沼泽里垂死挣扎的冻僵了的青蛙的高超聒噪……其他一切都是爱创造的……

809

一切艺术都是作为对肌肉和官能的暗示而发挥作用的,肌肉和感官本来就是在天真的艺术型的人身上活动的。艺术向来只对艺术家说话,它对肉体极其灵敏的这个类型说话。"外行"这个概念是一个错误概念。聋子不是听力正常的人的一个类别。

一切艺术有健身作用,可以增添力量,燃起欲火(即力量感),激起对醉的全部微妙的回忆,……有一种特别的记忆潜入这种状态,一个遥远的稍纵即逝的感觉世界回到这里来了。

丑,即艺术的对立面,是艺术所要排斥的,是它的否定。只要一察觉到衰落、生命的枯竭,一察觉到瘫软、瓦解和腐败,不论相隔多远,审美都要作出否定的反应。丑起着压抑的作用,它是压抑的标志。它夺走力量,它使人枯竭,它压迫……丑暗示着丑恶的东西。一个人可以从他的健康状况来验证,生病会怎样明显地提高对于丑恶事物的想象力。对事业、意趣、问题的选择变得不同了。在逻辑的领域里也有与丑血缘相近的状态——笨重,迟钝。从力学上说,这里失去了平衡,丑跛足而行,丑跌跌撞撞,恰与舞蹈者的神圣的轻盈相反。

审美状态具有丰富的传达手段,同时对刺激和信号具有高度感受性。它是生物之间进行交流和传递的顶峰,它是语言的泉源。语言在这里有其起源,这一点适用于声音语言,就同适用于手势表情语言、眼神语言一样。较完全的现象总是起点,我们的能力是从较完全的能力中分化出来的。可是,即使到今天,人们仍然还用肌肉来听,甚至还用肌肉来读。

每一种成熟的艺术都有许多惯例作为基础,因为它总是一种语言。惯例是伟大艺术的条件而不是它的障碍……生命的高涨总是提高了人的传达力,同时也提高了人的理解力。深入他人灵魂而共生本来无关乎道德,却是一种对于暗示的生理易感性。"同情"或所谓"利他主义"不过是被当作精神性来看待的心理动力联系(查理·费勒[①]所说的心理动力感应)的现形。人们从来不传达思想,他们传达动作,传达用表情和动作表达的符号,这些东西被我们事后解释为思想。

810

与音乐相比,一切借用言词的传达都是无耻的方式,言词使

---

① 查理·费勒(Charles Féré),19 世纪法国心理学家。

内容变得稀薄而愚蠢，言词抹杀个性，言词化神奇为陈腐。

811

正是那些例外的情形造成了艺术家，这些情形全都和病态深有亲缘和深相纠结，以致看起来当个艺术家而又没有病是不可能的。

以下生理状态在艺术家身上被培育成"个性"，一般来说它们在某种程度上也附着于普通人：

第一，醉：高度的力感，一种通过事物来反映自身的充实和完满的内在冲动；

第二，某种官能的极端敏锐，以至于它能够理解并且创造一种完全不同的符号语言，这种敏锐常常同有些神经病相联；极端的灵活性，从中发展出一种高度的传达能力；谈论一切能给出符号的事物的愿望；似乎要通过符号和表情姿势摆脱自我的需要；用成百种语言方式来谈论自己的能力———一种爆发状态。首先必须把这样一种状态设想为通过各种肌肉劳作和活动而从极度的内在紧张中摆脱出来的驱迫和冲动，然后把它设想为这种向内部过程（想象、思想、欲望）发展的运动的自发协调，———设想为整个肌肉组织在从内发挥作用的强烈刺激推动下的一种自动作用；没有能力去阻止反应；制动装置简直束之高阁了。每一种内部运动(感觉、思想、情绪)都伴随着血管的变化,随之而来的是肤色、体温和体液分泌的变化。音乐的暗示力量,它的"精神暗示"。

第三,模仿的冲动:一种异常的过敏,这时一定的榜样富有感染力地传达自己,一种状态已经根据符号被猜中和显示出来了……一个印象在头脑里一闪现,就作为肢体的运动而发生作用了——意志的某种停顿(叔本华!!!)……对外部世界的某种闭目塞听,忍受下来的刺激范围严格地限定了。

这一点区别了艺术家和外行(艺术的接受者):后者在接受中达到其兴奋高潮,前者则是在给与中。因此,这两种资质的对抗不但是合乎自然的,而且也是值得想望的了。其中每一种状态各有一个相反的着眼点,要求艺术家具备听众(批评家)的眼光,就等于要求他使自己以及自己的创作力枯竭……这里的情形同两性差别相似,人们不应当要求从事给与的艺术家变成女人,即要他"从事接受"。

我们的美学就这方面来说至今还是一种女人美学,仅仅是由接受者们为艺术提出了他们关于"什么是美"的经验。在全部哲学中,迄今为止还缺乏艺术家……正如前面所指出的,这是一个不可避免的缺陷,因为只要艺术家开始去理解自己,他立刻也就误解了自己,他不应该向后看,他根本不应该看,他必须给予。没有能力做批评家,这是艺术家的荣幸,否则,他只是半瓶醋,只是"赶时髦"。

812

这里我们举出一系列心理状态作为充实而旺盛的生命的标志,人们习惯于把这些标志视为病态的。然而,在这同时,我们已经放弃谈论健康的与病态的之间的对立了,问题只涉及程度。在这一点上,我的看法是:今天被称为"健康"的东西不过意味着下述状态的一种较低级的水平,这种状态在有利情形下会变成健康;而我们相对来说都是有病的……艺术家属于一个更强壮的种族。对我们来说会造成危害的东西,在我们身上会成为病态的东西,在他身上却是自然。可是人们表示反对,认为正是机器的失灵才使人得以对各种暗示具备过度的理解力,证据是我们那些歇斯底里的女人。

正如生命的枯竭一样,生气和精力的充溢能够带来局部的压抑、感官的幻觉、对暗示的敏感等表征,刺激所据的条件不同,效果却相同……不同的主要是最后效果,一切病态天性由于神经的离心倾向而造成的极度松弛,与艺术家的状态毫无共通之处,后者不必为他的美好时光还债……他富裕得足以能够挥霍而不至于穷竭。

就像如今"天才"可以被看作神经官能症的一种形式一样,

艺术的暗示力量也许可以被同样看待,而我们的戏子们事实上仅仅与歇斯底里的女人是一路货色!!! 不过,这是反对"今天",而不是反对"艺术家"。

非艺术状态:客观状态,反映状态,意志被解除的状态……(叔本华的荒唐误解是他把艺术当作通向否定生命的桥梁……)非艺术状态:使人变得枯竭、贫乏、苍白,生命因瞥见这些状态而受苦——基督徒。

813

现代艺术家在生理上与歇斯底里血缘最近,他们的性格也是根据这种病态而被描画出来的。歇斯底里是假的,他们为了撒谎的乐趣而撒谎,他们在每种矫饰的艺术中都是令人叹服的——如果病态的虚荣心不曾愚弄他们的话。这虚荣心犹如一种持续不断的热病,需要麻醉剂,什么自欺和约许片刻慰藉的闹剧都吓不退它。(没有能力骄傲,为深入骨髓的自卑不断报仇的需要——这差不多就是这类虚荣心的定义。)

他们的整个系统荒谬地易于激动,这把他们的全部经历都变成危机,把"戏剧性因素"塞进最微不足道的生活细节里面,夺走他们的一切可预测因素。他们不再是人,至多是角色的会合,其中忽而这个角色、忽而那个角色,带着无耻的狂妄态度出

瓦格纳事件

来自我标榜一番。刚好在这一点上,他们和演员一样伟大:所有这些可怜的无意志者,医生总是守在旁边研究着他们,他们用他们的做表情的、变形的以及进入几乎任何一种派定角色的高超技巧而令人惊呆。

814

艺术家不是有**巨大激情**的人,尽管他十分喜欢向我们和向自己这样宣称。有两个根据:他们面对自己缺乏羞耻心(他们在生活之际盯着自己;他们窥伺自己,他们过于好奇),他们面对巨大激情也缺乏羞耻心(他们作为戏子而滥用它);第二,他们的高利贷者——他们的才能——通常不乐意他们如此挥霍被叫做激情的那种力量。有才能的人同时是他的才能的牺牲品:人们生活在他的才能的高利盘剥之下。

一个人并非通过表现他的激情来摆脱激情,毋宁说当他表现它的时候他是摆脱了它。(歌德的教导不同,不过像他在这方面故意误解自己——出于审慎。)

815

关于生活的理性。一种相对的贞洁,哪怕在思想中也对色情持有一种基本的聪明的谨慎,这一点对于秉赋丰富的完满的天性来说也算是巨大的生活理性。这个原理特别适用于艺术家,它属于最高的生活智慧之列。明白无疑地赞同这一见解的呼声已经升高,我这里提起司汤达、泰·戈蒂叶,还有福楼拜。艺术家按照其性质来说恐怕难免是好色之徒,一般易受刺激,每种官能都开放着,远远地就能对刺激和刺激的暗示起反应。尽管如此,平均而论,处在他的任务、他要获得技能的意愿的压力下,他倒真正是个节制的人,甚至常常是个贞洁的人。他的占优势的本能要他这样,它不允许他随随便便地消耗自己。一个人在艺术构思中消耗的力和一个人在性行为中消耗的力是同一种力:是有一种类型的力。对于一个艺术家来说,在这方面输掉,在这方面消耗自己,就是背叛:它泄露了本能的欠缺和一般来说意志的欠缺,它可能是颓废的标志,无论如何,它把他的艺术贬值到了不可估量的程度。

816

同**艺术家**相比,**科学家**的出现确实是生命的某种限制和降级的标志(但也是**强大、严格、顽强、意志力**的标志)。

在何种程度上,艺术身上的虚饰,对**真实**和**效用**的漠不关心,可以是年轻和"**稚气**"的表征⋯⋯他们的惯常举止,他们的不理智，他们对自己的无知，他们对"永恒价值"的淡漠，他们"游戏"时的认真，——他们的缺少体面；丑角与上帝为邻，圣徒与恶棍为邻……**模仿是一种专横的本能。上升的艺术家和下降的艺术家**，他们是否属于一切阶段？……是的！

817

倘若其中没有女人和女人的工作，艺术和科学的整个链条是否会缺少某一个环节呢？我们承认这个例外——它证明了规则——女人总是把算不上工作的事做得尽善尽美，例如写信、写回忆录、做最棘手的手工活，总之，这些事并非手艺，而这正是因为她在其中实现自己，因为她借此服从了她所赋有的唯一的艺术冲动——**她要讨人喜欢**……可是，女人和真正艺术家的热烈的冷淡岂可同日而语？后者赋予一种声响、一种气息、一种细微末节（Hopsasa）以较它本身更多的意义；他伸开五指抓取最隐蔽最内在的东西；他不把价值给予任何一个事物，除非它知道变为形式（除非它自首，除非它自己亮相）。艺术，就像艺术家所从事的那样，难道你们不明白它是什么吗？它是对一切 pudeurs（羞耻心）的剿杀……只有在这个世纪女人才胆敢涉足文学（老米拉波说：向文坛流氓、无聊文人看齐［原文为法文］）。她写作，她搞艺术，她失去本能。人们不禁要问：究

竟往何处去？

818

一个人只有当他把一切非艺术家看作"形式"的东西感受为内容、为"事物本身"的时候，才是艺术家。如此他当然就属于一个颠倒的世界，因为从今以后内容被看成了纯粹形式的东西，我们的生命也算在内。

819

对于**细微差别**（真正的现代行为）以及不平常事物的领悟和喜爱是与本能背道而驰的，本能的兴趣和力量在于抓住**典型事物**，如同黄金时代的希腊风尚那样。其中有一种对蓬勃生机的制服，分寸成为主人，坚强灵魂的那种**平静**乃是根基，它动作缓慢，对过分的生机怀有厌恶之情，普遍情况、法则受到**重视**和**强调**，相反，例外被放到一边，细微差别被一笔抹杀。坚固、有力、牢靠的东西，宽广有力地栖息着的、掩藏自身力量的生活，这一切"**令人愉快**，即符合人们的自我评价"。

820

大抵说来，我认为艺术家比迄今为止的全部哲学家更正确，他们没有离开生命循之而前进的总轨道，他们热爱"尘世"事物，——他们爱他们的感官。在我看来，追求"禁欲"倘若不是一种纯粹的虚伪或自欺，那就或者是一种误解，或者是一种病态，或者是一种治疗。我祝愿我自己、一切不为清教徒良心所困扰而生活着的人们及可得而如此生活的人们，不断增进其感官的精神性和多重性，我们的确愿为感官的精细、丰富和有力而感谢它们，并且为此而向它们奉献我们最好的精神成果。像僧侣和形而上学那样把感官斥为异端与我们何干！我们已经不需要这样制造异端，一个人像歌那样以不断增长的乐趣和诚意依恋着"尘世事物"，这正是有教养的标志，这样他就会坚持一个伟大的人类观念：当人学会美化自己的时候，他就成了**存在的美化者**。

821

艺术中的悲观主义？——艺术家逐渐为方法本身而喜欢方法，醉在方法中认出了自己：极端的精致和色彩的鲜丽，线条的清晰，音色的细腻——在正规状态下任何特色都阙如之处的特色。一切有特色的东西,一切细微差别,只要它们令人想到醉引起的极端的力量之振奋,就会重新唤起这种醉感。艺术作品的作用在于激发艺术创造状态,激发醉境。

艺术的本质方面始终在于它使存在完成(Daseins-Vollendung),它产生完美和充实,艺术本质上是肯定,是祝福,是存在的神化……一种悲观主义的艺术意味着什么?这不是自相矛盾(contradiction)吗?是的。当叔本华把某些艺术作品用来为悲观主义服务时,他错了。悲剧并不教人"听天由命"……可怕可疑事物本身就已经体现着艺术家的强力本能和雄伟气魄,他不怕它们……根本不存在悲观主义的艺术……艺术从事着肯定。作品从事着肯定。可是左拉呢?可是龚古尔兄弟呢?他们表现的事物是丑的,然而他们之表现它们是出于对这些丑的事物的乐趣……无济于事! 你们还要固执己见,你们就是在欺骗自己。陀思妥耶夫斯基是怎样的救星啊!

822

倘若我的读者们被充分地告知,生活大舞台上的"善"同样意味着枯竭的一种形式,那么,他们就会尊重基督教的结论了,它把善想象为丑的东西。基督教在这一点上倒是对的。

对一个哲学家来说,宣布"善与美是一回事"是一种卑鄙行为,如果他竟然还要补充说"真也如此"，那他真该打。真理是丑的。

我们有了艺术，依靠它们就不致毁于真理。

823

艺术的道德化。艺术是对道德约束和道德广角镜的摆脱，或者是对它们的嘲讽。逃回大自然，在那里大自然的美与**恐怖**交媾。**伟人之受孕**。

——脆弱而无用的奢侈的灵魂，一阵微风就使它黯然，"**美丽的灵魂**"。

——**褪色的古代理想**，将以其不可调和的严厉和残忍觉醒，恢复它们的本来面目：最为恢宏大观的怪物。

——心领神会到所有的道德化艺术家都不知不觉地在蠕行和做戏，是一种幸灾乐祸的享受。

——艺术的**造作**，——把艺术的不道德大白于天下。

——把"理想化的基本力量"（肉欲、醉、大多的兽性）大白于天下。

824

艺术中的**现代伪币制造活动**：这被认为是必不可少的，也就是说法，这适应于**现代精神**的最实际的需要。

人们填补才能的缺陷，更多地填补**教育、阅历和素养**的缺陷。

第一，他们找一伙**不大在行**的公众，这些公众无条件地爱他们（并且顷刻间就跪倒在**角色**面前）。我们这个世纪的迷信，对"天才"的迷信，助长了这一点。

第二，他们虚张声势地谈论一个民主时代的怨天尤人、贪慕功名和自我掩饰的黑暗本能：**姿态**的重要性。

第三，他们把一种艺术的方法搬到另一种艺术中去，把艺术的目的与知识的目的、教会的目的、种族利益（民族主义）的目的或哲学的目的混为一谈，——他们一下子敲响所有的钟，以激起似是而非的疑惑：兴许他们是一个神。

第四，他们奉承女人、受难者和愤怒者，而且他们使麻醉剂和鸦片剂在艺术中也占据优势。他们把有教养的人、诗歌和古老历史的读者逗得心痒难熬。

825

"公众"和"佼佼者"的区别：一个人要满足前者在今天就必须是个江湖骗子，要满足后者就只要**愿意**是个高手，岂有他哉！他们本世纪特有的天才抹平了这个区别，在两方面都称得上伟大；维克多·雨果和理查德·瓦格纳的巨大骗术，不过还要与如此真实的**高超技术**相交媾，甚至足以使艺术感官最精细的人也心满意足。于是**缺少大师**，他们有一种游移的眼光，时而要照顾最粗欲的需要，时而要照顾最精雅的需要。

826

虚假的"强化"：第一，在浪漫主义中，这种经常的espressivo（富于表情）不是强大的标志，而是一种欠缺感的标志；

第二，**如画**的音乐，所谓戏剧性的音乐，要特别**容易些**（如同恶毒地散布流言蜚语以及自然主义小说里罗列事实和特征一样）；

第三，**"激情"**是神经和疲倦心灵的事情，譬如从峻岭、荒漠、暴风雨、宴饮和可憎的事得到的享受，从大量的和坚实的东西得到的享受（例如在历史学家那里）；**事实上存在着一种对逾常感觉的崇拜**（强大的时代在艺术中有一种相反的需要，对于激情的反面的需要，这是怎么回事？）。

第四，对于**刺激性题材的偏爱**（色情或社会主义或病理学）：这一切标记都是为了今天那些人、那些**劳累过度的人**、变得涣散或虚弱的人制定的。对人们必须**施暴政**，才能奏效。

827

现代的艺术是一种施暴政的艺术。粗糙而强迫推行的**轮廓逻辑**，题材被简化成了公式，公式在施暴政。线条中包含着一种未开化的杂我，一种压倒一切的堆积，把感官弄得混乱不堪；色彩、题材和欲望的蛮横。例子：左拉，瓦格纳，在更精神化的层次上还有泰纳。从而便是**逻辑、堆积和蛮横**。

828

关于**画家**。所有那些现代作家都是曾经幻想过要做画家的诗人。有的曾在历史里寻找悲剧，有的却在发掘风俗剧；前者正在表现哲学，后者则在参悟宗教［原文为法文］。这一个模仿拉斐尔，那一个模仿早期意大利大师；风景画家用树和云彩来制作颂歌或挽歌。没有人是纯粹的画家，人们都是各种各样的事件或理论的考古学家、心理学家和舞台主持人。他们欣赏我们的博学，欣赏我们的哲学。他们和我们一样富于一般的思想，并且丰富得过了头。他们爱好一种形式并不是为了它是什么，而是为了它**表达**了什么。他们是博学的、苦恼的、探索的时代的产儿，与那些不事阅读、只想用眼睛来享受的古代大师们相距千里。

829

瓦格纳的音乐在根子上也还是文学，它当之无愧地是十足的法国浪漫主义：异国情调（迥异的时代、风俗和激情）的魅力，施加于多愁善感的小康国民。跨进极其遥远的异国的史前天地时的狂喜，那通道是凭书本导引的，整个地平线因此用新的颜色和可能性描绘出来……不用欺骗自己，因为民族主义也只是异国情调的一种形式……浪漫主义音乐家叙述的是异国书籍在他们身上做成了什么，人们一心想经历异国事件以及佛罗伦萨和威尼斯风味的激情，最后**人们满足于在想象中寻求它们**……根本的东西是一种新的渴望，一种照着做、照着生活的愿望，灵魂的乔装和作假……浪漫主义艺术只是对一种不成功的"真实性"的应急措施。

创新的尝试：革命，拿破仑代表着精神之新可能性的激情，精神的空间扩张。

意志越衰弱，感受、想象、梦想新奇事物的欲望就越漫无节制。人们经历过的放荡事情的后果：贪求放荡感觉的饥火中烧……异国文学提供了最过瘾的作料。

830

文克尔曼和歌德的希腊人,维克多·雨果的东方人,瓦格纳的冰岛诗歌式人物,瓦尔特·司各特的 13 世纪英国人——总有一天整部喜剧会被揭穿！这一切都是异乎寻常地历史地虚假的,**然而**却是时髦的。

831

关于**民族的天才**对待外来的和借鉴的东西的态度的特点。——

英国的天才把自己感受到的一切粗俗化和自然化；

法国的天才把它们稀薄化、简单化、逻辑、装潢打扮；

德国的天才把它们融合、调和、缠绕和道德化；

意大利的天才远为自如和巧妙地使用借鉴的东西,并且往里放入的要百倍地多于从中取出的,他是**最丰富的**天才,他赠送得最多。

832

犹太人借助亨利希·海涅和奥芬巴赫而在艺术领域里达乎

天才,奥芬巴赫是一个最机智最放纵的色情狂,作为一个音乐家,他保持着伟大的传统,对并非只有耳朵的人来说,他是一次真正的解放,摆脱了那些感伤的归根到底是**堕落的**德国浪漫派音乐家。

833

奥芬巴赫:法国音乐兼伏尔泰式的智慧,自由,放纵,带着一丁点儿冷笑,然而明朗,机智到平庸的地步(他不事**修饰**),毫无病态的或曰金发维也纳人的淫荡的做作(mignardise)。

834

倘若把艺术家的天才理解为法则下最高的自由,最凝重之中的神性的轻快和敏捷,那黎巴嫩,奥芬巴赫比瓦格纳更有权利被称为"天才"。瓦格纳笨重而迟钝,对他来说,没有什么经最纵情的完美时刻更陌生的了,而这种时刻在小丑奥芬巴赫那里每插科打诨一次几乎都能达到五六次。不过关于天才也许可以有别的什么理解。

835

关于"**音乐**"。德国音乐、法国音乐和意大利音乐。（我们的
政治上最卑微的时代是**最多产**的时代。斯拉夫人？）文化历史的
芭蕾：战胜了歌剧，戏剧演员的音乐和音乐家的音乐。如果认
为瓦格纳作的曲子是**形式**，那是误解，它是无形式的东西。**戏剧**
结构的可能性现在尚有待于发现。节奏。为了"表达"不惜一切
代价。《卡门》的光荣。亨利希·许茨（以及"李斯特协会"）的
光荣——乐器的卖淫。门德尔松的光荣：歌德的一个要素就在
其中而不在任何别处！（就像歌德的另一个要素在拉结身上趋
于完成、第三个要素在亨利希·海涅身上趋于完成一样。）

836

描述的音乐；听任真实去**发挥作用**……所有这类艺术都是
较为容易的、较近于模仿的，低能儿就追求它们。向本能呼吁；
暗示的艺术。

837

关于我们的**现代音乐**。旋律的衰弱就像"思想"的衰弱，辩

证法的衰弱，精神活动自由的衰弱，——一种笨拙和迟钝，正发展成为新的冒险甚至发展成为原则；——最后，人们只有其天资的原则，即**天资狭窄**的原则。

"戏剧音乐"是胡扯！这纯粹是坏音乐……当人们达不到高度智慧及这种智慧的（如伏尔泰的）幸福之时，"感情"和"激情"就成了替代品。"感情"和"激情"在技术上**较容易**表达，而这又是以更为可怜的艺术家为前提的。转向戏剧暴露了一个艺术家支配**虚假**手段比支配真实手段在行。我们有了**戏剧绘画、戏剧诗歌**等等。

838

我们在音乐里缺少一种懂得为音乐家设置规则、创造良心的美学；由此造成的后果是，我们缺少一场为"原则"的真正的斗争——因为作为音乐家我们同样厉害地嘲笑这个领域里赫巴特的幻想，就像嘲笑叔本华的幻想一样。事实上从中产生了一个巨大的困难：我们不再知道**论证**"典范"、"卓越技巧"、"完满"等概念，我们在价值领域里凭着往日爱好和欣赏的本能四处盲目地摸索，我们几乎信奉"凡使**我们**高兴的便是好的"……完全无辜的贝多芬到处被称作"古典派"，这种情形引起了我的怀疑。我本会严格坚持，在其他艺术中，人们是把古典派理解为同贝多芬相反的类型的。然而更有甚者，瓦格纳的完美的耀眼的**风格之瓦解**（Stil-Auflosung），他的所谓戏剧风格，居然被当作"榜样""卓越技巧""进步"而受人仿效和大出风头，于是我忍无可忍了。音乐中的戏剧风格，如瓦格纳所理解的那样，便是根本放弃风格，服从于以下前提：另一种东西与音乐相比要百倍地重要，这种东西就是戏剧。瓦格纳会画画，他不是为了音乐而使用音乐，他故作姿态，他是诗人；最后他像所有剧场艺术家一样诉诸"美感"和"高耸绵酥胸"，他同所有剧场艺术家一道诱使女人和文化贫乏之辈皈依自己，可是，音乐与女人及文化贫乏之辈何干！这些人全无艺术的良心，当一种艺术的首要的必不可少的优点因为次要的目的——例如 ancilla dramaturgica（戏剧的奴婢）——而被践踏和嘲弄时，他们无动于衷。当**所要表达的东西**即艺术本身失去了它自己的规则时，随着表达手段的任何扩展都会发生什么事情呀！如画一样的华美和色调的强烈，声调的象征意义，节奏，谐音和不谐音的色调，音乐的暗示意义，靠瓦格纳而获得支配地位的音乐的**官感**，这就是瓦格纳的音乐中所认识、强调和发展的一切。维克多·雨果在语言中做了相似的事情，然而如今在法国，人们谈及雨果时已经自问：难道没有败坏语言吗……随着官感在语言中被抬高，语言中的理性、智慧和深刻的法则难道没有被压低吗？诗人在法国成了雕塑匠，音乐家在德国成了戏剧演员和文化油漆匠，难道这不是颓废的征兆吗？

839

今天还有一种音乐家的悲观主义,甚至在非音乐家之中也有。谁没有遇到过、谁没有诅咒过这种晦气的青年人,他把他的钢琴捶出绝望的叫嚣,他在自己面前亲手搅动着阴郁的灰褐色的和声混浆?一个人以此而**被认出**是个悲观主义者……那么他是否也以此而被认出是个"音乐家"呢?反正我是不会相信的。瓦格纳之自豪的纯粹血统(pur sang)是非音乐的,他屈从音乐的自然力差不多就像女人屈从她的催眠师的意志,而为了**能够做到**这一点,他就不可因为严厉而细腻的良心而在音乐和音乐效果的谜画(rebus musics et musicantibus)中变得多疑。我说"差不多就像",可是也许在这里事情的真相超过一个比喻。不妨细想一下瓦格纳带着偏爱而使用着的制造效果的手段(其中很大一部分他还得自己来发明):它们与催眠师用来制造效果的手段有着惊人的相似(动作的选择,他的乐队的音色;竭力逃避旋律的逻辑和规矩;蹑行,抚摸,神秘,他的"回旋曲"的歇斯底里)。那样一种状态,例如《罗恩格林》序曲使听众特别是女听众所陷入的状态,同梦游者的恍惚有什么实质性区别呢?我听到一个意大利女人在听了上述序曲之后,带着那双女瓦格纳迷善于做出的狂喜的眼神,如此说道:"这音乐多能催人入睡啊

作为艺术的权力意志

［原文为意大利文］！"

840

音乐中的宗教。一切宗教需要在瓦格纳的音乐里仍获得多少未被承认甚至未被理解的满足！那里面仍有多少祈祷、修身、涂油膏礼、"处女贞操"、"拯救"在发言！……音乐可以抄袭词和概念——它怎样地从中获利呵，这狡诈的天使，它引导人追溯、**诱惑人追溯**曾经相信过的一切！……当任何一种古老本能用颤抖的嘴唇从禁杯里啜饮时，他们理智的良心无须自愧，它停留在外边……这是聪明，健康，就它由于宗教本能的满足而流露羞愧来说，甚至还是一个善的标志……阴险的基督教教义："后期瓦格纳"音乐的典型。

841

我区分面对人的勇气、面对物的勇气和面对纸张的勇气。例如，大卫·施特劳斯的勇气就属于最后一种。我又区分有证人的勇气和没有证人的勇气，一个基督教徒、一个上帝的信徒的勇气根本不可能是没有证人的勇气，仅这一点就足以使它贬值了。最后，我还区分出于禀性的勇气和出于对畏惧的畏惧的勇气,道德的勇气是后者的特例。出于绝望的勇气也属于此类。

瓦格纳具有这一类勇气。他在音乐方面的处境基本上是绝望的。使人能够成为**好**音乐家的两大要素他都缺乏:自然和文化,音乐的天分和音乐的训练。他可有勇气:他把这缺陷制作成一个原则,他替自己**发明**了音乐的一个种类,"戏剧音乐",如他所发明的那样,就是他**能够制造**的音乐,它的概念是瓦格纳的界限。

然而这是误解了他! ——误解了他吗? ……六分之五的现代音乐家都同他境况一样。瓦格纳是他们的救星,而且六分之五还是"最小的数目"。无论何处,只要自然无情地显示自己,而文化却停留在一种偶然、尝试、一知半解的状态,艺术家就会本能地——我说什么呀? ——热情地转向瓦格纳,像诗人所说的那样:"一半人拉他,一半他自沉。"(引自歌德《渔夫》一诗。)

842

"音乐"和伟大的风格。一个艺术家的伟大不能用他所激起的"美感"来衡量,淑女们才乐意信这一套。应该用他接近伟大风格、擅长伟大风格的程度来衡量。伟大的风格与伟大的情感的共通之点是,它不屑于讨好,它想不起劝说,它下命令,它**意欲**……支配人们的混乱,迫使他们的混乱成为形式:合乎逻辑,简

作为艺术的权力意志

单,明确,成为数学、**法律**——在这里,这就是伟大的野心。人们因此而骇退了;没有任何东西再能刺激起对这种强者的爱,荒漠围绕着他们,缄默,仿佛面临一种巨大恶行而恐惧……一切艺术都熟悉伟大风格的这种追求者,为何在音乐中却没有他们?还不曾有过一个音乐家像完成了匹提宫(palazzo pitti)的那个建筑师那样来建造……这是一个问题。莫非音乐属于那种文化,在那里各种类型的强者的王国已经到了尽头?莫非伟大风格的概念终于同音乐的灵魂——我们音乐中的"女人"——发生了冲突?……

我在这里触及了一个关键问题:我们的全部音乐何所归属?古典趣味的时代不知道任何可以同它相比较的东西,当文艺复兴的世界迎来自己的黄昏,当"自由"辞别风俗甚至辞别人而去,音乐却繁荣起来了。莫非反文艺复兴就成了它的特征?莫非它是巴罗克风格的姐妹,既然它们总是同生共存?音乐、现代音乐不是已经颓废了吗?……

我在前面已经指出这个问题:我们的音乐是否不是艺术中的反文艺复兴?它是否不是巴洛克风格的近亲?它是否不是在同一切古典趣味的冲突中成长的,以至于在它之中古典主义的每一要求都被它禁止?

对这个头等有价值的问题的答案本应当无庸置疑,倘若以下事实获得正确评价:音乐作为**浪漫主义**,同时也作为对古典主义的反动,达到了它的最高成熟和丰收。

瓦格纳事件

莫扎特——这温柔可爱的灵魂，可是相当十八世纪气，甚至在他的严肃之中……贝多芬，按照**法国**的浪漫主义概念的含义，是第一个伟大的浪漫主义者，就像瓦格纳是最后一个伟大的浪漫主义者一样……他们俩人都是古典趣味、严谨风格的本能的反对者，不必说在这一点上的"伟大"了。

843

浪漫主义，如同一切现代问题一样，是一个歧义的问题。
审美状态是两面的：一方面是丰富和赠送，另一方面是寻求和渴慕。

844

一个浪漫主义者是这样一个艺术家：对自己的巨大不满造就了他，他把目光从自己和同代人身上移开，去回顾过去。

845

艺术是**对现实不满**的结果吗？抑或是**对所经历的幸福表示感激**？前者是**浪漫主义**，后者是颂扬和赞美（简言之，**神化的艺**

术）。拉斐尔也属后者，不过他犯有这种欺诈行为：把基督教世界观的**外表**奉若神明。他之感谢生活恰恰是因为生活并非**纯粹**的基督教生活。

世界受不了道德的解说，基督教就是用道德的解说来"征服"世界即否定世界的企图。实际上（in praxi），这样一种疯狂的谋杀——人类面对世界的一种疯狂的自我抬高——只能以人类的阴暗、渺小和贫困告终：只有最平凡最无害的族类，只有群居的人们，才能在那里有所指望，倘若愿意，不妨说他们在那里还能**繁荣滋生**。

荷马是**神化的艺术家**，鲁本斯亦然。音乐尚没有这种艺术家。

对**伟大的作恶者**的美化（意识到他的**伟大**）是希腊；对罪人的贬低、诽谤和蔑视是犹太和基督教。

846

什么是浪漫主义？在考察一切审美价值时，我现在使用这个主要尺度，在每一个具体场合，我都要问："在这里是饥饿还是过剩变得富于创造性？"乍一看，另外一个尺度可能看起来会合适些，——它引人注目得多，这个标志是：创造的动机究竟是对坚固、永恒、"存在"的愿望还是对破坏、变化、生成的愿望。

然而,更深入地考察一下,这两种愿望确实仍然是模棱两可的,并且正是按照在我看来应当放在前面的那个**被选中**的方案才能得到说明。

对破坏,变化和生成的愿望可能是充溢着的孕育未来的力量的表示(正如人们所知道的,我给它的名称是"狄奥尼索斯"一词),但这也可以是对失败、匮乏和唾手可得的**憎恨**,这种憎恨破坏着,**必定要破坏着**,因为现在物、甚至一切现存物、存在本身都激怒和挑拨着它。

另一方面"不朽化"可以来自感激和爱,一种以此为泉源的艺术终归是一种神化艺术,也许热烈如鲁本斯,幸福如哈菲兹,英明仁慈如歌德,并且使荷马式的光辉普照万物;但它也可以是一个沉重受难者的那种施虐意志,他要把他的痛苦的原有特质,把最个人的、最个别的、最狭窄的东西变为有约束力的**法则**和命令,他简直是向万物报复,其办法是用他的印象、用他受折磨的印象来压迫、限制和烙烫它们。后一种情况表现得最突出的形式是浪漫悲观主义,不管它是叔本华的意志哲学还是瓦格纳的音乐。

847

在**古典主义**与**浪漫**主义的对立后面,是否就不隐藏着积极与反动的对立？

848

　　一个人要成为**古典主义者**，就必须具备**所有**强大的、表面上充满矛盾的才能和欲望，不过它们应当共同服从统一的驾驭，走向**适当的时机**，以便使文学、艺术或政治中的一种达到其高峰和顶点（并非在这已经实现之后……）：在其最深刻最内在的精神中反映一种**全貌**（不论是一个民族的还是一种文化的），当时这种全貌还是坚固的，尚未被对外国的模仿所污染（或者还是有所依赖的……）；不是反动地，而是**审慎地**引向前进的精神，在任何情形下、哪怕在憎恨时也表示肯定。

　　"难道最高的个人价值不在此列吗？"……或许要考虑，道德偏见在这里是否不起作用，以及伟大的**道德**高度是否也许并非**同古典主义相矛盾**？……道德怪物在言论和行动上岂不一定是**浪漫主义者**？……一种德行压过别的德行的偏重（就像在道德怪物那里）恰好是同平衡的古典力量相敌对的。假如一个人具有这般道德高度却又仍然是古典主义者，那么我们可以大胆地断言，他在同等高度上是不道德的。这恐怕就是莎士比亚的情形（假定他真是培根勋爵）。

关于未来。 反对具有巨大**"激情"**的浪漫主义。要懂得一定程度的冷峻、透彻和严厉是怎样同一切"古典"趣味密切相联的：优于一切的连贯性，理智的愉快，"三一律"，集中，对情感、情绪、巧智的憎恶，憎恶杂多、不确定性、闪烁其词、朦胧犹如憎恶简略、尖刻、漂亮和善良。一个人不应当玩弄艺术公式，而应当改造生活，使它而后必能自己获得形式。

这是一场开心的喜剧，我们最近才学会对它发笑，我们刚刚观看了它：赫尔德、文克尔曼、歌德和黑格尔的同时代人宣布重新**发现**了古典理想……而且还有莎士比亚！这同一伙人又卑鄙地同法国古典学派断绝了关系！似乎从这里不像从别处那样，曾经能够学得根本的东西！……可是人们想要"天性"、"自然"，愚蠢呵！人们竟相信古典主义是一种自然行为！

不带偏见和放任，彻底地思考一下，在什么样的土壤上能生长起一种古典趣味？人的硬朗、朴实、坚强和凶悍：与此密不可分。逻辑和心理的简化。对细节、复杂和含糊的蔑视。

德国浪漫主义并不反对古典主义，而是反对理性、启蒙、趣味和十八世纪。

瓦格纳浪漫主义音乐的敏感性是**古典敏感性**的对立物。

作为艺术的权力意志

有求统一的意志（因为统一施暴政，即施于听众和观众），在主要之点上却无能向自己施暴政，这是就作品本身来看（就删节、缩短、澄清、简化来看）。以量取胜（瓦格纳、维克多·雨果，左拉，泰纳）。

850

艺术家的虚无主义。自然通过它的晴朗表现残酷，用它的日出进行嘲讽。我们敌视**感动。**我们逃到那样的地方，在那里，自然触动我们的感官和我们的想象力，我们无物可爱，我们不会想起北方自然的道德上的虚伪和谨慎；——在艺术中同样如此。我们更喜欢不使我们想起"善与恶"的东西。在一个可怕而幸福的自然之中，在感官和力的宿命论中，我们的道德敏感和痛苦似乎得到了解脱。这是无善的生活。

恬然存在于自然对善和恶的极**冷淡**的注视之中。

历史没有正义，自然没有善。因此，一个悲观主义者若是艺术家，就去进入历史，在那里，正义的不存在仍极其天真地显示，而恰恰是完满表现出来了；他同样也进入自然，在那里，恶的冷漠的性格并不遮掩自己，自然表现出完美的性质……虚无主义艺术家在对**愤世嫉俗的历史和愤世嫉俗的自然**的向往和偏爱之中透露了自己。

———

什么是悲剧的因素？ 我一再指出亚里士多德的误解，他相信在两种**消沉**的情感中，即在恐惧和怜悯中，可以辨认出悲剧的情感。假如他是对的，悲剧就是一种危及生命的艺术了：人们必须警惕它犹如警惕某种通常有害的和声名狼藉的东西。艺术本来可以是生命的伟大刺激剂，生命的陶醉，求生存的意志，在这里却为衰落服务，就像悲观主义的侍女一样损害健康（因为亚里士多德似乎相信，人们通过在自己身上激起这些情感而达到它们的"净化"，而这显然是不真实的）。某种东西惯常激起恐惧和怜悯，它就是在瓦解、削弱和使人气馁。如果说叔本华关于悲剧教人听天由命的看法是对的（即温顺地放弃幸福、希望和生存意志），那就得设想有一种自己否定自己的艺术。于是，悲剧意味着一个瓦解过程，生存本能在艺术本能中自己毁灭自己。基督教，虚无主义，悲剧艺术，生理的衰弱，这些东西彼此支持，在同一时刻走向优势，互相驱赶着前进，驱赶着——堕落……悲剧就会是一个衰败的征象了。

人们可以用最冷静的方式来反驳这个理论，即用功率计来测量悲剧情感的效果。得到的结果最后只有一个教条主义者的绝对欺诳才会不予承认，这个结果是：悲剧是一种强壮剂。如果叔本华不想明白这一点，如果他把通常的沮丧看作悲剧状态，如果他告诉希腊人（他们不"顺从"他的烦恼……），说他们并非处于世界观的高峰，那么，这是先入之见，是体系的逻辑，是教条主义者的伪造，这样一种糟糕的伪造一步一步地败坏了叔本华的全部心理（他武断而粗暴地曲解了天才、艺术本身、道德、异教、美、知识以及几乎一切事物）。

852

悲剧艺术家。"美"的判断是否成立和**缘何**成立，这是（一个人的或一个民族的）力量的问题。充实感，积涨的力量感（由此而得以勇敢而轻快地接受懦弱者为之颤抖的许多东西），——**强力**感对于那些无力的本能只能评价为**可憎**的和"**丑的**"事物和状态也可作出"美"的判断。有一种嗅觉，当我们的肉体遭到危险、问题、诱惑时，它使我们安全地度过，这种嗅觉同样也决定着我们审美上的肯定。（"这是美"是一个肯定。）

由此可见，总的说来，**对可疑的和可怕的事物的偏爱是有力量的征象**，对**漂亮的和纤巧的**事物的喜好则是衰弱和审慎的征象。对悲剧的**快感**表明了**强有力的**时代和性格，它的 non plus ultra（无以复加）也许是 divina commedia（神曲）。这是**英雄的**灵魂，它们在悲剧的残酷中自我肯定，坚强得足以把苦难当作快乐来感受。

设想一下相反的情况，懦弱者渴望从不是为他们而设的艺术中获得享受，为了使悲剧合他们的口味，他们会怎样做呢？他们会把**他们自己的价值感**塞进悲剧里去，例如"道德世界秩序的胜利"，或"人生无意义"的说教，或"听天由命"的要求（或许还有亚里士多德的半医半道德的情感净化）。最后，**恐怖的艺术**，只要它刺激神经，就可以作为兴奋剂而成为懦弱者和疲惫者的宝贝，例如在今天，这就是瓦格纳的艺术**成为宝贝**的原因。一个人在多大程度上敢于承认具有可怕和可疑特征的事物，他最终是否需要一个"答案"，这是**幸福感和强力感**的一个标志。

这种**艺术悲观主义**恰好同**道德宗教悲观主义**相反，后者苦于人类的"堕落"和存在之谜，它一定要一个答案，至少要一个解答的希望。受苦的人，绝望的人，不相信自己的人，一句话，病态的人，任何时候都必须有振奋人心的**幻想**，以便挺下去（"天国幸福"的概念就是这样产生的）。颓废艺术家的情形与此相似，他们根本上**虚无主义地**对待生命，逃入**形式美**之中，逃入**精选**的事物之中，在那里，自然是完美的，它淡然地伟大而美丽……（因此，"爱美"不一定是欣赏美和创造美的一种能力，它恰恰可以是对此无能的征象。）

高屋建瓴的艺术家从每种冲突中奏出和声，他们使事物享受到他们的强大和自救。他们通过每件艺术品的象征意义表达出他们最隐秘的体验,他们的创作是对他们的生存的感谢。

悲剧艺术家的深刻在于,他的审美本能洞察遥远的结果,他并非近视地局限于身边的事物,他肯定**大经济学**(die Oekonomie im groben),这种经济学为可怕的、恶的、可疑的东西辩护,而且不仅仅是辩护。

853
《悲剧的诞生》中的艺术

I

人们在这本书的背景中遇到的作品构思异常阴郁和令人不快,在迄今为人所知的悲观主义类型里似乎还没有够得上这般阴郁程度的。这里缺少一个真实的世界与一个虚假的世界的对比,只有一个世界,这个世界虚伪,残酷,矛盾,有诱惑力,无意义……这样一个世界是真实的世界。为了战胜这样的现实和这样的"真理",也就是说,为了生存,我们需要谎言……为了生活而需要谎言,这本身是人生的一个可怕又可疑的特征。

形而上学,道德,宗教,科学,这一切在这本书中都仅仅被看作谎言的不同形式,人们借助于它们而相信生命。"生命应当产生信仰",如此提出的任务是艰巨的。为了解决这个任务,人必须出自本性地已经是个骗子,无论他是什么,他总还必须是个艺术家。他的确是的。形而上学，宗教，道德，科学，这一切只是他追求艺术、追求谎言、逃避"真理"、否定"真理"的意志的产物。人的这种用谎言战胜现实的能力，这种 par excellence（卓越的）艺术能力，是人与一切存在物所共有的。他本身固然是现实、真理、自然的一分子，他又怎么会不是撒谎天才的一分子呢？

　　误解存在的性质，这是在道德、科学、虔信、艺术所有这些东西背后的最深最高的秘密意图。无视许多东西，曲解许多东西，幻想许多东西：当人们最不认为自己聪明的时候，他们仍是多么聪明啊！爱，热情，"上帝"，都只是登峰造极的自我欺骗的精致形式，只是生命的引诱，只是对生命的信仰！当一个人受骗时，当他蒙骗了自己时，当他信仰生命时，他是多么欢欣鼓舞！多么兴高采烈！有怎样的强力感！在强力感中有多少艺术凯旋！……这个人一下子又变成了"物质"的主人，真理的主人！……无论人何时得其快乐，反正他在快乐中总是如此：他自得其乐犹如艺术家，他自我享受犹如享受强力，他享受谎言犹如享受他的强力……

　　II

　　艺术，除了艺术别无他物！它是使生命成为可能的伟大手段，是求生的伟大诱因，是生命的伟大兴奋剂。

　　无论抵抗何种否定生命的意志，艺术是唯一占优势的力量，是

par excellence(卓越的)反基督教、反佛教、反虚无主义的力量。

对于正视和愿意正视人生的可怕可疑性质的求知者,对于悲剧性的求知者,艺术就是救星。

对于行动者,对于不仅正视而且身体力行和愿意身体力行人生的可怕可疑性质的行动者,对于悲剧性的好斗的人们,对于英雄们,艺术就是救星。

艺术是苦难者的救星,它通往那一境界,在那里,苦难成为心甘情愿的事情,闪放着光辉,被神圣化了,苦难是巨大喜悦的一种形式。

Ⅲ

人们看到,在这本书里,悲观主义,我们更明确的表述叫虚无主义,是被看作"真理"的。但是,真理并非被看作最高的价值标准,更不用说最高的强力了。求外观、求幻想、求欺骗、求生成和变化(求客观的欺骗)的意志,在这里被看得比求真理、求现实、求存在①的意志更深刻,更本原,"更形而上学",后者纯粹是求幻想的意志的一个形式。快乐同样被看得比痛苦更本原,痛苦是有条件的,只是求快乐的意志(求生成、变化、塑造的意志,即求创造的意志,不过在创造中包括着破坏)所产生的一

---

① 原文 Schein(外观),疑为 Sein(存在)之误,酌改。

种现象。设想一种对人生的最高肯定状态，其中同样不能排除最高痛苦，即悲剧性的酒神状态。

Ⅳ

这样，这本书甚至是反悲观主义的，即在这个意义上：它教导了某种比悲观主义更有力、比真理"更神圣"的东西——艺术。彻底否定生命，不仅口头上否定生命而且以实际行为否定生命，在这一点上，看起来没有比这本书的作者更认真的了。只是他知道——他体验过这，也许他对别的毫无体验！——艺术比真理更有价值。

在序言中，邀请了理查德·瓦格纳参加对话，其中业已表明了这一信念，这一艺术福音："艺术是生命的本来使命，艺术是生命的形而上活动……"

作为艺术的权力意志

图书在版编目（CIP）数据

瓦格纳事件：尼采美学文选/（德）尼采（Friedrich Nietzsche）
著；周国平译. —上海：上海译文出版社，2017.8
ISBN 978-7-5327-7543-9

Ⅰ.①瓦… Ⅱ.①尼…②周… Ⅲ.①尼采（Nietzsche，
Friedrich Wilhelm 1844-1900）—哲学思想 Ⅳ.①B516.47

中国版本图书馆CIP数据核字（2017）第121812号

Friedrich Nietzsche
Der Fall Wagner

瓦格纳事件：尼采美学文选
[德]弗里德里希·尼采/著 周国平/译
责任编辑/衷雅琴 装帧设计/储 平

上海世纪出版股份有限公司
译文出版社出版
网址：www.yiwen.com.cn
上海世纪出版股份有限公司发行中心发行
200001 上海福建中路193号 www.ewen.co
上海盛通时代印刷有限公司印刷

开本890×1240 1/32 印张13.25 插页2 字数185,000
2017年8月第1版 2017年8月第1次印刷
印数：0,001—6,000册

ISBN 978-7-5327-7543-9/B·437
定价：53.00元